AF724346

Contraste insuffisant

NF Z 43-120-14

L'IMPOT DU SANG

OU LA NOBLESSE DE FRANCE SUR LES CHAMPS DE BATAILLE.

MONSIEUR,

Sous ce titre nous publions « l'Etat des officiers de tout grade tués ou blessés depuis les Croisades, jusques et y compris le règne de Louis XVI, dressé d'après les documents les plus authentiques. » Cet important travail, qui s'arrête en 1789, est de J. F. d'Hozier, roi d'armes et grand généalogiste comme tous ceux de son nom, et se trouvoit parmi les manuscrits de la Bibliothèque du Louvre si misérablement réduite en cendres par les hommes de la Commune. Fort heureusement, nous en avions pris une copie intégrale et fidèle avant les événements de 1870 et 1871.

Si consciencieuses qu'aient été les recherches de l'auteur, on comprend qu'il n'ait su tout connoître et tout dire. Nous avions mis nos soins à rendre ces listes moins imparfaites, en compulsant les recueils et les documents que notre héraldiste pouvoit avoir ignorés ou négligés : ainsi, pour ne citer qu'un exemple, en sollicitant aux archives du ministère de la marine communication des rôles et états de services des officiers tués ou blessés sur mer, nous avons pu enrichir notre répertoire de plus de 1,800 noms que d'Hozier avoit complétement omis. Mais c'est absolument la seule addition que nous ayons cru devoir faire au travail de l'auteur.

Je me suis assuré, Monsieur, que votre famille figure honorablement dans ce glorieux nécrologe, mais peut-être d'une façon incomplète. Si vous aviez quelques notes qui pussent établir d'une manière authentique la part plus grande prise

L'IMPOT DU SANG

OU LA NOBLESSE DE FRANCE SUR LES CHAMPS DE BATAILLE

MONSIEUR,

Sous ce titre nous publions « l'Etat des officiers de tout grade tués ou blessés depuis les Croisades, jusques et y compris le règne de Louis XVI, dressé d'après les documents les plus authentiques. » Cet important travail, qui s'arrête en 1789, est de J. F. d'Hozier, roi d'armes et grand généalogiste comme tous ceux de son nom, et se trouvoit parmi les manuscrits de la Bibliothèque du Louvre si misérablement réduite en cendres par les hommes de la Commune. Fort heureusement, nous en avions pris une copie intégrale et fidèle avant les événements de 1870 et 1871.

Si consciencieuses qu'aient été les recherches de l'auteur, on comprend qu'il n'ait su tout connoître et tout dire. Nous avions mis nos soins à rendre ces listes moins imparfaites, en compulsant les recueils et les documents que notre héraldiste pouvoit avoir ignorés ou négligés : ainsi, pour ne citer qu'un exemple, en sollicitant aux archives du ministère de la marine communication des rôles et états de services des officiers tués ou blessés sur mer, nous avons pu enrichir notre répertoire de plus de 1,800 noms que d'Hozier avoit complètement omis. Mais c'est absolument la seule addition que nous ayons cru devoir faire au travail de l'auteur.

Je me suis assuré, Monsieur, que votre famille figure honorablement dans ce glorieux nécrologe, mais peut-être d'une façon incomplète. Si vous aviez quelques notes qui pussent établir d'une manière authentique la part plus grande prise par vos aïeux aux batailles de l'ancienne monarchie, et que vous voulussiez bien m'en adresser copie, je serois heureux de compléter en ceci le travail d'Hozier et de faire figurer, comme il convient, le nom que vous portez. Ces notes seroient réservées pour le dernier volume de notre publication, ou pour un volume supplémentaire, s'il y avoit lieu de l'entreprendre.

J'ai l'honneur d'être, Monsieur,

Votre très-humble et très-obéissant serviteur,

Louis PARIS,

Directeur du Cabinet historique.

Rue des Grands-Augustins, 5.

Conditions de la souscription à L'IMPÔT DU SANG

4 vol. en 8 parties, in-8, papier vergé. Prix : 48 francs.

On ne peut prendre la 1re partie du tome Ier de *l'Impôt du Sang* qu'à la condition de s'engager pour l'ouvrage complet.

La 2e partie du 1er volume paroîtra à la fin du mois de juin prochain.

Et chaque partie des volumes suivants de deux mois en deux mois, de façon à ce que l'ouvrage complet, qui se composera de quatre volumes, ou de huit parties, soit publié fin août 1875.

Les souscripteurs voudront bien payer, après réception de chaque demi volume, le prix de 6 francs, en espèces ou mandat de poste.

Le prix de l'ouvrage complet étant de 48 francs, les souscripteurs qui voudront bien payer d'avance la totalité du prix, recevront franco et par la poste, chaque partie de l'ouvrage et jouiront d'une remise de 10 pour 100.

Chaque souscripteur à *l'Impôt du Sang* dont la famille figure d'une manière incomplète dans l'ouvrage de d'Hozier, et qui pourra justifier les additions qu'il désireroit y introduire, aura droit, sans augmentation de prix, à une insertion supplémentaire dans le dernier volume.

Paris.—Typ. PILLET, rue des Grands-Augustins, 5.

MM. les Souscripteurs sont priés de vouloir bien remplir cette formule, et l'adresser *franco*, par la poste, au CABINET HISTORIQUE, rue des Grands-Augustins, n° 5.

Je, soussigné, déclare souscrire à l'*Impôt du Sang* de J. F. D'HOZIER, publié par l'éditeur du *Cabinet Historique*, et devant former 4 vol. in-8°, chaque vol., composé de deux parties, du prix de 6 francs l'une, et le tout conformément aux conditions du Prospectus.

nom

domicile rue

département

Signature,

PARIS. TYP. PILLET.

MONSIEUR

L'Editeur du **Cabinet Historique**

rue des Grands-Augustins, n° 5

PARIS

L'IMPOT DU SANG

PARIS. — IMPRIMERIE PILLET FILS AINÉ
5, RUE DES GRANDS-AUGUSTINS

J. FRANÇOIS D'HOZIER

L'IMPOT DU SANG

OU

LA NOBLESSE DE FRANCE

SUR LES CHAMPS DE BATAILLE

PUBLIÉ

PAR LOUIS PARIS

Sur le manuscrit unique de la Bibliothèque du Louvre,
brûlé dans la nuit du 23 au 24 mai 1871,
sous le règne de la Commune

IMPRIMÉS
3475

TOME PREMIER

PREMIÈRE PARTIE

PARIS

Au CABINET HISTORIQUE
RUE DES GRANDS-AUGUSTINS, 5

Et chez L. TECHENER
RUE DE L'ARBRE-SEC, 52

1874

AVIS DE L'ÉDITEUR

Nous mettons enfin au jour le premier volume d'un ouvrage annoncé depuis longtemps, et que des difficultés de plus d'un genre ont arrêté dans son essor. Dès l'année 1861, le *Cabinet historique* publioit, avec la préface de l'auteur, les premiers articles de ses importantes recherches. Cet ouvrage, disions-nous, fruit de longues années de travail, et composé par l'un des petits-fils du grand d'Hozier, Jean-François d'Hozier, *ancien militaire* et ancien chambellan de la cour électorale de Bavière (ainsi qu'il se nomme et qualifie), a jusqu'à ce jour échappé aux recherches des généalogistes et est resté inédit. Les événements de la révolution, la suppression de la noblesse et les tendances du XIXe siècle, à son début, expliquent suffisamment l'oubli dans lequel il est resté. Il est inutile d'ajouter que ce travail avoit été commencé sous l'ancienne monarchie et qu'il devoit porter, sinon le titre que nous lui donnons, du moins quelque autre moins insignifiant que celui que l'auteur lui a définitivement laissé. Gêné sans doute par les circonstances et pressentant le peu d'attention qu'à l'issue de la révolution et au début de l'empire, on donneroit à un livre qui ne rappeloit que les gloires des anciennes familles de la monarchie, l'auteur affubla son livre de ce titre quelque peu grotesque : *Les Glorieuses marques du militaire françois*. Les Montmorency, les Rohan, les Chabot, les La Rochefoucault, les Biron, les Montalembert, des militaires françois! On peut bien dire aujourd'hui, en parlant d'un officier supérieur comme d'un simple soldat : c'est un brave militaire, c'est un militaire accompli : mais avant la révolution, cette expression étoit peu usitée, et l'on ne voit nulle part que Duguesclin, Bayard, Condé, Fabert, Catinat aient été de grands militaires. — Gentilshommes ou roturiers, ceux qui servoient sous les drapeaux étoient des hommes d'armes, dispensés de l'impôt, mais à la condition de donner leur sang pour le pays. — Dans la nomenclature de d'Hozier, l'on verra figurer à côté de grands noms historiques des noms nouveaux ou plébéiens. Mais le baptême du sang est pour les uns et pour les autres un brevet de gloire et de noblesse; les uns perpétuent l'illustration de leur nom, les autres la commencent et deviennent chefs de race. Aussi les gentilshommes d'ancien état ne seront-ils ni plus empressés, ni plus glorieux que les hommes de noblesse récente de retrouver ici la trace de leurs aïeux. Début ou continuation, il y a noblesse pour tous, car tous ont payé de leur sang l'honneur du nom françois.

Il semble (ajoutions-nous) que le moment soit venu de donner aux recherches du dernier des d'Hozier la publicité que leur avoit souhaitée l'auteur, mais que des circonstances, sinon le *veto* de l'autorité, ont arrêtée dans son essor. D'Hozier avoit dédié son livre à l'Empereur. Mais outre le peu de sympathie que devoit éveiller son travail, l'auteur étoit dans de mauvaises conditions pour la bienveillance qu'il sollicitoit. Un de ses neveux, le colonel d'Hozier, avoit figuré dans l'affaire de Georges Cadoudal : condamné à mort, puis gracié par l'intervention de l'impératrice Joséphine, le neveu de l'auteur étoit, depuis ce procès, détenu au château d'If. — Suivant M. L. Barbier, à qui nous empruntons ce détail (1), le colonel d'Hozier survécut longtemps à sa captivité, puisqu'il est mort seulement au mois de février 1851, à l'âge de soixante-seize ans. — Quoi qu'il en soit, le livre, mis sous les yeux de l'empereur, ne reçut point l'approbation sollicitée. Il fut purement et simplement déposé à la bibliothèque impériale du Louvre, où nous le retrouvions, avant les crimes de la commune, sous le numéro C. 2741.

C'est, nous le répétons, cet intéressant travail que nous nous décidons à mettre au jour. Mais une publication du genre de celle-ci, qui intéresse à un si haut degré la gloire et parfois l'amour-propre de tant de familles, nous imposoit le devoir d'affirmer notre loyauté, et l'engagement de ne point surcharger le texte original d'une multitude de mentions nouvelles que pouvoient nous fournir les revendications intéressées de familles plus ou moins satisfaites de la part que l'auteur leur avoit faite. — Nous ne dérogerons à ce principe que par des intercallations irréprochables, j'entends celles dont nous prîmes le texte aux archives du ministère de la marine, par la communication que M. l'archiviste voulut bien nous faire des *Rôles et états de services des officiers tués ou blessés sur mer*, dont d'Hozier n'avoit pas eu l'idée de prendre connoissance, et qui enrichirent notre répertoire d'environ deux mille noms fâcheusement omis. Quant aux communications nouvelles venues de familles intéressées, nous avons dû déclarer qu'elles étoient réservées pour le volume supplémentaire que nous entendons donner au travail du dernier des d'Hozier.

C'est qu'en effet, à peine en voie de publication dans notre revue, *l'Impôt du sang* éveilla l'attention publique, et nous reçûmes aussitôt et de divers côtés des notes additionnelles

(1) *Spectateur françois*, 2e série, t. III, p. 678.

à celles de d'Hozier, avec prière de leur donner place dans notre volume supplémentaire. Nous cédons au plaisir de citer ici notamment la lettre d'un homme éminent dont la mort, à quelque temps de là, devoit contrister tous les cœurs françois :

A MONSIEUR LE DIRECTEUR DU CABINET HISTORIQUE.

Cher Monsieur,

J'ai l'honneur de vous envoyer les notices déjà rédigées par d'Hozier sur ceux de la maison de Montalembert, qui ont payé leur part dans ce que vous avez si heureusement appelé *l'Impôt du sang* prélevé sur la noblesse françoise. Je les ai complétées par plusieurs indications empruntées à *l'Histoire des pairs de France*, par M. de Courcelles, t. XII, in-4°, et à *l'Histoire de l'ordre de Saint-Louis*, par MM. Mezas et Théodore Anne, où sont relatés les services et les blessures des vingt chevaliers de Saint-Louis que notre famille a fournis depuis 1692.

J'ai hésité à ajouter à cette liste le nom d'un Montalembert qui a péri sur l'échafaud en 1794. Il me semble pourtant que si jamais l'impôt du sang a été prélevé aux dépens de la noblesse françoise et pour le service de la vraie France, ça été pendant la Terreur. Si vous êtes de mon avis, vous pouvez inscrire l'article que voici :

« Montalembert (Gratien, marquis de), capitaine au régiment « du roy, chevalier de Saint-Louis, condamné à mort par le tri- « bunal révolutionnaire et décapité à Paris le 25 juillet 1794, à « soixante-deux ans. »

Si vous aviez, Monsieur, un moment à me consacrer, vendredi prochain, entre trois ou quatre heures, je serois à vos ordres, et demeure, en attendant, avec une haute considération, votre très-humble et très-obligé serviteur,

Le comte DE MONTALEMBERT.

Paris, ce 5 *mars* 1863 (40, *rue du Bac*).

Maintenant, pour donner à cette publication le cachet et l'authenticité qui lui appartiennent, je demanderai la permission de consigner ici les petites et les grandes difficultés qui faillirent m'arrêter dans la rude tâche que je m'étois imposée, laquelle pourtant, terminée à temps, devoit sauver de l'horrible incendie des communards le consciencieux travail du dernier des d'Hozier.

Dès l'apparition du numéro du *Cabinet historique* contenant la préface et les premiers articles de l'auteur, M. l'administrateur de la bibliothèque de la couronne me prévint officieusement qu'avant de continuer mon travail j'avois à me pourvoir auprès de M. le ministre de la maison de l'Empereur, qui seul pouvoit en autoriser la publication. — Je promis de me mettre en règle, mais comme il arrive parfois en pareille rencontre, je négligeai l'avertissement et continuai imprudemment à fournir le *Cabinet historique* des extraits du volume C. 2741. Si bien qu'au mois de février 1864, M. l'administrateur, avec les formes de cette exquise politesse qui ne l'abandonnoit jamais, me fit entendre qu'en l'absence des justifications demandées, il alloit être contraint de me refuser la communication du précieux manuscrit. C'est sous l'impression de cette invitation comminatoire que je me hâtai, sous les yeux même de M. l'administrateur, de formuler et d'écrire la lettre qui suit :

Paris, le 24 *février* 1864.

A MONSIEUR LE MARÉCHAL VAILLANT, MINISTRE DE LA MAISON DE L'EMPEREUR.

Monsieur le ministre,

J'ai l'honneur de supplier Votre Excellence de vouloir bien m'autoriser à publier dans le *Cabinet historique*, sous le titre de L'IMPÔT DU SANG, *les Glorieuses marques du militaire françois* manuscrit de la Bibliothèque impériale du Louvre, coté au catalogue C. 2741. — Cette compilation de d'Hozier étant fort étendue, et les travaux auxquels je suis tenu ne me permettant pas d'en opérer moi-même la transcription, aux heures d'ouverture de la bibliothèque, je serois fort heureux si Votre Excellence vouloit bien autoriser M. l'administrateur à me confier ce manuscrit pour une durée de quelques mois.

Je suis avec respect, etc.

Comment cette humble requête n'eut-elle point l'honneur d'une réponse? Cela ne surprendra personne : comme tant d'autres plus importantes, elle subit une longue quarantaine dans les cartons des bureaux : cependant les jours, les mois se succédoient et le travail étoit enrayé. Les souscripteurs demandoient la suite *promise au numéro suivant,* et le libraire qui s'étoit chargé de l'édition murmuroit d'impatience. Je revis M. Barbier qui, animé des meilleurs sentiments, me dit : « Refaites votre demande, je l'apostillerai et « je vous promets, cette fois-ci, une réponse assez prompte, » et avec son obligeance coutumière, M. l'administrateur voulut bien me dicter les termes d'une deuxième supplique.

Effectivement, la lettre partie, la réponse ne se fit point attendre, la voici dans toute sa teneur :

Ministère
de la maison de l'Empereur
et des beaux-arts.
—
Secrétariat général.

Palais des Tuileries, le 12 *février* 1866.

Monsieur, dans la lettre que vous m'avez adressée le 25 janvier dernier vous avez exprimé le désir de publier le manuscrit de d'Hozier fils, faisant partie des collections de la bibliothèque du Louvre, sous le titre de *les Glorieuses marques du militaire françois.*

J'ai l'honneur de vous annoncer que l'autorisation de publier ce manuscrit a été accordée récemment par moi, et que je ne puis, en conséquence, accueillir votre demande.

Recevez, Monsieur, l'assurance de ma considération distinguée.

Le maréchal de France, ministre de la maison de l'Empereur et des beaux-arts,

VAILLANT.

On se figurera difficilement ma stupéfaction, à la lecture de cette lettre. Il me falloit renoncer à une publication projetée, annoncée, et commencée depuis plusieurs années; abandonner de nombreuses relations entamées avec mes souscripteurs, et rompre un traité en voie d'arrangement avec un des premiers éditeurs de Paris! Je me sentois légèrement ému, je l'avoue.

Fort heureusement, cette concurrence si imprévue me venoit d'un littérateur dont je n'avois pas à redouter un méchant procédé. Devant mes réclamations, et après quelques débats sur le genre de droits que pouvoient me donner une priorité notoire, les annonces et les insertions déjà faites dans le *Cabinet historique*, mon honorable compétiteur voulut bien renoncer à ceux qu'il tiroit de l'autorisation ministérielle, et il réintégra à la bibliothèque le manuscrit dont, plus heureux que moi, il avoit obtenu la communication et le déplacement. Puis, sur son désistement, affirmé de la façon la plus explicite et la plus loyale à M. le ministre de la maison de l'Empereur, Son Excellence voulut bien m'honorer de la seconde lettre que voici :

Ministère
de la maison de l'Empereur
et des beaux-arts.

Secrétariat général. *Palais des Tuileries, le 7 avril 1866.*

Monsieur, à la date du 12 février dernier, j'ai eu l'honneur de vous annoncer qu'ayant déjà accordé l'autorisation de publier le manuscrit de d'Hozier fils, *les Glorieuses marques du militaire françois*, que possède la Bibliothèque du Louvre, je ne me trouvois pas en mesure de répondre utilement à la demande que vous m'aviez adressée dans le même but.

Aujourd'hui, le littérateur qui avoit obtenu l'autorisation me fait savoir qu'il y renonce en votre faveur, et je m'empresse de vous informer que rien ne s'oppose maintenant à ce que la publication du manuscrit ait lieu par vos soins. Je viens, en conséquence, de donner des instructions à M. le conservateur, administrateur de la bibliothèque du Louvre, pour qu'il mette à votre disposition, *sans déplacement*, le manuscrit dont il s'agit.

Recevez, Monsieur, l'assurance, etc.

Le maréchal de France, ministre de la maison de l'Empereur et des beaux-arts,

VAILLANT.

Vers ce temps, des travaux d'intérieur à exécuter pour l'achèvement des salles de la Bibliothèque du Louvre et l'approche des vacances nécessitèrent, durant quelque mois, la fermeture de l'établissement. — Inquiet de ce nouveau contre-temps qui alloit retarder la transcription du manuscrit, que j'avois hâte de terminer, et d'ailleurs parfaitement informé que ledit manuscrit avoit été remis et confié à mon honorable concurrent, je crus pouvoir risquer une nouvelle sollicitation pour l'obtention d'une faveur pareille. — Voici la troisième lettre dont, en réponse, M. le maréchal voulut bien m'honorer :

Ministère
de la maison de l'Empereur
et des beaux-arts.

Secrétariat général.

Palais des Tuileries, le 12 *août* 1867.

Monsieur, à la date du 8 août courant, vous m'avez exprimé le désir d'emprunter à la Bibliothèque du Louvre l'ouvrage manuscrit intitulé *les Glorieuses marques du militaire françois*, par d'Hozier, que vous êtes déjà autorisé à consulter.

La délivrance des manuscrits à titre de prêt n'est permise dans aucune bibliothèque, et une dérogation à cette règle pourroit avoir les plus grands inconvénients. Je ne puis donc que regretter de n'être pas en mesure de répondre utilement à votre demande.

Recevez, Monsieur, l'assurance, etc.

Le maréchal de France, ministre de la maison de l'Empereur et des beaux-arts,

VAILLANT.

En raison du prêt fait antérieurement à mon honorable cessionnaire, il m'étoit bien facile de revenir à la charge et de démontrer, qu'outre ce précédent et contrairement à la prohibition dont parle la lettre de M. le ministre, le prêt à l'extérieur est formellement admis dans la plupart des bibliothèques publiques de Paris. Mais il ne me sembla point prudent d'insister, et je me résignai à faire continuer, sur place, en l'activant, cette longue et pénible copie. — Comme il s'agissoit ici d'une transcription de près de vingt mille notices, on ne trouvera point étrange que ce travail ne pût être entièrement terminé que vers le milieu de l'année 1870. Hélas! ce n'étoit plus l'année des entreprises littéraires, ni des affaires de librairie. Les Prussiens étoient à nos portes — et la Commune alloit incendier nos monuments.

On sait quel fut le sort de la bibliothèque du Louvre. Entre tous les monuments sur lesquels s'est exercée la rage des brigands de la Commune, il n'en est pas qui aient été plus cruellement traités que le pavillon du Louvre qu'illustroient, outre sa splendide architecture, tant de chefs-d'œuvre de typographie, tant de riches dessins, tant de belles gravures, tant de précieuses collections. Nous avons énuméré ailleurs ses principaux manuscrits. On nous permettra, pour cet objet, de renvoyer le lecteur à la description que nous en avons donnée (1).

Pour le moment, nous nous bornerons à retracer quelques-uns des souvenirs recueillis sur l'irréparable désastre de la nuit du 23 au 24 mai 1871.

L'incendie qui menaça de réduire en cendres la capitale de la France, avec tous ses monuments, ne fut point, on le sait, l'inspiration subite et désespérée de l'émeute vaincue. Il fut au contraire froidement conçu, longtemps prémédité, bien avant que l'entrée des troupes régulières ait pu pousser la Commune à ces infernales extrémités. Dans la semaine qui précéda le 21 mai, des tonneaux de pétrole, des sacs goudronnés de matières inflammables, étoient réunis aux abords des édifices voués au feu. Des pelotons de fédérés, postés près de là, veilloient à leur garde et interdisoient aux passants l'approche du monument. Dès le lundi 22 mai, les fuséens, conduits par un chef de bande, se mettoient en devoir d'utiliser leurs engins et d'incendier, sur plusieurs points, le Louvre et ses musées. La sinistre légende nous a conservé le nom, et nous avons recueilli des renseignements précis sur l'Erostrate moderne, ou du moins sur l'agent principal de cette lamentable tragédie, et nous les reproduisons ici, car il nous semble utile de vouer ce hideux personnage à l'exécration des siècles qui, sans la notion des antécédents du misérable, ne comprendroient pas des actes d'une pareille sauvagerie.

L'incendiaire de la Bibliothèque du Louvre se nommoit NAPIAS-PIQUET. Il étoit originaire du département de la Marne. Voici l'historique que, avant les sinistres événements du mois de mai, donnoit de lui l'*Écho Sparnacien*, journal à même d'être parfaitement renseigné. On va voir

(1) *Les Manuscrits de la Bibliothèque du Louvre, brûlés dans la nuit du* 23 *au* 24 *mai* 1871, *sous le règne de la Commune*, in-8°. 1871.

que, comme la plupart des héros dont M. Garnier-Vapereau s'est fait le biographe, il avoit fait ses études, — et que ce n'est pas le fanatisme brutal de l'ignorance qui l'a porté à brûler la bibliothèque impériale du Louvre.

« NAPIAS-PIQUET, ancien notaire démissionnaire de Sézanne (Marne), bien connu dans nos contrées, est né à Saint-Just, au canton d'Anglure, et a fait ses études au collége de Troyes. Notaire à Sézanne en 1838, il vend sa charge en 1845 et se fait cultivateur. Mêlé aux événements politiques de l'Aube en 1848, il fonde l'année suivante un phalanstère à Saint-Just. Conseiller d'arrondissement pour le canton d'Anglure, de 1848 à 1851, il est arrêté au coup d'Etat, et après une courte détention au fort d'Ivry, il passe en Angleterre. Rentré en France en 1853, on le voit prendre part à des spéculations hasardeuses, sur la mise en valeur de terrains improductifs. Déclaré en faillite en 1858 par le tribunal de commerce de la Seine, il se livre, sous le nom de sa femme, à de nouvelles spéculations et fonde, en 1865, *le Familistère Napias-Piquet*. En 1869 ses meubles sont vendus par autorité de justice. — Membre du comité central des vingt arrondissements de Paris, il adhère, le 30 mars 1871, aux décrets de la Commune, supprimant les loyers, la conscription et les engagements au Mont-de-Piété. — Secrétaire du comité central des vingt arrondissements, il est, le 20 avril, délégué à l'administration du premier arrondissement : il constate dans les bureaux de la mairie un désordre apparent, et néanmoins il invite les employés à reprendre leur service. — Le lendemain il déclare, dans une affiche, que les défenseurs de l'ordre ne méritent ni pitié ni pardon. Candidat pour l'élection à la Commune dans le XVIe arrondissement, il obtient seulement, le 16 avril, 356 suffrages sur 8,400 électeurs inscrits. »

Ici s'arrêtent les informations de l'*Écho Sparnacien*. Mais nous savons que, à quelques jours de ce récit, Napias-Piquet se fait installer au XVIe arrondissement en qualité de maire de Passy, avec la charge de veiller à l'exécution des décrets de Delescluze et consorts. Tout d'abord il vise à la réputation d'homme modéré, se sentant sans doute surveillé par les hommes d'ordre du quartier; il feint une douceur, une modération qui, peu de jours avant les sinistres événements, faisoit dire à un bonhomme son voisin : « *On lui donneroit le bon Dieu sans confession !* » Effectivement, retenu par des liens de voisinage et sans doute aussi peu flatté du mince honneur de pétroler un faubourg, Napias fut délégué, avec la même mission, sur un théâtre bien autrement glorieux pour sa renommée.

Ce ne fut toutefois que le jour de l'entrée des troupes de Versailles, que les premiers signaux de l'incendie furent donnés. Les *Vengeurs de Flourens*, les *Enfants perdus du Père Duchesne* prirent possession des édifices condamnés, et l'œuvre de destruction, aussitôt réglementée par une consigne uniforme, commença ses effroyables ravages.

A la destruction des Tuileries, on le sait, ne devoit pas se borner la fureur désespérée des fédérés. Les misérables, parfaitement disciplinés pour ce travail, se mettoient en devoir de réduire en cendre les inappréciables trésors qui sont la gloire et la richesse de la France. Déjà les flammes qui venoient des Tuileries gagnoient les galeries des tableaux; déjà deux fidèles gardiens qui prétendoient en défendre l'entrée avoient été fusillés!... Cependant les efforts des conservateurs et des employés, auxquels s'étoient joints quelques gardes nationaux du 8e bataillon, resté dévoué à la cause de la civilisation, prolongeoient si heureusement la résistance qu'ils parvenoient à introduire à temps la troupe dans le monument. — Mais tandis que la cause de l'ordre triomphe du côté de l'eau et sauve les galeries du musée, le pavillon du Louvre, qui contenoit la bibliothèque; cet édifice grandiose et, au point de vue architectural, l'un des meilleurs morceaux du célèbre Visconti, tomboit sans défense au pouvoir de Napias-Piquet et de sa bande.

Entrés, la menace à la bouche, dans la loge du concierge, les misérables veulent faire de celui-ci leur complice et lui intiment l'ordre de répandre lui-même le pétrole dans le précieux dépôt confié à sa garde, s'il ne veut pas être fusillé. « Fusillez-moi donc, répond l'honnête gardien, mais je n'incendierai pas la Bibliothèque ! » Et sa femme, qui est présente, fait preuve de la même fermeté et du même courage. Les bandits délibèrent alors et, après s'être concertés, ils enferment les deux malheureux dans leur loge, en leur disant : « On ne vous fusillera pas — non — mais vous allez tous les deux griller sur place. » Et, montant le magnifique et splendide escalier, ils pénètrent dans les salles avec des seaux, des vases de toutes formes remplis de pétrole et, à l'aide d'éponges, de brosses et de pinceaux, ils enduisent les portes, les volets, promenant les brosses sur les parquets inondés, sur les travées, sur les in-folios et sur les meubles, où se trouvoient déposés tant d'inappréciables trésors et, en de moins dix minutes, la Bibliothèque entière est en flammes, et par une sorte de miracle les deux fidèles gardiens parviennent à s'échapper.

Du sol au faîte, l'édifice fut littéralement vidé par le feu. « La flamme, dit l'auteur de *Paris brûlé*, s'est montrée là particulièrement cruelle. Il y a des endroits où ses effets rappellent ceux d'un bombardement; aux encadrements des fenêtres, qui sembloient pourtant d'une solidité à toute épreuve, la pierre a éclaté sous la violence de l'incendie. Les quatre cariatides de l'attique sont encore inébranlables sur leur base aérienne; mais au milieu de leur entourage naguère si grandiose et si magnifique, elles ont je ne sais quoi d'effrayant et de sinistre qui saisit le spectateur ébahi et semble maudire les infâmes qui ont osé porter sur le monument leur main scélérate. »

Quant à l'insensé chef de cette lamentable exécution, les

journaux ont varié dans le récit de sa fin. Voici ce qui nous a été affirmé comme authentique :

Napias-Piquet fut pris, non point couché à l'hôtel du Louvre, comme l'a écrit le *Petit Journal*, mais se dissimulant derrière la barricade de la rue du Louvre. C'est là qu'il a été fusillé. Il offrit l'argent qu'il avoit sur lui, environ cinquante-trois francs, aux soldats pour les plus malheureux d'entre eux : aucun ne voulut accepter. Alors il se jeta à terre, fit de vaines supplications, et fut impitoyablement exécuté au coin de la rue. « Napias-Piquet étoit vêtu élégamment : gilet blanc, jaquette de fantaisie, bottines vernies, linge fin et fort blanc. On trouva sur lui, comme on l'a dit, une note d'un restaurant de la rue Montorgueil, montant à cinquante-sept francs. C'étoit le prix de son déjeûner de la veille. Cette note fut attachée avec une épingle à la manche de la jaquette qu'il avoit quittée pour être fusillé, et cet habit fut suspendu au-dessus de son corps à la devanture d'une boutique. Le cadavre resta là plus d'une journée, recouvert d'une toile. Les pieds étoient déchaux. » (*Bien public*, 19 *juin*.)

Nous avons visité les ruines brûlantes de la Bibliothèque du Louvre et nous avons pu voir un témoignage irrécusable abandonné sur les marches de l'escalier monumental conduisant aux précieuses collections : c'estoit un tonnelet sur lequel la main inconsciente du débitant avoit grossièrement écrit ce mot sinistre : PÉTROL ! ! !

L. P.

PRÉFACE DE L'AUTEUR

DES GLORIEUSES MARQUES DU MILITAIRE FRANÇOIS.

État des officiers de tout grade, tués ou blessés, depuis les croisades, jusques et y compris le dernier règne de Louis XVI : établi soit d'après les monuments les plus accrédités et les attestations les plus authentiques, par Jean-François-Louis D'HOZIER, ancien militaire et ancien chambellan de la cour électorale de Bavière.

Le titre de cet ouvrage formera peut-être un préjugé en sa faveur; c'est le premier de ce genre qui ait encore paru et que l'on peut regarder comme le dépôt précieux des glorieuses blessures des sujets de nos roys, qui, par leurs actions signalées, sont devenus l'ornement de la patrie. Les militaires françois y trouveront inscrites les marques de valeur de ceux dont ils se font gloire de descendre, et, à leur exemple, ils n'hésiteront pas à marcher dans la même route qu'ils auront sillonnée de leur sang. Tel est principalement le but de cet ouvrage, de perpétuer le souvenir de ces actes de bravoure, comme fit le sénat de Carthage, qui ordonna d'une commune voix qu'on éléveroit des monuments et que l'on feroit des inscriptions publiques pour en éterniser la mémoire.

Les premiers règnes ne produisent qu'une matière si confuse et des faits si incertains, qu'il est de toute impossibilité de pouvoir rien établir de constant. Dans quelques anciennes chroniques, on cite de temps à autre une victoire, une défaite; mais tous ces événements sont si décousus par le défaut de monuments, qu'on ne peut guère tirer quelques secours sur cet objet avant le règne de saint Louis. Encore ce que l'on a pu découvrir se réduit-il à très-peu de chose. Cette même difficulté se rencontre également sous quelques règnes suivants, où l'on n'a pu recueillir que très-peu de faits relatifs à la gloire de ces anciens preux qui avoient vieilli sous les drapeaux de la victoire, regardant la mort avec ce sang-froid qui les faisoit tout braver. L'auteur le plus ancien auquel nous devons sur cela quelques détails, c'est le sire de Joinville, qui dit qu'à la bataille de la Massoure, en 1249, il y périt 300 chevaliers françois; mais il ne les désigne pas (1). Les annales d'Aquitaine, par exemple, à l'occasion de la bataille de Poitiers, en 1356, en fournissent un assez grand nombre, dont les noms même, pour la plupart, sont très-défigurés. Alain Chartier et Enguerrand de Monstrelet, en parlant de la bataille d'Azincourt, en 1415, disent qu'il y eut 4,000 chevaliers et écuyers qui y furent tués (2), et il n'en ont laissé qu'une liste très-peu correcte et pour le nombre et pour les noms, qui y sont presque tous également altérez. On y distingue plusieurs victimes honorables, dont les descendants occupent aujourd'huy dans l'empire des places très-distinguées. Dans la maison de Beuil seulement, il y en eut seize tués ou faits prisonniers à la bataille de Verneuil, en 1424. Jean, sire de Champagne, y fut blessé et perdit sept de ses enfants.

(1) La chronique orientale en fait monter le nombre à 1,400, indépendamment du frère du roy, Robert, comte d'Artois, et assure pareillement que les têtes de ceux qui furent tués à cette bataille furent apportées au Caire et portées sur les pointes des lances sur la porte de Zunila, qui est le faubourg du Caire. (*Note de l'aut.*)

(2) Le P. Daniel en porte le nombre à 10,000, parmi lesquels on comptoit 8,000 gentilshommes. De la Bretagne seulement, il y en avoit 600, ainsi que l'observe Mlle de Lussan dans son *Histoire de Charles VI*. (*Ib.*)

Combien, dans le seizième siècle, où les auteurs commençoient à se multiplier, n'auroit-on pas dû retrouver de monuments indicatifs de cette foule de *militaires* morts pour la défense de la religion et du trône! L'*Histoire des troubles de France*, imprimé à Bâle en 1578, dit bien qu'il fut tué au siége de la Rochelle, en 1573, plus de 140 braves et vaillants hommes, tant seigneurs, chevaliers que capitaines, qu'autres encore qui avoient du commandement. M. de Thou remarque qu'au siége de Dreux, en 1563, 50 gentilshommes y furent blessés; mais ces historiens n'en indiquent point les noms, et se contentent seulement de quelques citations isolées. C'est cependant d'après le rapprochement de ces divers témoignages que l'on a formé ce corps d'ouvrage, que l'on ne peut à la vérité regarder que comme un essai. Au reste, on doit penser qu'une entreprise d'un genre aussi vaste ne pouvant être développée que par des recherches immenses, ne sauroit arriver de longtemps à une certaine perfection. L'auteur s'est occupé principalement à puiser dans les meilleures sources; il s'est fait une loi de ne travailler que sur des pièces originales, et a été assez heureux pour rassembler depuis plusieurs années beaucoup de titres particuliers et de manuscrits authentiques qui lui ont été d'un grand secours dans son entreprise. Ce n'est donc que d'après le vu de ces pièces, d'attestations en bonne forme, et encore d'après les monuments de l'histoire, qu'il a formé le plan d'instruire le public d'un objet aussi glorieux pour les familles militaires. Il s'est essentiellement occupé aussi de la recherche des noms de famille, qui n'y sont le plus souvent désignés que par des noms de terre. Le plan de cet ouvrage est donc de rendre aux familles le tribut de gloire et d'honneur qui leur est dû, en réunissant sous un même article, et par ordre alphabétique, les officiers de tout grade de chacune de ces familles qui ont versé leur sang pour la patrie, ainsi que du nombre et de la nature de leurs blessures, autant qu'on en aura les moyens. La rareté des monuments, surtout dans les siècles éloignés, rend, comme on l'a déjà observé, la tâche pénible et hérissée de difficultés. Il faut un grand courage pour l'exécution de ce plan. Malgré tous ces obstacles, l'auteur entreprendra de le remplir, en y ajoutant quelquefois les faits remarquables qui ont acquis de la célébrité à quelques-uns et en laissant à d'autres après luy le soin de le continuer. On doit sentir la difficulté qu'il y auroit à suivre ces héros de la patrie dans toutes les batailles, siéges et combats où ils se sont trouvés : ces détails eussent rejeté trop loin pour une entreprise aussi considérable. On est donc forcé de se borner à ne parler simplement que de leurs blessures. Puisse l'auteur accomplir sa tâche à la satisfaction des familles *militaires.*

Parmi les victimes honorables du patriotisme, on y rencontrera quelquefois des ministres du Seigneur versant aussi leur sang pour la gloire du nom françois. L'on sait qu'autrefois ils combattoient souvent dans les armées : l'évêque de Beauvais, par exemple, attaqua en 1197, avec une bravoure peu commune dans les personnes de son état, Richard, roy d'Angleterre, qui s'étoit jeté sur son terrain; et à la bataille de Bouvines, en 1214, il renversa par terre d'un coup de massue le comte de Salisbury, dit Longue-Epée; Guy du Chastel, évêque de Soissons, alla se précipiter dans l'armée des Turcs, *luy seullet*, dit Joinville, *comme s'il les eust voulu combattre tout seul.* Cet auteur cite encore Jean de Vaisy, son aumônier, qui, à la bataille de la Massoure, en 1249, montra une intrépidité qui fit l'admiration des deux armées. L'évêque de Châlons périt les armes à la main à la bataille de Poitiers, en 1356. Jean de Montaigu, archevêque de Sens, dont on loua fort aussi le grand courage, mais qui ne convenoit pas davantage à un homme de sa profession, fut tué à celle d'Azincourt, en 1415, et tant d'autres encore dont nos historiens fournissent une infinité d'exemples.

L'auteur se propose donc de constater de la manière la plus authentique la mort glorieuse et les blessures des défenseurs de la patrie. Au reste, pour donner une idée de cet ouvrage, on y verra, par exemple, combien la maison du chevalier Bayard a donné de héros à l'État. Ce brave et intrépide gentilhomme fut tué en 1524, à la bataille de Rebec. Aymon Terrail, son père, seigneur de Bayard, fut grièvement blessé la retraite de Guinegate, en 1479, de quatre coups, dont u le priva pour le reste de sa vie de l'usage d'un bras. Pierre Terrail, son aïeul, avoit été tué à la bataille de Montlhéry, en 1465. Pierre Terrail, son bisaïeul, le fut à la journée d'Azincourt, en 1415, et Jean Terrail, frère de ce dernier, à la bataille de Verneuil, en 1424. Philippe Terrail, son trisaïeul, périt les armes à la main à celle de Poitiers, en 1356. Robert Terrail, son quatrième aïeul, fut tué dans un combat en 1337, et Aubert Terrail, son cinquième aïeul, mourut des blessures qu'il reçut à la bataille de Varey (1), en 1325. — On peut encore citer à ce sujet un exemple assez singulier. Sous Louis XIV, dans la maison de Vassignac d'Ymécourt, le P. Daniel, dans son *Histoire de la milice françoise*, imprimée à Paris en 1721, p. 395, *tome* 2, observe qu'ils étoient neuf frères au service avec leur père; qu'en 1686 M. de Louvois présenta au roy M. d'Ymécourt le père avec huit de ses fils : le cadet, qui servoit aussi déjà, quoique fort jeune, ne s'étant pas alors trouvé à Paris; que le père, mestre de camp d'un régiment de cavalerie, avoit pour major de son régiment son fils aîné et quatre de ses fils capitaines au même régi-

(1) L'édition de 1650 dit Varey; mais il est probable qu'il y a erreur sur ce nom : on ne connoît point en Dauphiné de bataille de Varey ni de village de ce nom; mais bien le village de *Varces*, près de Grenoble et de *Vif*, où il est encore mention d'une ancienne bataille. (*Ib.*)

ment; que le roy, charmé de voir tant de braves gens dans une même famille, leur fit un très-bon accueil, que cinq de ces jeunes gens furent depuis tués au service, et que ce qu'il y avoit encore de particulier, c'est que le père avoit eu un pareil nombre de frères qui avoient été tués tous cinq au service dans les troupes.

Nos roys récompensoient autrefois les marques signalées de valeur de leurs sujets en leur conférant le grade de chevalier : c'étoit la plus grande qualité où l'homme de guerre pût aspirer; ils faisoient des promotions dans les diverses circonstances de siéges. Philippe-Auguste en créa cent en un jour. Au siége de Bourges, en 1412, il y fut fait plus de 500 chevaliers. Sous Charles VII on en compte pareil nombre dans un jour. Peu de temps avant la bataille de Fornoue, en 1495, Charles VIII, dit Philippe de Commines, en fit une promotion, et Louis XII en créa 117 dans la même promotion. Mais comme l'éclat de la chevalerie s'étoit considérablement affoibli de ce qu'il étoit dans les premiers siècles, il fut établi en France des ordres militaires avec des décorations, et l'espoir de cette glorieuse récompense enfantoit tous les jours des prodiges de valeur. Le roi Jean, qui voulut ranimer la chevalerie languissante par l'institution de l'ordre de l'Étoile, en 1351, rappelle dans les statuts ses anciennes lois qui servoient d'aiguillon à la valeur et il y admit ceux qui avoient fait le plus d'exploits d'armes. C'est ce qui porta également le roi Louis XI à l'institution de l'ordre de Saint-Michel, en 1469. Les fonctions de la charge de greffier de cet ordre étoient de rédiger par écrit toutes les prouesses louables et hauts faits du souverain et des chevaliers; car ce n'étoit pas tout de combattre et de faire quelques actions d'éclat, il en falloit citer quantité pour le bien mériter, ou bien en faire une très-signalée, comme celle du chevalier Bayard à la défense de Mézières, en 1521, celle du baron de Sanzac au siége de la Mirande, celle du duc de Castres quand il sortit de Parme, celle du maréchal de Montluc à la défense de Sienne, celle du maréchal de Tavannes à la bataille de Renty, où le roy Henry II, l'ayant aperçu couvert du sang des ennemis et du sien, alla au-devant de luy, l'embrassa et lui mit au col le collier de l'ordre qu'il portoit.

Le 3 avril 1565, le roy Charles IX réduisit au nombre de cinquante les chevaliers de cet ordre. A moins qu'ils ne l'eussent mérité par quelques services signalés dans une bataille ou dans quelques grands exploits d'armes, ils étoient astreints au service à raison de leur dignité, et même le 14 août 1569, ce monarque déclara que tous ceux qui n'avoient pas encore atteint l'âge de 60 ans eussent à se rendre au camp du duc d'Anjou et défendit à ceux qui n'obéiroient pas «de se prévaloir aucunement de cet honneur d'être de son dit ordre, comme indignes d'iceluy.» Il est clairement prouvé que cet ordre étoit alors la récompense des services militaires, comme il l'a été généralement sous les règnes suivants et jusque sur la fin du règne de Louis XIV (1), qui en détourna la glorieuse institution pour en récompenser quelques artistes célèbres, ce qui s'est observé depuis sous les deux derniers règnes.

Peu d'années avant la mort d'Henri IV, M. de Rosny avoit proposé d'établir une chevalerie d'honneur pour les mili-

(1) On observe même à ce sujet qu'en 1665 ce monarque admit encore dans cet ordre, entre autres gentilshommes qualifiés, le marquis de Harville-Palaiseau, le marquis de Sourdis, le comte de Sanzay, le marquis de Viantais, le comte de Gouffier-Caravas, le comte Turpin de Sanzay, le marquis de la Luzerne, le vicomte d'Aspremont, le comte de Chamarande, le baron de Champignelles, le comte de Quélus, le marquis de Crèvecœur, le baron de Lebendaere, le comte d'Acigné, le marquis d'Estourmel, le marquis d'Ornano, le marquis de Rabodanges, et autres encore distingués par leur naissance et par leurs services. — En 1666, Louis XIV conféra encore cet ordre à l'amiral Ruyter.

taires, mais ce projet ne put avoir son exécution, et il étoit réservé à Louis XIV de fixer pour jamais une décoration pour ceux de ses sujets qui avoient répandu leur sang dans les combats et avoient par leur valeur illustré leur nation. Il institua en conséquence l'ordre de Saint-Louis, au mois d'avril 1693, pour suppléer aux récompenses pécuniaires qui ne pouvoient suffire à la reconnoissance qu'il avoit de leurs services, et cet ordre a été depuis la distinction des militaires qui avoient dignement servi dans les armées de terre et de mer jusqu'à la suppression de toutes les décorations, en 1794.

Cette préface de d'Hozier étoit suivie de sa lettre à l'Empereur — qui, ainsi que nous l'avons dit, n'eut d'autre succès que d'obtenir le dépôt du travail de l'auteur parmi les manuscrits de la Bibliothèque impériale du Louvre, où nous l'avons trouvée. Voici cette épître :

J.-Fr. d'Hozier à sa Majesté l'Empereur.

Sire,

C'est pour moi une peine bien sensible que ma médiocre fortune me prive des moyens de m'aller jeter aux pieds du trône, pour faire hommage à V. M. I. du fruit de mes recherches. J'eusse désiré seulement que mon manuscrit eût été plus nettement transcrit. Mais comme je voulois éviter que personne en prît connoissance, pour que V. M. en fût seule dépositaire, j'ay osé espérer qu'elle voudroit bien l'agréer tel que j'ai l'honneur de le lui présenter. Cet ouvrage n'est encore qu'à sa naissance, et si Votre Majesté l'agrée, je me propose de le continuer. C'est le résultat de mon travail et de mes veilles; c'est enfin tout ce que je puis offrir à Votre Majesté, qui pourra, par ce moyen, être instruite de toutes les familles militaires de son empire. Je regretterai toujours que mon âge ne m'ait permis de continuer mes services sous le glorieux règne d'un monarque qui fait aujourd'hui l'admiration du monde entier; mais pour me suppléer, j'y ai fait entrer mes deux enfants au sortir de l'enfance : l'aîné est mort aux îles peu de temps après des blessures graves qu'il avoit reçues dans un combat: j'en ai l'attestation des bureaux de la marine. Le cadet, le seul qui me reste, s'est toujours conduit en homme d'honneur, comme maréchal des logis depuis sept à huit ans, dans le 17e des dragons. — Que n'ai-je eu le bonheur, Sire, d'avoir inculqué les mêmes sentiments à mon malheureux neveu, que j'avois perdu de vue depuis vingt ans! je n'aurois pas eu le chagrin de le voir encourir l'indignation de Votre Majesté. Déjà plus de cinq années de détention, soit à Lourdes, soit au château d'If, l'ont mûri : aussi est-il aujourd'huy très-repentant.

Je suis avec le plus profond respect,
de Votre Majesté impériale et royale,
le très-humble, très-obéissant et très-fidèle serviteur et sujet,

D'HOZIER, *ancien militaire*.

Nancy, 25 novembre 1809.

Nous devons à l'obligeance de M. L. Barbier, administrateur de la bibliothèque du Louvre, la connoissance de la réclamation suivante de l'auteur, que M. Barbier a donnée dans l'article ayant pour titre : *Souvenirs littéraires de l'empire*, dans le *Spectateur françois* (2e série, 3e vol., 1852, p. 678).

« 27 février 1810.

« M. d'Hozier, ancien généalogiste de France, a adressé à S. M. l'empereur un ouvrage manuscrit sur l'ancienne milice françoise, contenant l'historique des anciens ordres de chevalerie en France et la nomenclature des principaux personnages qui en ont été revêtus (1). Il n'a pu jusqu'à présent

(1) Cette désignation n'est guère celle de l'ouvrage qui nous occupe : c'est cependant bien des *Glorieuses marques du militaire françois* qu'entendoit parler l'auteur.

s'assurer si cet ouvrage est parvenu entre les mains de S. M. ou ce qu'il est devenu. Il mettroit un grand intérêt à le découvrir. On a pensé que si ce manuscrit avoit été déposé dans la bibliothèque de S. M., M. Barbier en auroit connoissance, et, dans le cas contraire, que peut-être il pourroit, par ses relations avec les personnes qui ont accès dans le cabinet de S. M., découvrir si ce manuscrit y est parvenu.

« Si M. Barbier pouvoit obtenir et procurer quelques renseignements à cet égard, il obligeroit essentiellement un galant homme, qui, dans la retraite et la position malaisée où les événements de la révolution l'ont placé, se distrait par ses souvenirs, et se plaît à se reporter sur les mêmes objets de recherche qui ont occupé sa jeunesse et ses jours heureux. »

« D'HOZIER. »

Peu de temps après l'envoi de sa lettre, M. d'Hozier fut informé que son manuscrit, après avoir éte mis sous les yeux de l'empereur, avoit été placé par son ordre dans sa bibliothèque. Ce livre fait aujourd'hui partie de la bibliothèque du Louvre.

(*Note* jointe à cette réclamation, et de la main de M. Barbier.)

L'IMPOT DU SANG

OU LA

NOBLESSE DE FRANCE

SUR LES CHAMPS DE BATAILLE

A

1. ABADIE (le sieur de l'), capitaine au régiment de Normandie, fut tué en 1674 au siége de Grave par le prince d'Orange.

—

2. ABBADIE (François d'), baron d'Arboucave, chevalier de Saint-Louis, capitaine de carabiniers avec rang de major, fut blessé d'un coup de feu à travers le corps à la bataille de Minden, en 1759.

3. ABBADIE DE SAINT-GERMAIN (le sieur d'), enseigne de vaisseau, blessé au combat d'Ouessant, en 1778.

Les d'Abadie (ou d'Abbadie), d'Arbocave, sont originaires du Béarn. Ils portent : *D'or à l'arbre de Sinople; au levrier de gueules colleté d'argent attaché à l'arbre par une chaîne de même : au chef d'azur chargé d'un croissant d'argent entre deux étoiles d'or.*

—

4. ABBÉE (le sieur l'), lieutenant colonel du régiment de Guyenne, puis commandant à Calais, blessé à la prise du fort

de Kell en 1676, le fut encore à l'assaut du même fort en 1678.

Vraisemblablement de la famille des Abbé, seigneurs des Antieux en Normandie, maintenue dans sa noblesse le 27 juillet 1667, et qui portoit : *D'or au chevron d'azur, accompagné en chef de deux étoiles de sable et en pointe d'une rose de gueules.*

—

5. Aber (le sieur), gendarme de la garde du roy, tué, dans les Pays-Bas, au combat de Leuze en 1691.

6. Abergement (d'). *Voy.* Abregement et de Volvire Ruffec.

7. Ablancourt (le sieur d'), chevalier de Saint-Louis, capitaine de grenadiers au régiment de Navarre, tué à la bataille d'Hastembeck en 1757. *Voy.* de Blancourt.

—

8. Abonde (Charles-Alexis d'), seigneur de Vulaine, chevalier de Saint-Louis, lieutenant colonel du régiment de Chartres et mestre de camp de cavallerie, fut tué en Flandres le 27 novembre 1708, commandant l'arrière-garde d'un détachement sous les ordres du comte d'Hautefort. Il servoit depuis 45 ans.

D'une famille noble, originaire de Mantoue, qui a fourni plusieurs officiers, et qui portoit : *D'azur à trois étoiles d'or, posées 2 et 1, porté d'un échiqueté d'or et d'azur et un chef d'argent chargé d'un aigle de sable, les ailes étendues.*

—

9. Abos (Achin d'), seigneur d'Herville et de Théméricourt, chevalier de l'ordre du roy, gentilhomme ordinaire de sa chambre, capitaine de 50 hommes d'armes de ses ordonnances, gouverneur de Mantes et de Montluet, blessé à la bataille de Dreux, en 1562, mourut le 6 janvier 1607, âgé de 88 ans.

10. Abos (Charles d'), seigneur de Marville, lieutenant au régiment de Lorraine cavalerie, tué au siége de Montmédi, en 1657.

11. Abos (Charles d'), son neveu, tué au siége de Philisbourg en 1688.

12. ABOS (Gabriel d'), seigneur d'Herville, lieutenant aux gardes françoises, tué au combat de Valcour, en 1689.

13. ABOS (Louis-Léonor d'), chevalier de Malte, aussi lieutenant aux gardes dès 1671, fut très-grièvement blessé au siége de... et même compris parmi les morts, mourut en odeur de sainteté.

De la maison d'Abos de Binanville, au Vexin françois, seigneurs de Théméricourt, d'Arthies, Herville, Binanville, Arnouville, Grandcamp, Saint-Cloud, la Palletière, Saint-Hilarion, etc., — portoit : *De sable au chevron d'or accompagné de trois roses d'argent, 2 et 1.*

—

14. ABOT-DE-CHAMPS (Pierre-René), mousquetaire du roy de la 2e compagnie, fut tué à la bataille d'Ettingen en 1743.

15. ABOT (le chevalier René-Pierre), son frère, aussi mousquetaire dans la même compagnie, fut dangereusement blessé à la même bataille.

Les Abot-de-Champs de la Metruinière, de Normandie, furent maintenus le 4 juillet 1666 et le 3 juillet 1667. Ils portoient : *Ecartelé au 1 et 4 d'azur, à une coquille d'argent — au 2 et 3 d'argent, à une branche de fougère posée en pal.*

—

16. ABREGEMENT (le sieur de l'), enseigne aux gardes françoises, tué à la bataille de Fleurus en 1690.

17. AB-YBERG (le capitaine Iost), du canton de Lucerne, capitaine au régiment de Tammann, tué à la bataille de Dreux en 1562.

—

18. ABZAC DE LA DOÛZE (Bertrand) qui suivit le parti des Anglois, ayant été pris les armes à la main, fut décapité à Limoges, en 14...

19. ABZAC DE LA DOUZE (François), tué à Pampelune, au temps de l'usurpation de la Navarre.

0. ABZAC DE MAYAC (Pierre d'), capitaine au régiment de Conty, tué au siége de Fribourg en 1644.

21. ABZAC DE MAYAC (Bertrand d'), son frère, capitaine au régiment de Saint-Simon, tué à la bataille de Nortlingue le 3 août 1645.

Les seigneurs de Mayac formoient la troisième branche de l'ancienne et illustre maison d'Abzac, originaire du Périgord. — Les d'Abzac portoient : *D'argent à une bande d'azur, chargée au milieu d'un bezan d'or, et une bordure d'azur chargée de neuf bezans d'or.*

—

22. ACARIE (Louis), seigneur du Bourdet, capitaine aux gardes françoises, commanda ce régiment en chef en 1640, à l'attaque des retranchements de Casal, et en les forçant il y reçut vingt-deux blessures.

23. ACARIE (N...), seigneur du Bourdet, lieutenant et ayde major au même régiment, tué au siége de Bordeaux en 1650.

24. ACARIE (N...), seigneur du Bourdet, capitaine au même régiment, tué à Valenciennes, en 1656.

—

25. ACHARD (Jacques), seigneur de Pommiers, chevalier, tué au siége d'Orléans dans une sortie que fit le comte de Dunois et la Pucelle d'Orléans sur les Anglois, en 1429.

26. ACHARD (André), seigneur de Perthuis et de la Sauvagère, homme d'armes de la compagnie d'ordonnance du sieur de la Gerbaudière, mourut à la journée de Saint-Paul, sous François Ier.

Ce nom est fort ancien et connu des temps les plus reculés dans l'hisoire du Poitou. — Portoit : *Coupé, le chef d'argent, à trois doubles triangles de sable, posées 2 et 1 ; et la pointe aussi d'argent, à trois asces de gueules.*

—

27. ACHÉ (Alexandre d'), capitaine de cavalerie au régiment

de Seissac, mort d'un coup de canon qui lui cassa un genouil dans une action près de Strasbourg en 1674.

28. ACHÉ (le sieur d'), capitaine au régiment de Béarn, tué au siége de Verüe en 1705.

29. ACHÉ (le marquis d'), chevalier de Saint-Louis, chef de bataillon au régiment royal des vaisseaux, tué à la défense de Lintz en 1742.

30. ACHÉ DE MARBEUF (le comte d'), grand-croix de l'ordre royal et militaire de Saint-Louis et lieutenant général des armées navalles, fut très-grièvement blessé dans le combat qu'il soutint en 1758, contre l'escadre angloise, aux Indes.

31. ACHÉ (le comte d'), chevalier de Saint-Louis, lieutenant de vaisseau, blessé sur le *Zodiaque* dans le même combat. 1758.

32. ACHÉ (le chevalier d'), garde de la marine, eut les deux mains et le visage brûlés dans le même combat. 1758.

33. ACHÉ (Alexandre-Louis, baron d'), chevalier de Saint-Louis, obtint en 1779 une pension de 800 fr., motivée sur ses services et ses blessures.

Aché de Marbœuf, en Normandie. — Armes : *Chevronné d'or et de gueules, de six pièces.*

—

34. ACHENVILLE (le sieur d'), capitaine au régiment de Normandie, tué au passage de la Bormia, en 1636.

35. ACIER D'AUVERIGNY (Charles-François), chevalier de Saint-Louis, sous-brigadier des gardes du corps, blessé à la bataille d'Ettingen en 1743.

—

36. ACRES (Nicolas des), baron de Laigle, chevalier de l'ordre du roy, gentilhomme ordinaire de sa chambre, mort au

siége de la Rochelle, où se signala son frère Jean des Acres, chevalier de Malte, qui y commandoit un vaisseau du Roi.

37. Acres (N... des), comte de Laigle, d'abord chevalier de Malte, puis chevalier de Saint-Louis, officier supérieur de gendarmerie, colonel lieutenant du régiment de Conti en 1759, mestre de camp, lieutenant du régiment des cuirassiers en 1764, et maréchal de camp en 1780, avoit été blessé d'un coup de canon à la cuisse, à la bataille de Minden, en 1759.

Seigneurs et barons de L'Aigle, en Normandie, généralité de Rouen. — Armes : *D'argent à trois aigles de sable.*

---

38. Acton de Marsay (Charles-Armand), chevalier de Saint-Louis, capitaine aux gardes françoises et colonel d'infanterie, blessé à la bataille d'Ettingen en 1743.

39. Adams (le sieur), capitaine au régiment d'Alsace, tué à la bataille de Clostercamps en 1760.

---

40. Adhémar (Lambert) et Giraudonet Adhémar, son frère, seigneur de Rochemaure, de Barry et de Privas, tués au siége de Jérusalem en 1099. (*Voy.* l'*Histoire de la noblesse du comtat Venaissin*, article de cette maison, imprimé à Paris, 1750.)

41. Adhémar (Louis), baron de la Garde, gouverneur du château de Roda au royaume de Naples, tué dans les guerres du règne de François Ier.

42. Adhémar (Anthoine), frère de Louis, baron de la Garde, testa le 10 octobre 1727, à la veille, dit-il, de passer les monts pour aller servir le roy dans le Milanais, où en effet il fut tué peu de temps après, commandant une légion.

---

43. Adhémar (le sieur d'), lieutenant au régiment de Vien-

nois, blessé sur le *Scipion* dans le combat du comte de Grasse contre l'amiral Rodney, au mois d'avril 1782.

44. ADHÉMAR DE CRANSAC (François), gouverneur de Monthulin, tué au passage de Bray, sous Louis XIII.

45. ADHÉMAR DE MONTFALCON. (*Voy.* D'AZÉMAR.)

Ancienne et illustre maison de Provence et d'Albigeois, — d'où sont sortis les comtes d'Orange de la première race, et dont les archives se conservent encore au château de Grignon. Armes : *D'or à trois bande d'azur, sur mi-parti de France et de Toulouse.*

—

46. ADONVILLE DE TOURNEVILLE (François), lieutenant au régiment de Rohan-Béarn, blessé à la bataille d'Ettingen en 1743.

Famille noble de la Beauce, dont les armes sont : *D'azur à six annelets d'or, 3, 2 et 1.*

47. ADORNE (Bernard), Génois au service de France, fut tué en 1503 devant Gaëte.

48. ADRIEN (le capitaine), commandant l'infanterie sous le seigneur de Pontdormy, fut tué dans les guerres d'Italie, en 1523.

49. AFFLEGER (le sieur), capitaine des grenadiers au régiment de Planta-Suisse, blessé à la bataille de Rosback en 1757.

—

50. AFFRY (le sieur d'), du canton de Fribourg, capitaine-lieutenant au régiment du jeune Stuppa, tué au siége de Furnes en 1692.

51. AFFRY (François d'), chevalier de Saint-Louis, colonel d'un régiment suisse et lieutenant général des armées du roy, tué à la bataille de Guastalla en 1734.

Le nom primitif de cette maison, l'une plus illustres de la Suisse, étoit d'Avril, d'Avrie ou d'Avry, du latin *de Aprili*. Engagée dès le XVIe siècle au service de France. Les d'Avry écrivoient dès lors leur nom comme ils le prononçoient. — Armes : *D'argent à trois chevrons de sable, casque couronné et rehaussé d'un bonnet pyramidal d'argent chargé de trois chevrons de sable, la pointe du bonnet surmontée d'une houppe de plumes mêlées de sable et d'argent, lambrequins d'argent et de sable.*

—

52. Agay (Antoine), capitaine d'une compagnie d'hommes d'armes au service du roi d'Espagne, tué sur la brèche de Vanlo, dans les Pays-Bas, en 1637.

53. Agay (Antoine d'), capitaine d'une compagnie d'arquebusiers à cheval, tué au siége de Salins en 1674.

Les Agay, ancienne noblesse de Franche-Comté, seigneurs de La Tour de Laubespin et de Myon. Armes : *D'or au lion de gueules armé et rampant au chef d'azur : support deux lions de gueules, cimier un lion de même issant du casque avec une couronne de marquis.*

54. Agenou (le sieur d'), blessé d'une mousquetade à la joue au siége de Gravelines en 1644. (*Voy.* le *Mercure* de cette année.)

55. Ages (le sieur des), tué au siége de Montauban sous Louis XIII.

56. Agnot (François), seigneur de Champrenard, capitaine au régiment de Villeroy-infanterie, fut tué d'une mousquetade devant Turin en 1649.

57. Agoulet (le sieur d'), lieutenant d'artillerie, reçut deux blessures au siége du fort Saint-Philippes en 1756.

—

58. Agoult-de-Montauban (Jacques d'), baron de Saint-André, gentilhomme de la chambre du roy, tué au combat d'Arques en 1589.

59. Agoult (Jean-Baptiste, chevalier d'), chevalier de Saint-Louis, lieutenant-colonel du régiment de Bourbon-cavallerie et brigadier des armées du roy en 1760, fut blessé à la bataille d'Ettingen en 1743.

60. Agoult (Pierre Nicolas d'), chevalier de Saint-Louis,

chef de brigade, lieutenant-colonel au corps royal d'artillerie, inspecteur de la manufacture d'armes à feu de Saint-Estienne, et colonel commandant en chef l'école des élèves de Châlons-sur-Marne, obtint en 1756 une pension de 200 livres, motivée sur ses services et ses blessures.

Les d'Agout, d'une ancienne maison de Provence, se partagèrent en plusieurs branches. C'est en faveur de l'une d'elles, les d'Agout de Montauban, que fut érigée la terre de Sault en comté, l'an 1561. — Armes : *D'or au loup d'azur ravissant, qui sont les mêmes qu'Agoult-Montmaur en Dauphiné.*

—

61. Aguerre (Jean d'), fut tué servant comme volontaire au régiment de Plessis-Praslin, sous Louis XIV.

62. Aguerre (Henry d'), tué au siége de Verüe sous le règne de Louis XIV.

63. Aguerre (Bertrand François d'), frère du précédent, tué au siége de Vic, sous Louis XIV.

Famille célèbre surtout au XVIe siècle. Chrétienne d'Aguerre qui, veuve d'Antoine de Crequi et de Canaples, prince de Poix, épousa en secondes noces François-Louis d'Agoult, comte de Sault, et se rendit elle-même si célèbre en Provence par son ardeur à soutenir le parti de la Ligue. Armes : *D'argent à trois corbeaux de sable 2 et 1.*

—

64. Aguisy (François d'), capitaine au régiment de Bussy-Lameth, tué à la bataille de Rocroy, sous Louis XIV.

65. Aguisy (le sieur d'), lieutenant au régiment d'Enghien, tué en 1780, dans le combat du comte de Guiches contre l'amiral Rodney.

—

66. Aigremont (le sieur d'), tué à la bataille que gagna le mareschal de Schomberg en 1676. (*Lettres de Mme de Sévigné.*)

67. Aigremont (Louis d'), chevalier de Pepiavost, chevalier de Saint-Louis, capitaine de vaisseau, doit être celui du même nom d'Aigremont qui, n'étant encore qu'enseigne de vaisseau,

fut blessé d'une balle à la cuisse droite sur l'*Opiniâtre*, dans le combat de M. de Kersaint en 1758.

68. AIGREMONT (le sieur d'), garde de la marine, blessé le 12 avril 1782, dans le combat du bailly de Suffren, aux Indes.

Ancienne baronie du Languedoc, diocèse d'Uzès. (*Voyez* Rochemore.)

—

69. AIGUILLE (Marc Antoine, chevalier d'), chevalier de Saint-Louis, lieutenant-colonel du régiment de Bourbonnois, lieutenant du roy et commandant du château Trompette, à Bordeaux, et brigadier des armées du roy, blessé au siége de Mayence en 1689, à la bataille de Malplaquet en 1709, et à l'attaque des retranchements du général Vaubonne, mourut au mois de décembre 1725.

70. AILHAUD (Pierre d'), capitaine d'infanterie, tué au siége d'Arras en 1640.

Les Ailhaud (de Provence) et les Ailly paroissent venir d'une même souche et être originaires de Picardie. Les Ailhaud écarteloient : *Au 1er et 4e de sable à trois têtes de lion d'or, au chef de gueules, chargé d'un soleil d'or au 2e et 3e, de gueules à trois bandes d'or.* — Les Ailly : *De gueules à deux branches d'alézier d'argent passées en double sautoir, au chef échiqueté d'argent, et d'azur de trois traits.*

71. AILLY (Baudoin d'), vidame d'Amiens, baron de Péquigny, conseiller chambellan ordinaire du roy, tué à la bataille d'Azincourt en 1415.

Maison de Picardie : *d'Ailly* ou *d'Ally*, et plus anciennement *d'Arly*. C'est la terre d'Ailly, haut clocher qui a donné le nom à cette famille, l'une des plus anciennes de la Province. — *De gueules à deux branches d'alézier d'argent, passées en double sautoir, au chef échiqueté d'argent et d'azur de trois traits.*

72. AIMINI (Antoine), gouverneur du château de Lurs en 1579, fut tué devant Gênes à la tête de plusieurs compagnies qu'il commandoit. (*Histoire de la noblesse de Provence*, p. 16, impr. à Avignon, 1757.)

Noblesse de Provence, connue dès le XIIIe siècle.— *Echiqueté de douze pièces, sable et or, 3, 3, 3, 3, les dix de sable chargées chacune d'un bezan d'or.*

73. AINVAL (le sieur d'), capitaine dans les grenadiers royaux de la Roche-Lambert, blessé à la journée du 24 août 1762.

74. AIROLLES (le sieur d'), lieutenant au régiment de Saint-Chamond, puis capitaine dans celui de Dauphiné, fut blessé à la baille de Rosbach en 1757.

75. AISNE (le Baudrain d'), chevalier, et Sausset d'AISNE, tués à la bataille d'Azincourt en 1415.

—

76. AIX (le sieur d'), ayde de camp et gentilhomme du maréchal de Villeroy, tué au service en 1651.— (*Voy.* le *Mercure* de cette année.)

77. AIX (Antoine d'), seigneur du Pont-Gaultret, capitaine et major au régiment de la Couronne, tué au siége d'Étampes en 1652.

78. AIX (le sieur d'), capitaine au régiment de Condé, blessé au pied à la bataille de Minden en 1759.

—

79. AJON (d'). Deux frères portant ce nom furent tués à la bataille de Ramillies en 1761.

Originaires d'Allemagne, établis en Basse-Normandie.— *D'or à l'aigle de sable éployée, abaissée, surmontée d'une tringle de gueules, chargée de trois étoiles d'argent au chef dénué.*

—

80. ALAIS (le sieur d'), blessé au siége de Gravelines en 1644. — (*Voy.* le *Mercure* de cette année.)

81. ALAMANNI (Louis), gentilhomme florentin et officier au service du roy, tué au siége de Mucidon en 1569. (De Thou.)

82. ALAMIGEON (François), seigneur de la Guillermie, lieutenant au régiment Royal d'infanterie, puis dans celui de la

Reine et ensuite l'un des 200 chevau-légers de la garde du roy, reçut des blessures considérables en divers combats en Allemagne, qui l'obligèrent de quitter le service en 1682.

83. ALANO DE LINVILLE. (*Voy.* LINVILLE.)

84. ALARY DE TANUS (Jean Pierre), chevalier de Saint-Louis, lieutenant-colonel du régiment de Champagne, puis maréchal de camp, blessé à la bataille de Malplaquet en 1709 et à celle de Parme en 1734, mourut le 13 avril 1752.

85. ALPA (le sieur d'), capitaine au régiment d'Auvergne, tué à la bataille de Clostercamp en 1760.

86. ALBERAS (le sieur d'), enseigne de vaisseau du roy, blessé sur le *Content* dans le combat de M. de la Gallissonnière, dans la Méditerranée le 20 may 1756.

87. ALBERGOTTI (François Zenobe Philippe, comte d'), chevalier des ordres du roy et lieutenant général de ses armées, blessé à la bataille de Malplaquet en 1709 et mort en 1717.

—

88. ALBERT (Léon d'), seigneur de Luynes, fut tué à la bataille de Cérisolles en 1544.

89. ALBERT (Edouard d'), seigneur de Saint-André, chevalier de l'ordre du roy, commandant en Languedoc, gouverneur de Nismes et d'Aigues-Mortes et capitaine de la tour Carbonnière, fut tué d'un coup de pistolet par les huguenots, dont il étoit l'ennemi le plus ardent, à la surprise de Nismes, au mois de septembre 1569. Ne voulant pas tomber entre leurs mains, il avoit sauté dans les fossés et s'étoit cassé la cuisse.

90. ALBERT (Paul d'), seigneur de Montdragon, chevalier de l'ordre du roy, gentilhomme ordinaire de sa chambre, capitaine de 50 hommes d'armes de ses ordonnances et gouverneur de la citadelle d'Amiens, blessé en 1595 dans un combat con-

tre les confédérés, mourut cinq mois après, âgé de 80 ans. — M. de Thou en fait un grand éloge.

91. ALBERT (Charles d'), marquis de Raineval, fils d'Honoré d'Albert, duc de Chaulnes, et de Charlotte-Eugénie d'Ailly, tué au service du roy en 1647.

92. ALBERT (Charles Honoré d'), duc de Luynes, de Chevreuse et de Chaulnes, pair de France, chevalier des ordres du roy, capitaine-lieutenant des 200 chevau-légers de sa garde et gouverneur de Guyenne, blessé au siége de Lille en 1667, mourut le 5 novembre 1712.

93. ALBERT (Honoré Charles d'), son fils, duc de Luynes, de Chevreuse et de Montfort, pair de France, maréchal de camp et capitaine-lieutenant des 200 chevau-légers de la garde, blessé au siége de Mons en 1691, reçut plusieurs autres blessures au combat de Tongres en 1703, et fut encore blessé le 9 septembre 1704, d'un coup de carabine dans les reins, près Bellikeim, en revenant d'escorter un convoi qu'il fit entrer à Landau. Ayant été transporté à Lankendal, il y mourut le même jour. Sa valeur et ses talents pour la guerre le firent regretter de toute l'armée.

94. ALBERT (Louis-Joseph d'), prince de Grimberghen et du saint-empire, seigneur dans Malines, comte d'Arquennes, baron de Montigny en Brabant, pair de Cambresis, colonel du régiment Dauphin-dragons, ministre conseiller d'État, chambellan et feld-maréchal des armées de l'empereur, son ambassadeur extraordinaire à la cour de France, et grand bailly de Liége, blessé dangereusement à la bataille de Fleurus en 1690; le fut encore au siége de Namur en 1695.

95. ALBERT (Louis Nicolas, chevalier d'), comte de Châteaufort, mestre de camp du régiment d'Albert-dragons en 1700, fut tué en 1701 au combat de Carpi, en Italie.

96. ALBERT (Marie Charles Louis d'), duc de Luynes et de Chevreuse, pair de France, prince de Neufchâtel, de Vallengin en Suisse, et d'Orange, comte de Dunois, comte et pair de Noyers, colonel général des dragons, chevalier des ordres du roy, lieutenant général de ses armées et gouverneur de Paris, reçut trois coups de feu, un à la joue, un autre à la poitrine, et le troisième à travers le talon, un coup de sabre aux lèvres, et eut un cheval tué sous lui au combat de Sahay en 1742.

97. ALBERT D'AILLY (Michel Ferdinand d'), vidame d'Amiens, duc de Péquigny, puis de Chartres, pair de France, chevalier des ordres du roy, lieutenant général de ses armées, capitaine-lieutenant des 200 chevau-légers de sa garde, lieutenant général et commandant en Bretagne, gouverneur de Picardie et d'Artois, blessé de deux coups de feu à la bataille d'Ettingen en 1743, mourut le 23 septembre 1769.

Les armes d'Albert de Luines sont : *Un écu écartelé, au 1er et 4, d'azur à quatre chaînes d'argent en sautoir, aboutissantes en cœur à un anneau d'argent : au 2e et 3e au lion de gueules couronné, armé et lampassé de même, et sur le tout de Neufchâtel qui est d'or, au pal de gueules, chargé de trois chevrons d'argent.*

—

98. ALBERT DE SAINT-HIPPOLYTE (François Auguste Jules d'), chevalier de Saint-Louis et chef d'escadre des armées navales, fut blessé à une jambe en 175., dans le combat de la frégate *la Rose*, sur laquelle il étoit embarqué.

Albert ou Alberti. Famille originaire de Nice, dont l'auteur Guido Alberti, seigneur de Thou, vivoit en 1362, sous le règne de la reine Jeanne. Les Albert de Montravail et de Saint-Hyppolite étoient à la Cour des Comptes de Provence. Ses armes : *De gueules à trois croissants d'or.*

—

99. ALBERTAS (Surléon d'), capitaine de vaisseau, fut tué dans les guerres d'Italie sous Charles VIII.

100. ALBERTAS (Bertrand d'), tué d'un coup de canon au cé-

lèbre combat des quinze galères de France contre pareil nombre de celles d'Espagne, en 1638.

101. Albertas (Marc Antoine d'), baron de Dauphin, seigneur de Saint-Maime, capitaine de vaisseau, grièvement blessé d'un coup de canon, en 1676, dans un combat en abordant les côtes de Sicile, mourut le 18 mars 1684.

102. Albertas (d') de Saint-Maime, chevalier de Malte, lieutenant de galères, tué au service du roy, avant l'an 1686.

Albertas ou Albertazzo, maison originaire d'Italie. Armes : *De gueules au loup ravissant d'or.*

—

103. Alberti (Jean Louis), chevalier de l'ordre de Mérite militaire et capitaine du régiment de Vigier-Suisse, fut blessé à l'affaire d'Amenebourg en 1762.

—

104. Albignac du Trindou (Henry d'), seigneur de Peyreleau, capitaine au régiment d'Arpajon, tué par les troupes du duc de Rohan en 1618 ou 1619.

105. Albignac du Trindou (Jean François), chevalier de Malte, mousquetaire du roy de la 2e compagnie, fut tué à la bataille de Ramillies en 1706.

—

106. Albon (Amédée d'), tué à la bataille d'Azincourt en 1415.

107. Albon (Claude d'), seigneur de Chazeul et de Saint-Forgeux, guidon de la compagnie des gendarmes du maréchal de Saint-André et capitaine de 200 chevau-légers au royaume d'Écosse, fut tué au siége de Metz en 1552.

108. Albon (Jacques d'), seigneur de Saint-André, marquis de Fronsac, comte de Saint-Vallery, baron d'Aubeterre, maréchal de France, chevalier de l'ordre du roy, premier gentil-

homme de la chambre, capitaine de cent lances de ses ordonnances, conseiller en son conseil privé, chevalier d'honneur de la reine, chevalier de l'ordre de la Jarretière, ambassadeur en Angleterre, gouverneur du Lyonnois, Forez, Beaujollois, Bourbonnois, de la Marche d'Auvergne, de Saint-Pierre-le-Moutier et de Combrailles, seneschal de Lyon, bailly de Beaujollois et de Dombes, tué à la bataille de Dreux en 1562.

109. ALBON (Bertrand d'), chevalier de Malte et mestre de camp au service du roy, fut tué en Lorraine par un parti de Croates en 1636.

110. ALBON (N.... d'), mousquetaire de la garde du roy, blessé au siége de Mastrick en 1673.

111. ALBON (Bertrand Antoine d'), capitaine de carabiniers, tué en Italie en 1702.

L'une des plus illustres familles du Lyonnois. Armes : *De sable à la croix d'or.*

—

112. ALBRET (Charles, sire d'), comte de Dreux, vicomte de Tartas, connétable de France, fut tué l'un des premiers à la bataille d'Azincourt, en 1415, à la tête de l'avant-garde.

113. ALBRET (Guillaume d'), seigneur d'Orval, tué à la bataille des Harengs en 1429.

114. ALBRET (Charles d'), prince de Navarre, mort au siége de Naples en 1528.

Ancienne vicomté dont les seigneurs préférèrent souvent la qualité de *sire* à celle de *vicomte*. François Ier érigea en 1550 la sirie ou vicomté d'Albret en faveur de Henri Ier, sire d'Albret, qui avoit épousé Marguerite de Valois. On pourroit augmenter cette liste d'un grand nombre d'autres qui moururent ou furent blessés au service de France. Armes : *De gueules plein, écartelé au 1er et au 4e, au 2e et 3e d'Albret.*

—

115. ALÈGRE (le sieur d'), capitaine au régiment royal des Vaisseaux, tué à la bataille de Fontenoy en 1745.

116. ALÈGRE DE BEAUPRÉ (le sieur d'), lieutenant au même régiment, puis major de celui de Chartres et chevalier de Saint-Louis, blessé à la même bataille, le fut encore au siége de Berg-op-Zoom en 1747. Ce doit être lui qui fut depuis major et commandant au château d'If en Provence.

Famille de Languedoc. Armes : *D'argent à trois pommes de pin d'or.*

117. ALÈGRE (le seigneur d'), fut tué à la bataille d'Azincourt en 1415.

118. ALÈGRE (Yves, baron d'), chevalier, conseiller, chambellan ordinaire du roy, capitaine de 50 lances de ses ordonnances et des cent gentilshommes de sa maison, gouverneur de Boulogne, l'un des grands capitaines que la France eut alors, fut tué en 1512 à la baille de Ravenne, au gain de laquelle il eut beaucoup de part.

119. ALÈGRE (Jacques d'), son fils, seigneur de Viveros, fut tué aussi à la même bataille.

120. ALÈGRE (Yves, marquis d'), baron de Blainville, chevalier de l'ordre du roy, gentilhomme ordinaire de sa chambre, conseiller en son conseil privé, capitaine de 50 hommes d'armes de ses ordonnances, grièvement blessé à la prise d'Issoire en 1577, fut assassiné peu de temps après en son château d'Alègre.

121. ALÈGRE (Yves, marquis d'), baron de Millau (ou Millaco), lieutenant-colonel de cavalerie légère et gouverneur d'Issoire pour le roy. — Les documents de cette maison varient sur l'époque de sa mort. Les uns portent qu'il fut tué à l'attaque de cette ville, en 1590, et les autres qu'il le fut dans une sédition populaire, en 1592.

122. ALÈGRE (Louis d'), seigneur d'Oisery, mort dans la guerre de Lorraine sous Louis XIII.

123. ALÈGRE (le marquis d'), fut blessé au siége de Gravelines en 1644. (*Voy.* le *Mercure* de cette année.)

124. ALÈGRE (Yves, marquis d'), maréchal de France, chevalier des ordres du roy, gouverneur de Saint-Omer, puis de Metz, de Verdun et de Moyenvic, commandant en Bretagne et lieutenant général au gouvernement de Languedoc, blessé aux batailles de Fleurus et de Steinkerque en 1690 et 1692. Meurt le 9 mars 1733.

Illustre et ancienne maison d'Auvergne. Jean, fils de France, duc de Berri, donna en 1735 à Morinot, seigneur de Touzel, la baronie d'Aguerre, dont le nom resta aux descendants. Armes : *De gueules à la tour quarrée d'argent, maçonnée de sable, accostée de six fleurs de lys d'or en flanc, posées trois de chaque côté en pal.*

—

125. ALEN DE SAINT-WOLSTANS (Luc), chevalier de Saint-Louis, brigadier des armées du roy, major du régiment de Lally, ayde major général de l'armée de l'Inde, puis employé comme commandant en chef, et précédemment encore lieutenant-colonel au régiment de Berwick, fut blessé au siége de Pondichéry en 1760. Meurt en 1790 ou 1791. (*Voy.* SAINT-WOLSEN.)

—

126. ALENÇON (Jean, duc d'), dit le Sage, pair de France, comte du Perche, mort à la bataille d'Azincourt, en 1415, après avoir combattu avec la plus grande valeur, tué de sa main le duc d'Yorck et abattu d'un coup de hache une partie de la couronne du roy d'Angleterre.

127. ALENÇON (Jean, duc d'), dit le Bon, pair de France, comte du Perche, chevalier de l'ordre de la Toison d'or, blessé à la bataille de Verneuil en 1424, resté quelque temps confondu parmi les morts. Mort en 1476.

128. ALENÇON (Pierre, bâtard d'), frère du précédent, seigneur de Gallardon, blessé, comme le duc, à la bataille de Verneuil.

129. ALENÇON (Jacques, dit le comte d'), chevalier de Saint-

Louis, major, puis lieutenant-colonel du régiment de Royal-Hesse-Darmstadt, fut blessé à la bataille de Berghem en 1759.

Le duché d'*Alençon* autrefois étoit possédé par les seigneurs de Bellesme qui se qualifièrent dans la suite comtes du Perche et, enfin, comtes d'Alençon, lorsqu'ils eurent fait leur demeure au château d'Alençon, situé sur la rivière de Sarthe. — Alençon portoit : *D'argent à trois chevrons de gueules.*

Il faut en outre distinguer les familles de simple noblesse, et celles qui sont issues en ligne plus ou moins directes des grandes maisons d'Alençon. Les d'Alençon de Normandie qui n'en viennent pas portoient : *D'azur à l'aigle d'or;* — Les d'Alençon de Lorraine : *D'argent au chevron de gueules, accompagné de trois aiglettes de sable;* — Quant aux ducs d'Alençon issus de la maison royale de France : *D'azur à trois fleurs de lis d'or, à la bordure cousue de gueules chargées de huit besans d'argent.*

—

130. ALENCOURT (le sieur d'), chevau-léger de la garde du roy, eut le bras cassé au siége de Mons en 1691.

131. ALENGRIN DE FALGONS (le sieur), capitaine au régiment de Montboissier-Infanterie, mort des blessures qu'il reçut au siége de Berg-op-Zoom en 1747.

—

132. ALÈS (René), seigneur de Corbet, capitaine de 100 chevau-légers des ordonnances du roy, et lieutenant de la compagnie de 50 hommes de M. d'Armentières, fut tué sous le règne de Henri IV, à la tête de sa compagnie, en combattant contre la Ligue, d'après deux lettres écrites par René d'Alès, son fils, en 1635 et 1636, à M. Pierre d'Hozier, chevalier de l'ordre du roy.

133. ALÈS DE CORBET (Euverte), seigneur du Chenny, capitaine au régiment de Champagne, blessé en 1639 devant Saint-Omer; mourut peu de jours après.

134. ALÈS DE CORBET (Joachim), capitaine au même régiment et maréchal de bataille, blessé au siége de Tarragone en 1644, fut tué à celui de Tortose en 1648 par l'accident du feu qui

prit aux poudres et aux magasins lors de la prise de cette place.

135. ALÈS (Claude d'), capitaine au régiment d'Espagny et sénéchal de Vermandois, tué au service du roy dans les guerres de Paris.

136. ALÈS (Charles d'), son frère, capitaine et major au régiment d'Humières-Cavalerie, mort en 1662 des blessures qu'il reçut dans le cours de vingt-deux campagnes.

137. ALÈS DE CORBET (Alexandre), seigneur de Richeville, chevalier de Saint-Louis, major du Vieux-Brissac, reçut plusieurs blessures dans les guerres de Louis XIV, et mourut à Colmar le 7 septembre 1722.

Famille établie en Touraine et Picardie, qui se dit issue de la grande famille du même nom, en Irlande, porte : *De gueules à la fasce d'argent accolée de trois merlettes du même. Couronne de comte, un lion issant au naturel. Supports, deux lions au naturel.*

---

138. ALEXANDRE (le sieur), lieutenant de grenadiers au régiment Royal Comtois, fut blessé d'un éclat de bombe et de trois coups de pierre au siége du fort Saint-Philippe, en 1756.

139. ALEXANDRE (Philippe), seigneur d'Hamches, archer de la compagnie des gendarmes du baron d'Estouy de la maison de Chaunes, reçut à la bataille de Saint-Denis, en 1567, un coup de pistolet au bras gauche dont il resta estropié.

140. ALEXANDRE (Pierre), son frère, seigneur d'Hamches, homme d'armes de la compagnie d'ordonnance du comte de Chaunes, fut tué à la même bataille.

Famille du Beauvoisis. Armes : *D'argent à l'aigle éployée de gueules, briqué, membrée et couronnée d'or.*

---

141. ALEYRAC (Pons), baron d'Aigremont, mort des blessures qu'il reçut à l'armée en 1549. — Le seul témoignage que

l'on ait sur ce fait est un recueil de généalogie imp. à Paris, 1783, t. XIII.

142. Aleyrac du Colombier (Guillaume), seigneur de Chambeson, capitaine d'une compagnie de 100 hommes d'infanterie, reçut une blessure qui l'obligea à quitter le service, et mourut en 1606 ou 1607.

143. Aleyrac (Noé d'), seigneur du Colombier, garde du corps du roy, puis officier au régiment Dauphin-Dragons, fut dangereusement blessé au combat de Senef en 1674.

144. Aleyrac (Noé d'), son fils, seigneur de Colombier, capitaine au régiment de Leuville, depuis Béarn, eut la tête emportée d'un boulet de canon au siége du Quesnoy, en 1710.

145. Aleyrac (N... d') de Combegrand, capitaine d'une compagnie de cavalerie, tué à la tête de sa compagnie dans les guerres de Louis XIV.

146. Aleyrac (Paul-Jean, chevalier d'), chevalier de Saint-Louis, capitaine d'artillerie et commandant à la Guadeloupe, blessé au siége de Mahon en 1756.

147. Aleyrac (Jean-Baptiste, chevalier d'), chevalier de Saint-Louis, capitaine de grenadiers au régiment de Languedoc, fut blessé aux deux batailles sous Québec, le 13 septembre 1759 et le 28 avril 1760.

Famille de Languedoc. Armes : *D'or ou demi vol de gueules.*

---

148. Aliat (le chevalier d'), lieutenant au régiment de Piémont, blessé à la bataille de Rosback en 1757, fut tué à celle de Minden en 1759.

149. Alibert. *Voy.* Dalibert.

150. Aliney (Joseph-Jean-Baptiste), comte d'Elva, chevalier de Saint-Louis, maréchal de camp et commandant à Saint-Domingue, ci-devant colonel à la suite du régiment Royal-ita-

lien, reçut plusieurs blessures considérables au service, entre autres au siége de Minorque, en 1756.

151. ALLAGONIA (Claude d'), seigneur de Mérarques, chevalier de l'ordre du roy et lieutenant de 50 hommes d'armes de ses ordonnances, fut blessé au siégé de Marvejols, en 1586, d'après de Thou, et mourut en 1591.

—

152. ALLARD (le sieur d'), ayde major du régiment Royal-Vaisseaux, blessé à la bataille de Luzara en 1702.

153. ALLARD (Louis Victoire d'), chevalier de Saint-Louis, capitaine au régiment de la Marche-Infanterie, blessé d'un coup de feu à une cuisse à la bataille de Laufeldt, en 1747.

154. ALLARD (le sieur d'), son frère, blessé d'un coup de canon à un genouil à la bataille de Creweldt, en 1758.

—

155. ALLART (le sieur), officier au service du roy, blessé en 1537 à la prise de Montélimart, où il se distingua par sa valeur (De Thou).

—

156. ALLEMAIGNE (Jean d'), chevalier, tué à la bataille de Poitiers en 1356.

157. ALLEMAN (Charles), seigneur de Laval et de Sechilinne, oncle du chevalier Bayard, et l'un des plus célèbres capitaines de son temps, tué au siége de Novarre en 1495.

—

158. ALLEMAN (Barachin), cousin germain de Charles, seigneur de la Rochechinard, chevalier de Malte et grand prieur de Provence, tué, comme le précédent, au siége de Novarre.

159. ALLEMAN (Soffrey), seigneur de Molard, dit le capitaine Molard, lieutenant de roy en Dauphiné, fidèle compa-

gnon du chevalier Bayard, et l'un des braves de son siècle, fut tué à la bataille de Ravenne en 1512.

160. ALLEMAN (Charles), seigneur de Sechilinne et de Laval, chevalier, pannetier ordinaire du roy, capitaine de 50 hommes d'armes de ses ordonnances, gouverneur et lieutenant général en Dauphiné, dont l'histoire parle encore comme d'un grand homme de guerre, fut tué au siége de Naples en 1528.

161. ALLEMAN (Claude), seigneur de Pompignan, capitaine d'une compagnie de cavalerie, fut tué en Catalogne, au service de Louis XIV.

162. ALLEMAN (Louis-Xavier-François), officier au régiment de Bourbon-Infanterie, blessé d'un coup de mousquet à travers le corps à la bataille de Guastalla, en 1734.

Il y avoit pour le midi trois familles de ce nom. Les Alleman du comtat Venaisin, ceux du Dauphiné et les Alleman du Languedoc.

—

163. ALLIOU (le sieur), lieutenant au régiment de Diesback, Suisse, blessé à la bataille de Rosback en 1757.

164. ALLOU (le sieur), capitaine au régiment de Rohan, blessé à la bataille de Rosback en 1757.

—

165. ALMÉRA (Guillaume d'), lieutenant général des armées navales, étant, dit-il, en présence des ennemis dans l'intention de donner la bataille, testa, à la côte de Sicille, le 11 janvier 1676, à bord du vaisseau du roy *le Lys*. Il fut tué en effet d'un coup de canon, peu de temps après, près de Palerme, dans l'escadre du célèbre Duquesne, et dans un combat contre l'amiral Ruyter.

166. ALOIGNY (Henry-Louis d'), marquis de Rochefort et du Blanc en Berry, maréchal de France, chevalier des ordres du roy, capitaine des gardes du corps, gouverneur de Lorraine et

du Barrois, et de Metz, Toul et Verdun, reçut dans les guerres de Louis XIV une blessure considérable au visage, dont il porta toujours la marque depuis, et mourut à Nancy le 22 may 1676.

167. Aloigny (François-Roch, chevalier d'), capitaine au régiment de Bourbonnois, tué à la bataille de Steinkerque, en 1692.

168. Aloigny (Louis-Pierre-Armand d'), marquis de Rochefort chevalier de Saint-Louis, colonel du même régiment et brigadier des armées du roy, blessé à la même bataille, en 1692, à celle de Nervinde, en 1693, au siége de Charleroy, mourut le 21 juillet 1701.

Les marquis d'Aloigny du Poitou. — Portoient : *De gueules à cinq fleurs de lys d'argent.*

---

169. Alouville (N...), seigneur d'Arnancourt et de la Chaise, lieutenant du régiment de Beaupré-Cavalerie, puis capitaine d'une compagnie de chevau-légers dans celui de Bezons, fut grièvement blessé pendant la campagne de 1675.

170 Aloyer (Pierre), tué à la bataille d'Azincourt, en 1415.

---

171. Alphonse (Guillaume d'), lieutenant au régiment d'Auvergne, fut tué au siége de Namur, en 1692.

172. Alphonse (Raimond d'), dit le marquis de Cleirac, capitaine de vaisseau, tué au combat de la Hogue, en 1692, commandant le vaisseau vice-amiral.

173. Alphonse (Joseph d'), son frère, dit le baron de Montroux, lieutenant de vaisseau, mort à Cherbourg, des suites de ses blessures au même combat.

174. Alphonse (François d'), son autre frère, capitaine d'une frégate lors du même combat, où il perdit une jambe

d'un coup de canon, et chevalier de Saint-Louis, mourut en 1726.

175. ALPHONSE (Pierre d'), capitaine au régiment de Guyenne, gouverneur d'Arbec, puis du château de Podenzac et de Saint-Macaire, reçut plusieurs blessures au siége de Bordeaux, sous Louis XIV, et mourut à l'âge de 80 ans.

176. ALPHONSE (Raimond d'), son fils, chevalier de Saint-Louis, capitaine au régiment du roy, et lieutenant du roy, du château de Dinan, eut une cuisse fracassée et une jambe amputée à la bataille de Nervinde, en 1693.

177. ALPHONSE (Jean d'), frère du précédent, seigneur de Peysine, capitaine au régiment du roy, commandant au château de Nantes, puis à Leuze en Flandre, et enfin major du régiment de Poudens, se retira du service en 1680, à raison de ses blessures; mais il y rentra en 1689.

178. ALPHONSE (Pierre d') son fils, chevalier de Saint-Louis, major du régiment royal Piémont-Cavalerie, puis major de la ville de Bordeaux, fut blessé et eut un cheval tué sous lui d'un coup de canon, à la bataille de Malplaquet, en 1709. Il mourut le 4 août 1725.

La maison d'Alphonse, de l'île de France, porte : *Lozangé d'azur et d'or.*

---

179. ALSACE (d'), Hennin Lietard. *Voy.* d'Hennin-Lietard.

180. ALT (Jean-Jacques-Joseph), du canton de Fribourg, capitaine au régiment de Pfiffer, blessé aux batailles de Senef et de Cassel, en 1674 et 1677.

181. ALTERMATT (Ours d'), du canton de Soleure, chevalier de Saint-Louis, major du régiment des gardes suisses et maréchal de camp, grièvement blessé aux batailles de Fleurus, de Steinkerque et de Nervinde, en 1690, 1692 et 1693, mourut au mois d'octobre 1718.

---

182. ALVIMARE (Pierre d'), capitaine au régiment de Normandie, puis maréchal de camp, tué à la bataille de Rethel, en 1650.

183. ALVIMARE (le sieur d'), capitaine au régiment de Picardie, tué à la bataille de Guastalla, en 1734.

Les d'Alvimare, originaires de Normandie, portent : *D'azur au chevron d'or accompagné de trois molettes de même : Couronne de comte. Supports : Deux griffons au naturel.*

—

184. ALZATE-D'URTUBIE (Abias d'), tué à la bataille d'Auneau, sous Henri III.

185. ALZATE-D'URTUBIE (Jonathan d'), son frère, fut estropié à la même bataille.

186. AMATIGO (le sieur d'), mousquetaire de la seconde compagnie, mort des blessures qu'il reçut à la bataille d'Ettingen, en 1743.

—

187. AMANZÉ (Jacques d'), tué à la bataille de Pavie, en 1525.

188. AMANZÉ (Guillaume d'), lieutenant de la compagnie des gendarmes du comte de Randan, mort en 1554, peu de jours après la bataille de Renty, des blessures qu'il y reçut.

189. AMANZÉ (Jean de), son frère, enseigne de la colonnelle au régiment de Piémont, tué à la bataille de Saint-Quentin, en 1557.

190. AMANZÉ (Claude et Jean d') frères, tués à la prise d'Issoire, sous Henri III.

191. AMANZÉ (François d'), baron de Choffailles, mort au siége de Saint-Omer, en 1677.

192. AMANZÉ (Jean-Baptiste), son frère, mort au siége de Lerida.

193. Amanzé (le marquis d'), colonel du régiment de Quercy, tué au siége d'Embrun, en 1692.

La maison d'Amanzé, originaire du Lyonnois, portoit : *De gueules à trois coquilles d'or.*

—

194. Amarzit (François d'), seigneur d'Espagne, chevalier de Saint-Lazare et capitaine d'une compagnie de chevau-légers, mourut de la suite de ses blessures devant Worms, le 31 juillet 1692.

195. Ambly (N... d'), lieutenant général des armées du roy, fut tué à la bataille de Rethel, en 1653.

196. Ambly (Paul d'), seigneur de Renaumont et de Chaumont, maréchal de camp, tué en 1654, à la levée du siége d'Arras, où il commandoit la gendarmerie.

197. Ambly (Jean-Louis d'), seigneur d'Ambly, capitaine et major du régiment royal des cuirassiers, puis enseigne des gardes du corps, s'étant trouvé en 1674 au combat de Senef, à la tête de son escadron, en présence d'un des ennemis, celuy qui le commandoit ayant fait signe de la main de s'approcher pour se battre seul avec luy, il y courut aussitôt l'épée à la main ; l'autre l'ayant vu à portée lui tira un coup de pistolet dans la tête ; mais M. d'Ambly sçut si bien profiter du peu de vie qui lui restoit, que poussant tête baissée vers son ennemy, il le tua de deux coups d'épée ; et il résulta de ce combat qu'ils tombèrent morts l'un et l'autre aux pieds de leurs chevaux.

198. Ambly (François d'), marquis d'Esaivelles, baron de Chaumont, vicomte de Courval, enseigne des gendarmes du maréchal de la Ferté-Senneterre, se trouva aux siéges de Belfort et de Cannes, où il fut blessé en 1654, et mourut au mois de mars 1688.

199. Ambly (Charles d'), marquis de Chaumont, chevalier

de Saint-Louis, colonel du régiment de Soissons et brigadier des armées du roy, tué à la bataille de Cassano, en 1705.

200. Ambly (André, dit le marquis d'), tué à la bataille de Guastalla, en 1734.

201. Ambly de Chaumont (le marquis d'), chevalier de Saint-Louis, colonel au régiment de Soissons et brigadier des armées du roy, tué à la bataille de Clausen, en 1735.

202. Ambly (François-Salomon, chevalier d'), chevalier de Saint-Louis et de Saint-Lazare, lieutenant de grenadiers au régiment des gardes françoises, et colonel d'infanterie, tué à la bataille d'Etteigen, en 1733.

203. Ambly d'Esaivelles (François, chevalier d'), chevalier de Saint-Louis, lieutenant-colonel du régiment des gardes lorraines, fut blessé à l'affaire de Dekendorff.

Les d'Aubly sont originaires de Champagne. Le nom étoit celui d'une terre et seigneurie de l'élection de Réthel, et qui fut érigée en marquisat en novembre 1768, en récompense des services de cette maison. Elle portoit : *D'argent à trois linceaux de sable.*

—

204. Amboise (le sieur d'), blessé au siége de Bois-le-Duc, en 1629 (*Mercure* de cette année).

205. Amboise (Louis d') (peut-être le même que le précédent), fut blessé à la jambe, d'une mousquetade, au combat de Leucate, en 1637.

206. Amboise (le sieur d'), officier au régiment de Normandie, blessé à la défense de Grave, en 1674.

207. Amboise (Jean d'), seigneur de Chaumont, tué à la bataille de Crécy, en 1346.

208. Amboise (Hugues d'), seigneur de Chaumont, chevalier, conseiller chambellan ordinaire du roi, tué à la bataille d'Azincourt, en 1415.

209. AMBOISE (Hugues d'), son fils, aussy seigneur de Chaumont, chevalier, conseiller chambellan du roy, tué à la bataille d'Azincourt, en 1415.

210. AMBOISE (Jacques d'), baron de Bussy, capitaine de 25 lances des ordonnances du roy, tué à la bataille de Marignan, en 1515.

211. AMBOISE (George d'), seigneur de Chaumont, tué à la bataille de Pavie, en 1525.

212. AMBOISE (Jacques d'), seigneur de Vaurey, tué à la bataille de Pavie, en 1525.

213. AMBOISE (Hugues d'), seigneur d'Aubigeoux, chevalier de l'ordre du roy, lieutenant général au gouvernement de Languedoc, sénéchal de Beaucaire, gouverneur d'Aigues-Mortes et Pezénas, tué à la bataille de Pavie en 1525.

214. AMBOISE (Jacques, *aliàs* Charles d'), baron d'Aubigeoux et de Castelneau, capitaine d'une compagnie de gendarmes et colonel des légionnaires de Languedoc; mourut en 1536, trois jours après le siége de Marseille, des blessures qu'il y reçut.

215. AMBOISE (Jacques d'), comte d'Aubigeoux, dit l'*Amant fortuné*, gentilhomme ordinaire de la chambre du roy, fut tué à la bataille de Coutras, en 1587.

La maison d'Amboise, qui tiroit son nom de la ville d'Amboise, dont elle a possédé la seigneurie, étoit une des plus anciennes et des plus illustres de France. Elle se divisa en plusieurs branches : la branche des Chaumont, la branche de Barsi et la branche d'Ambijoux. Elle portoit : *Palé d'or et de gueules.*

—

216. AMBRINE (Antoine d'), tué à la bataille d'Azincourt, en 1415.

217. AMBRUNES (le sieur des), mousquetaire de la garde du roy, fut blessé au siége de Maestrick, en 1673.

218. AMBUEL (le sieur) du Valais, capitaine au régiment de Courten, blessé à la bataille de Fontenoy en 1745.

219. AMÉ DE LA LAUNE (le sieur), chevalier de Saint-Louis et capitaine de vaisseau, fut grièvement blessé d'une balle qui lui cassa une côte dans un combat très-vif qu'il soutint, le 25 septembre 1780, avec le cutter du roy *le Serpent*, qu'il commandoit, contre le bric anglois *la Levrette*, à son retour de Saint-Domingue.

220. AMELINE (Nicolas), seigneur de Cadeville, chevalier de Saint-Louis, capitaine au régiment du Roy-Infanterie, puis maréchal de camp en 1734 et gouverneur d'Oleron; reçut plusieurs blessures au service, d'après des lettres du roy de 1698, et fut encore blessé à la bataille de Parme en 1734.

—

221. AMERVAL (Jean d'), grièvement blessé au siége de Landrecies en 1545; mourut au camp du roy au Castel, en Cambresis, d'après un titre du 27 septembre 1547.

222. AMERVAL (Louis d'), capitaine au régiment de la Reine, tué au siége d'Ypres, sous Louis XIV.

223. AMERVAL (Louis d'), mort sous le même règne des blessures qu'il reçut au siége de Saint-Guislain.

Les d'Amerval, originaires de Hainaut et de Picardie, portoient : *D'argent à trois tourteaux de gueule.*

—

224. AMFREVILLE (le sieur d'), capitaine aux gardes françoises, tué au siége de Collioure en 1642.

225. AMIELH (le sieur d'), lieutenant de frégate, fut très-grièvement blessé à une jambe sur *le Héros*, dans le combat du bailly de Suffren, le 3 septembre 1782, contre sir Édouard-Hugues, devant Trinquemalay.

226. AMILLY (le sieur d'), capitaine au régiment de Piémont, tué au combat d'Oudenarde en 1708.

227. AMIRAL (Guillaume-Mathurin), chevalier de Saint-Louis, lieutenant au régiment de Jarnac-Dragons, puis premier lieutenant avec rang de capitaine dans le 5e régiment des chasseurs à cheval, obtint en 1779 une pension de 200 livres, motivée sur ses services et sur ses blessures.

228. AMMANT (Jacques-Christophe), du canton d'Underwalden, chevalier de Saint-Louis et lieutenant-colonel du régiment de Karrer, blessé de trois coups de feu au siége d'Aire en 1710; mourut le 3 juillet 1750.

229. AMOURS (le chevalier d'), capitaine au régiment de Feuquières, depuis Béarn, fut blessé au combat de Senef en 1674.

—

230. AMPLEMAN (Pierre), seigneur d'Héricourt, capitaine au régiment de Vaubecourt, tué au service en Allemagne, en 1654 ou 1655.

231. AMPLEMAN (Antoine), chevalier de la Cressonière, capitaine au régiment de Provence, tué en 1690 dans un détachement, à l'armée d'Allemagne.

232. AMPLEMAN (Jacques), chevalier de la Cressonière, l'un des 200 chevau-légers de la garde du roy, tué aussi en 1705 dans un détachement à l'armée.

233. AMPLEMAN (Pierre-Marc-Antoine-François), vicomte de Wolphus, seigneur de la Cressonière, chevalier de Saint-Louis et lieutenant aux gardes françoises, fut blessé au combat de Wartbourg en 1760.

234. AMPLEMAN (Jean-Baptiste-Joseph), son frère, chevalier de la Cressonière, chevalier de Saint-Louis, capitaine au régi-

ment des recrues de Tours, fut blessé d'un coup de fusil et eut son cheval tué sous lui à la tête d'un détachement en 1762.

Les Ampleman de la Cressonière, de Picardie, portoient : *D'argent à trois aigles éployées de sable*. Support : *Deux licornes blanches*. Les cadets de cette famille prennent pour brisure : *Un chevron d'azur*.

—

235. Anceau de Lavelanet (Jean-Jacques-Constance-Théodore d'), chevalier de Saint-Louis, capitaine au régiment d'Aquitaine, puis major et lieutenant-colonel de celui d'Anjou, eut de fortes contusions à la jambe à la bataille de Minden en 1759.

236. Ancelet (Michel-Antoine, comte), chevalier de Saint-Louis, capitaine au régiment Royal-Infanterie et ingénieur en chef à Casal, blessé au siége de Namur en 1693, le fut encore à celui de Verüe, la nuit du 7 au 8 décembre 1704, d'un coup de mousquet, et mourut en 1705 d'autres blessures qu'il reçut au siége de Chivas.

237. Ancenis (le sire d'), tué à la bataille d'Auray en 1364.

—

238. Ancézune (Giraud d'), seigneur de Vinay, tué à la bataille de Marignan, en 1515, quoique d'autres auteurs disent que ce ne fut qu'à celle de Pavie, en 1525.

239. Ancézune-Cadart (Henry d') seigneur de Saint-Alexandre, mestre de camp d'un régiment d'infanterie, mort au siége de Roses en 1693.

—

240. Ancillon (Jean-Baptiste d'), chevalier de Saint-Louis, chef de bataillon, puis major du régiment de Royal-Bavière avec rang de lieutenant-colonel et commandant à Pont-à-Mousson, fut blessé en 1760 à l'affaire d'Emsdorff, et quitta le service en 1763.

241. ANCOSSE (le sieur d'), chevalier de Saint-Louis, capitaine de grenadiers au régiment de Richelieu, depuis Béarn : mourut peu de temps après le siége de Philisbourg des blessures qu'il y reçut en 1734.

242. ANCRE (d'). *Voyez* DANCRE.

243. ANDIGNÉ (Hilarion-Agathe-Pierre-Ange d'), chevalier de Saint-Louis, capitaine au régiment d'Aquitaine, fut blessé à la tête d'un éclat de bombe au siége de Belleisle, sous Louis XV.

Les d'Andigné, originaires d'Anjou, habitués en Bretagne, et qu'on retrouve en Prusse, portoient : *D'argent à trois aigles au vol abattu, de gueules becquées et membrées d'azur, les vols abaissés, et posés 2 et 1.*— Support : *Deux aigles au naturel* D.·. AQUILA NON CAPIT MUSCAS.

244. ANDOVILLE (le sieur d'), reçut deux blessures, dont une à la tête, au siége de Gravelines, en 1644. (*Mercure* de cette année.)

---

245. ANDOUINS (Jean, baron d'), gentilhomme ordinaire de la chambre du roy, mourut à la guerre dans les armées du roy François Ier. Il paroît que ce fut à la bataille de Pavie, en 1525, car le P. Daniel fait mention dans son *Histoire de France* d'un *Andouins* parmi ceux qui périrent dans cette fatale journée.

246. ANDOUINS (Paul d'), seigneur d'Andouins et de Lescun, comte de Louvigny, premier baron et sénéchal de Béarn, chevalier de l'ordre du roy et gentilhomme ordinaire de sa chambre, tué au siége de Rouen en 1562.

Les Andouins d'Espagne et de France portoient : *D'or au lion de sinople au chef cousu du champ, chargé de trois pals de gueule.*

---

247. ANDRÉ (Gabriel d'), seigneur de Lauzières, dit dans un codicille qu'il fit le 22 octobre 1590, qu'il étoit au lit malade,

blessé de deux coups d'épée, mais il n'y est point expliqué dans quelle affaire il les reçut.

248. ANDRÉ DE BELUGE (Jean d'), capitaine au régiment du roy en 1698, tué aux environs de Barjac en combattant contre les Camisards.

249. ANDRÉ DE MONTFORT (Étienne-Marc-Antoine d'), chevalier de Montfort, chevalier de Saint-Louis, capitaine au régiment de Beauce cy devant d'Aumont, reçut plusieurs blessures à la bataille de Minden en 1759.

—

250. ANDRÉE (Charles-Dominique d'), chevalier de Rainoard, capitaine au régiment de Ségur, tué à la bataille de Laufeld en 1747.

251. ANDREY (Jacques-Christophe), sieur de Seillery, lieutenant au régiment de Piémont, puis garde du corps du roy, tué au combat de Senef en 1674.

—

252. ANDRIEU (Jean-Charles-Antoine), chevalier de Saint-Louis, capitaine au régiment de Royal-Roussillon, reçut deux blessures au service, sous Louis XV.

253. ANDRIEU DE SAINT-ANDRÉ (le sieur), lieutenant de frégates, tué le 4 janvier 1781 sur la *Minerve*, dans un combat qu'elle soutint contre deux vaisseaux anglois de 76 canons.

—

254. ANDRON (le sire d'), lieutenant au régiment de Champagne, blessé au siége de Luxembourg en 1684.

—

255. ANEBAL (Charles d'), chevalier tué à la bataillle de Verneuil en 1424.

256. ANEBAL (Robinet d'), son frère, tué à la même bataille de Verneuil en 1424.

—

257. ANFERNET (Michel d'), chevalier, fut blessé plusieurs fois dans les guerres de Charles VII. On lit dans un congé que luy donna le maréchal de Lohèac, le 2 may 1455, qu'il avoit servi environ vingt ans au fait des guerres en sa compagnie, *auquel servyce* il avoit eu *plusieurs essoignes de son corps.*

Les Aufernet ou Amfernet, qu'on trouvoit en Bretagne et en Normandie, portoient : *De sable à l'aigle éployée d'argent, becquée et membrée d'or.*

—

258. ANFRIE (Jacques-Paul), seigneur de Chaulieu, dit marquis de Chaulieu, sous-lieutenant des gendarmes de Bretagne, puis maistre de camp d'un régiment de cavalerie, reçut en 1693, à la bataille de la Marsaille, un coup de mousquet qui lui cassa l'épaule et dont il demeura estropié ; il y fut même perdu pendant quelque temps et retrouvé ensuite parmi les prisonniers à Turin. Il mourut âgé de 85 ans.

259. ANFRIE DE CHAULIEU (Réné-Gustave-Adolphe), lieutenant de vaisseau, tué au bombardement de Gennes, où il commandoit cent hommes.

260. ANFRIE DE CHAULIEU (Auguste), son frère, aussy lieutenant de vaisseau, tué dans un combat contre un vaisseau de guerre hollandois.

261. ANFRIE DE CHAULIEU (Gilles-Emmanuel-Théodore), autre frère, capitaine de vaisseau, mourut en Amérique, au combat que les Anglois y livrèrent à l'armée de France, où il faisoit les fonctions de major général durant la guerre terminée par la paix de Ryswick, en 1697.

262. ANFRIE DE CHAULIEU (Frédéric-Maurice), autre frère, capitaine d'une compagnie de dragons, mourut quelques jours

après le siége de Tournay, en 1706, des blessures qu'il y reçut.

D'Hozier et le *Mercure* de 1764 disent cette famille de Normandie originaire de Vire, et d'où elle se transporta à Rouen vers l'an 1592. — De cette famille sortoit le poétique et sensuel abbé de ce nom. — Armes : *D'azur à trois triangles d'or 2 et 1, et un chef de gueules, chargé de trois têtes de licornes d'or, posées de profil, et accostées de deux croisettes aussi d'or.*

—

263. ANGE (François l'), chevalier de Malte, grand prieur d'Auvergne et grand maréchal de l'ordre, portoit l'étendard de la religion au secours de Malte, en 1556, blessé d'une mousquetade au siége de la Charité, en 1590, dont il mourut.

264. ANGE (Jean l'), frère du précédent, tué en repoussant les Turcs au siége de Castelli, dans le golfe d'Esquirassi, où il commandoit pour l'ordre de Malte, au mois de mai 1604.

265. ANGE (Hiacinthe l'), chevau-léger du roi Louis XIV, blessé en plusieurs batailles, et contraint par suite de quitter le service.

Cette famille omise par d'Hozier, et que nous rétablissons ici, étoit originaire du Nivernois et portoit : *D'azur au croissant d'argent surmonté d'une étoile de même, ayant deux anges pour supports, — et un autre pour cimier tenant à la main droite l'étendard de l'ordre de Saint-Jean de Jérusalem avec deux couronnes, l'une d'épines qui est à la main droite, et l'autre de laurier qui est à la main gauche*, avec l'inscription : *Hac ad illam*, et pour devise : *Nomine* LANGE *et omine.*

—

266. ANGELI (le sieur d'), capitaine au régiment Guyenne, blessé à la défense d'Aire, en 1710.

—

267. ANGENNES (Jean d'), tué à la bataille d'Azincourt en 1415.

268. ANGENNES (Renaud d'), tué au combat du pont d'Asture, en Piémont, sous Henry II. *Vaillant jeune homme*, dit Brantôme, qui *entra si avant dans la porte, qu'il y fut tué.*

269. ANGENNES (Jacques d'), seigneur de Rambouillet, chevalier de l'ordre du roy, l'un de ses chambellans, gentilhomme ordinaire de sa chambre, conseiller en son conseil privé, capitaine de 50 lances de ses ordonnances, maréchal de ses camps et armées, ambassadeur à Rome et en Angleterre et chevalier de l'ordre de Saint Georges, blessé en 1555 dans une attaque près de Valenza, mourut le 13 août 1569.

270. ANGENNES (Louis d'), seigneur de Montloüet, marquis de Maintenon, baron de Meslay, chevalier des ordres du roy, l'un de ses chambellans, gentilhomme ordinaire de sa chambre, conseiller en son conseil privé, grand maréchal des logis de sa maison, capitaine de 50 hommes d'armes de ses ordonnances et ambassadeur en Espagne, reçut en 1568 plusieurs blessures dangereuses dans une rencontre près de Sazeneuil.

271. ANGENNES (Philippes d'), seigneur de Fargis, chevalier des ordres du roy, capitaine de 50 hommes d'armes de ses ordonnances, gentilhomme ordinaire de sa chambre, chambellan du duc d'Alençon, gouverneur du Maine et du Perche, tué au siége de Laval en 1590.

272. ANGENNES (François d'), marquis de Montloüet, chevalier de l'ordre du roy, capitaine de 50 hommes d'armes de ses ordonnances, maréchal de camp, conseiller d'état d'épée, gouverneur de Nogent, chambellan du duc d'Alençon et ambassadeur en Suisse, fut blessé à la bataille d'Ivry en 1590.

273. ANGENNES (Albert d'), seigneur de la Loupe, tué au siége d'Amiens en 1597.

274. ANGENNES (Louis d'), tué au siége de l'Écluse en 1604.

275. ANGENNES (Réné d'), chevalier de Malte, tué au siége d'Arras en 1640.

276. ANGENNES (Léon Pompée d'), marquis de Pisany, tué à la bataille de Nortlingue en 1645.

277. ANGENNES (Joseph d'), marquis de Poigny, comte de Concressant, baron de Blancafort, enseigne des gendarmes de la garde, eut l'épaule percée de deux balles à la bataille de Senef en 1674, et mourut le 12 mars 1687.

278. ANGENNES (Charles, dit le comte d'), son fils, marquis de Poigny, colonel du régiment Royal-Marine et brigadier des armées du roy, chevalier de Saint-Louis, blessé au combat d'Oudenarde en 1708, fut tué à la bataille de Malplaquet en 1709.

Noble et ancienne maison de France, éteinte aujourd'hui, illustre par ses services et à laquelle s'allia la célèbre Catherine de Vivonne, marquise de Rambouillet : c'est en l'honneur de sa fille, Julie, marquise de Rambouillet, de Pisani, duchesse de Montausier, que les poëtes du temps composèrent la *Guirlande de Julie*. — Armes : *De sable au sautoir d'argent.*

—

279. ANGENOUST (Denis), capitaine aux gardes françoises, mort de ses blessures en 1647.

Famille de Champagne et d'Ile-de-France, porte : *D'azur à deux épées d'argent, garnies d'or passées en sautoir.*

280. ANGERVILLE (le sieur d'), capitaine au régiment de Navarre, tué au siége de Saint-Omer en 1638.

De l'Ile-de-France, porte : *D'or à trois annelets de sable.*

281. ANGEST (Florent d'), tué au siége d'Acre en 1191. *V.* de Hangest.

De Picardie, porte : *Echiqueté d'or et de gueules.*

—

282. ANGEVIN DE LA REVETISON (Louis), lieutenant-colonel du régiment de Berry-Infanterie, reçut plusieurs blessures et quitta le service en 1772.

283. ANGEVIN DE LA REVETISON (sieur), chevalier de Saint-Louis, premier capitaine au régiment Royal-Infanterie, blessé

d'éclats de pierres au visage au siége du fort Saint-Philippes, en 1756.

Les Angevin sont originaires de Poitou, ils portoient : *D'argent entre deux étoiles et en pointe d'un arbre, de gueules.*

—

284. ANGLADE (Guillaume d'), capitaine dans les bandes gascones, fut tué au Pas de Suze en 1537.

285. ANGLADE (Jean d'), son neveu, seigneur de Sarrazan, servant dans les mêmes bandes, y fut aussy dangereusement blessé.

286. ANGLADE (Arnaud d'), homme d'armes de la compagnie d'ordonnance du duc de Guise, tué à la bataille de Dreux en 1562.

287. ANGLADE (Jean-Baptiste-Michel-Simon-Fauste d'), cornette au régiment de Cluseau, puis ayde de camp du marécha de Noailles, reçut plusieurs blessures dangereuses dans la campagne de 1674.

288. ANGLADE (Isaac d'), seigneur de Sarrazan, capitaine au régiment de Piémont, blessé au siége de Maëstrick en 1676.

289. ANGLADE (Joseph d'), son frère, capitaine au même régiment, tué au siége de Namur en 1692.

290. ANGLADE (Jean d'), autre frère, chevalier de Saint-Louis, capitaine de grenadiers au régiment d'Oléron, mourut en 1707 au camp de Tortose, de cinq blessures qu'il reçut à la bataille d'Almanza à la tête de ses grenadiers, dont il ne ramena que sept.

291. ANGLADE (Joseph d'), son frère, capitaine au même régiment, tué au siége de Namur en 1692.

292. ANGLADE (Joseph d'), enseigne de la colonnelle du régiment d'Oléron, eut la jambe emportée d'un boulet de cãnon au siége de Tortose en 1707; il mourut le 28 janvier 1760.

293. ANGLADE (André d'), lieutenant au régiment de Boulonois, tué au siége de Bouchain.

294. ANGLADE (Antoine d'), seigneur de la Bastide, chevalier de Saint-Louis, lieutenant-colonel du même régiment, blessé à l'attaque des lignes d'Ettingen en 1745, le fut encore à la bataille de Raucoux en 1746, et reçut aussy quatre coups de feu à l'affaire de l'Assiette en 1747.

295. ANGLADE (Joseph d'), chevalier de Saint-Louis, capitaine au même régiment, mort à Condom le 10 janvier 1751, criblé de blessures, après quarante ans de service.

296. ANGLADE (François-Dominique-Raymond d'), chevalier de Saint-Louis, capitaine au régiment de Piémont, fut contraint de quitter le service à raison des blessures qu'il avoit reçües à la bataille de Rosback en 1757.

Les Anglade, de Guyenne, portoient : *D'azur à l'aigle éployée au vol abaissé d'or, becquée et membrée de sable.* — Support : *Deux griffons.* — Devise : *Faisons le bien et laissons dire.*

—

297. ANGLE (d') ou DE L'ANGLE (Richard), tué à la bataille de Poitiers en 1356.

298. ANGLEMONT (le sieur d'), lieutenant au régiment de la Guadeloupe, blessé au siége de Savannah en 1779.

—

299. ANGLEZI (Ignace d') capitaine au régiment étranger de Sanzanat, tué au siége de Tournay sous Louis XIV.

300. ANGLEZI (Dominique d'), son frère, garde du corps et de la chambre du roy, ensuite officier au régiment de Languedoc, puis capitaine au service du Pape dans le régiment du Comtat Venaissin, fut blessé au siége de Luxembourg et au combat de Leuzé en 1691.

Originaires de Provence, portoient : *D'argent à l'aigle de sable, languée, armée et couronnée de gueules.*

301. ANGLURE (N..... d'), vicomte d'Estoges, fut blessé d'un coup d'arquebuse à la cuisse à la bataille de Marignan en 1518.

302. ANGLURE (René d'), seigneur de Givry, baron de Boursault, comte de Tancarville, chevalier de l'ordre du Roy, gentilhomme ordinaire de sa chambre, capitaine de cinquante hommes d'armes de ses ordonnances et d'une compagnie de cent chevaux légers, mestre de camp d'un régiment de cavalerie, maréchal général des camps et armées de France, et lieutenant général au gouvernement de Brie, fut tué à la bataille de Dreux en 1562.

303. ANGLURE (Anne d'), baron de Givry, dit *le brave Givry*, chevalier des ordres du Roy, gentilhomme ordinaire de sa chambre, maréchal de ses camps et armées, capitaine de cinquante hommes d'armes de ses ordonnances, mestre de camp general de la cavallerie légère, gouverneur de la Rochelle et du pays d'Aunis, blessé mortellement à l'épaule au siege de Rouen en 1591, dont le Roy (dit M. de Thou) eut un grand chagrin, ayant dit publiquement à cette occasion qu'il ne voyoit personne qui fût capable de remplir les fonctions qu'il occupoit. Il eut encore les membres démis et un cheval tué sous luy au combat d'Aumale en 1592, et fut tué d'une mousquetade au siége de Laon en 1594.

304. ANGLURE (Africain d'), baron de Bourlemont, prince d'Amblize, seigneur de Buzancy, chambellan et guidon de la compagnie de cent hommes d'armes du duc de Lorraine, fut tué au siége de Beaumont en Argonne en 1592.

305. ANGLURE (Chrétien-Maphée d'), baron de Buzancy, tué au siége d'Arras en 1640.

306. ANGLURE (le sieur d'), mousquetaire de la garde du Roy, blessé au siége de Mastrick en 1673.

307. ANGLURE (Louis d'), colonel du régiment de Bourlemont, mort à la bataille de Consarbrick en 1675.

308. ANGLURE (Henry d'), son frère, marquis de Bourlemont, colonel du régiment de Picardie et brigadier des armées du Roy, dangereusement blessé à une jambe à la même bataille, fut tué au siége de Valenciennes en 1677.

309. ANGLURE (Charles-Henry d'), comte de Bourlemont, prince d'Amblize, tué au siége de Luxembourg en 1684.

310. ANGLURE DE SAVIGNY (Claude-François d'), comte d'Estoges (de la maison de Savigny, substituée aux noms et armes de la maison d'Anglure), chevalier de Malte, capitaine sous-lieutenant des gendarmes anglois, mourut à Lille le 4 aout 1671, des blessures qu'il reçut à la bataille de Cassel, dont une entr'autres luy cassa le bras.

311. ANGLURE DE SAVIGNY (Marc-Antoine-Scipion d'), marquis de Savigny, enseigne des gendarmes bourguignons et mestre de camp de cavallerie, tué à la bataille de Malplaquet en 1709.

Nous avons publié dans le tome VIII du *Cabinet historique*, Documents, p. 170, une longue notice sur la maison D'ANGLURE, à propos de la *Galerie d'Étoges*.

---

312. ANGLUS (le sieur d'), exempt des gardes du corps du Roy et premier ayde major de la gendarmerie, tué à la bataille de la Marsaille, en 1693.

---

313. ANGOSSE (François d'), blessé au siége de Leictoure en 1455, mourut quelques années après des suites de cette blessure.

314. ANGOSSE (Guillaume d'), capitaine d'une compagnie de cent hommes, gouverneur de Saint-Peen-Bigorre et du pays de

Rivierouse, blessé au siege de Navareins en 1569, mourut à Oléron, en Béarn, des suites de cette blessure.

315. ANGOSSE (N....... d'), capitaine au régiment de Normandie, blessé au siége de Berg-op-Zoom en 1747.

Famille de Béarn. Armes : *D'azur à trois épées d'argent, posées en pals, rangées en fasces au chef d'or, chargé d'un cœur de gueules entre deux merlettes affrontées de sable couron. d'argent.*—Devise : *Deo duce, comite gladio.*

—

316. ANGOURDET (le sieur), sous-lieutenant au régiment de Navarre, blessé au combat de Senef en 1674.

317. ANJONI (le chevalier d'), mort des blessures qu'il reçut à la bataille de Malplaquet en 1709.

Famille d'Auvergne. Armes : *D'argent à trois fasces ondées de gueules, au chef d'azur chargé de trois coquilles du champ.*

—

318. ANJOU (le duc d'), depuis Roy Henri III, chevalier de l'ordre du Roy et generalissime de ses armées, fut blessé au siege de la Rochelle en 1573, de quelques dragées derrière l'oreille et au bras près de la main, et il y eût été tué sans le baron de Vins, qui se mit au devant du coup, dont il fut grièvement blessé.

—

319. ANKARLOO (le sieur d'), lieutenant de vaisseaux suédois, eut la cuisse emportée sur *l'Illustre*, dans le combat du bailly de Suffren contre sir Edward Hugues, devant Trinquemalay, le 3 septembre 1782.

320. ANNEBAULT (Jean, *sire* et *baron* d'), chevalier de l'ordre du Roy, l'un de ses chambellans, gentilhomme ordinaire de sa chambre, capitaine de 50 lances de ses ordonnances, gouverneur et bailly d'Evreux, eut l'épaule rompue de la chute de son cheval au siége de Fossan en 1536,

et mourut des blessures qu'il reçut à la bataille de Dreux en 1562.

La terre d'Annebault, dont cette famille tire son nom, est située sur les bords de la rivière de Relle, près la ville de Pont-Audemer ; elle est éteinte depuis le XVIIe siècle. Le seigneur d'Annebault figuroit à la suite de Guillaume à la conquête d'Angleterre et dans les guerres des Croisades. Elle compte parmi ses illustrations Claude d'Annebault, maréchal de France et l'un des favoris de François Ier. — Portoit : *De gueules à une croix de vair.*

—

321. ANNEVILLE (Hervé d'), tué au siége de Montauban en 1621.

322. ANNEVILLE (Guillaume René, baron d') et du Saint-Empire, seigneur de Chiffrevast, dit le *marquis de Chiffrevast*, chevalier de Saint-Louis, capitaine de dragons au régiment Colonel-Général, reçut deux blessures en Bohême en 1742, et quitta le service en 1745.

Les d'Anneville, seigneurs de Chiffrevast, de Tonnerville et le Weast, étoient de l'ancienne noblesse de la Généralité de Caen. Armes : *D'hermines à une fasce de gueules.*

323. ANNEVILLE (Jean-Henry d'), son frère, lieutenant de dragons, tué, le 10 juin 1744, d'une balle qu'il reçut à la tête devant Lauterbourg.

—

324. ANSELME DE GUYS (Joseph d'), chevalier de Saint-Louis, major du régiment de Briqueville, puis lieutenant-colonel de celuy de Soissonnois et brigadier des armées du roy, blessé aux batailles de Laufeldt et de Clostercamps, en 1747 et 1760.

—

325. ANSTRUDE (Arnoult d'), tué d'un coup de mousquet au siége de Laon en 1694, servant dans les gardes écossois du corps du roy.

326. ANSTRUDE (Charles d'), enseigne de la compagnie co-

lonnelle du régiment de Champagne, tué au siége de Lérida en 1647.

Anstrude, ancienne maison originaire d'Ecosse, a donné plusieurs chevaliers de la Toison d'or et a pris des alliances dans les maisons de Stuart et de Goron, établie en France sous François Ier. Armes : *Coupe emmanchée de sable sur argent de trois pièces.*

—

327. Antelmy (le sieur d'), chevalier de Saint-Louis, capitaine au corps royal d'artillerie et du génie et ingénieur en chef à Blamont, fut blessé à la bataille de Rosback en 1757.

—

328. Anteroches (Charles-Louis, dit le *Chevalier* d'), chevalier de Saint-Louis, capitaine de grenadiers, puis major du régiment de Picardie, blessé à la bataille de Parme en 1734.

329. Anteroches (Joseph-Charles-Alexandre, comte d'), chevalier de Saint-Louis, chef de bataillon au régiment des gardes françoises, puis lieutenant général des armées du roy, blessé à la bataille d'Ettingen en 1743, mourut en 1785.

Anteroches, grande maison de la province d'Auvergne, porte : *D'azur à la bande d'or chargée de trois mouchetures d'hermines, accompagnée de deux croisettes d'or, une en chef et l'autre en pointe, surmontée en chef de trois ondes d'argent.*

—

330. Anticamareta dit de Villeneuve (François *ou* Georges François d'), seigneur de Villeneuve, chevalier de l'ordre du Roy et lieutenant de cinquante lances de ses ordonnances, blessé d'un coup d'arquebuse au pied au siége d'Agde, en 1562, en voulant reconnoître la place, fut tué au siége de Sommières en 1573.

331. Antigny (le sieur d'), lieutenant aux gardes françoises, tué à la bataille d'Ettingen en 1743.

Antigny, terre et seigneurie situées en Bourgogne.

332. Antoine (François-Louis), chevalier de Saint-Louis, chef d'escadron au régiment Royal, puis lieutenant-colonel de celui d'Artois, blessé à la bataille de Minden en 1759.

333. Antoni (le capitaine), fut passé au fil de l'épée à la reprise de Castres par les protestants, en 1574. (De Thou.)

—

334. Antour (Louis d'), cornette au régiment de la Reine-Dragons, tué d'un coup de canon sous Tortonne en 1746.

335. Antour (Victor-Maurice d'), son frère, lieutenant au même régiment, tué à l'affaire de l'Assiette en 1747.

—

336. Antremont (le sieur d'), lieutenant au régiment royal des Vaisseaux, blessé en 1746 à l'attaque des ennemis à Zuircon.

337. Antremont (le sieur d'), capitaine au même régiment, tué à la bataille de Fontenoy en 1745.

—

338. Anville (le sieur d'), officier des gardes du corps du roy, tué à la bataille de Malplaquet en 1709.

339. Anville (Jean-Louis d'), chevalier de Saint-Louis, lieutenant-colonel du régiment de la Tour-du-Pin, puis major de Landrecies et commandant au château du Ha à Bordeaux, blessé à la bataille d'Ettingen en 1743, reçut encore deux blessures au siége d'Ipres en 1744.

—

340. Apchier (Antoine d'), capitaine d'une compagnie, tué par les huguenots au retour des Cévennes, en 1578.

341. Apchier (Jean d'), son frère, tué également par les huguenots au retour des Cévennes, en 1578.

342. Apchier (Jean, baron d'), chevalier de l'ordre du Roy, capitaine de cinquante hommes d'armes de ses ordonnances et gouverneur du Gévaudan, tué le 24 juin 1586, en voulant faire avancer ses troupes contre les religionnaires.

343. Apchier (Just Henry d'), lieutenant au régiment Dauphin-Infanterie, mort des blessures qu'il reçut au passage de l'Escault, le 28 novembre 1708.

344. Apchier (Charles-Annet, comte d'), chevalier des ordres du Roy en 1746 et lieutenant général de ses armées, eut le pied fracassé à la bataille de Fontenoy, en 1745, et mourut le 12 février 1753, âgé de soixante ans.

Les d'Apchier sortoient de la maison de Châteauneuf-Randon, et la terre d'Apchier étoit une ancienne baronie du Languedoc. Cette illustre maison a formé plusieurs branches, les d'Apchier-Tibiron, les d'Apchier-Montbrun et les seigneurs d'Apchier-Saint-Aubin, qui sont éteintes. Armes : *D'or au château semé de trois tours de gueules, maçonnées de sable, à deux guidons posés en pal, aussi de gueules, mis aux deux côtés de la tour du milieu.*

—

345. Apchon (François-Armand-Jean-Baptiste d'), chevalier de Saint-Louis et premier capitaine au régiment de Soissonnois, blessé à une cuisse au siége de Mons, reçut encore deux coups de feu à l'affaire de l'Assiette en 1747.

Célèbre maison du Forez. Armes : *D'or semé de fleurs de lis d'azur.*

346. Aplincourt (le sieur d'), lieutenant de la compagnie des gendarmes du duc d'Enghien, reçut cinq blessures et mis hors de combat au siége de Fontarabie en 1638. (*Mercure* de cette année. — *V.* d'Happlaincout ?)

347. Appentigny (le sieur d'), gendarme de la garde du roy, blessé à la bataille d'Ettingen en 1743.

348. Araney (le sieur d'), capitaine au régiment depuis Bourbonnois, fut tué en 1639, dans une attaque des retranchements du marquis de Leganez, devant Cencio.

349. Arbaleste (Guy), vicomte de Melun, tué à la journée de Marienthal en 1645.

Famille originaire de Bourgogne. La vicomté de Melun, héritage de l'ancienne et illustre maison de ce nom, fut acquise, en 1552, par Guy Arbaleste, seigneur de Néron, de la Borde, etc., président en la chambre des Comptes de Paris. Armes : *D'or au sautoir engrêlé de sable, cantonné de quatre arbalestes de gueules.*

—

350. Arbalestier (le sieur d'), tué au service sous Louis XIV.

351. Arbalestier (Gaspard-Melchior-Balthazar d'), seigneur de Mirabel, premier capitaine et major du régiment de Saint-Second, quitta le service à raison de ses blessures et mourut en 1736.

352. Arbalestier de Monclar (Paul-Isaac d'), chevalier de Saint-Louis et major commandant à Mont-Dauphin, ancien lieutenant au régiment de Belsunce, fut blessé à la bataille d'Hastembeck en 1757.

Noble famille du Dauphiné dont Chorier fait mention. Armes : *De gueules, au chevron d'argent chargé de cinq pommes de pin de Sinople et accompagné de trois étoiles d'or posées* 2 *et* 1.

—

353. Arbon (le sieur d'), capitaine au régiment de Picardie, blessé au combat de Senef en 1674.

354. Arbonnière de Dizi (Louis-Frédéric), chevalier de Saint-Louis, colonel du régiment de Planta-Suisse et maréchal de camp, blessé à la bataille de Rosback en 1757, mourut à Paris le 2 octobre 1780.

355. Arbouville (le sieur d'), capitaine au régiment royal des Vaisseaux, blessé à la bataille de Cassel en 1677.

356. Arcant (le sieur), lieutenant dans les grenadiers royaux de la Roche-Lambert, fut tué à la journée du 24 août 1762.

—

357. ARCHAMBAULT (René-François d'), capitaine au régiment du roy Cavallerie, gentilhomme ordinaire de sa maison et grand bailly d'épée de Châtillon-sur-Indre, fut blessé de trois balles dans le corps, et reçut de plus un coup de feu à la cuisse au siége de Maëstrick sous Louis XIV.

358. ARCHAMBAULT (René-Charles d'), seigneur de Choatel près de Toul, chevalier de Saint-Louis et capitaine au régiment de Navarre-Infanterie, fut blessé aux batailles d'Ettingen et de Creweldt en 1743 et 1758.

L'*Armorial général* nous donne l'indication de plusieurs familles de ce nom. L'une de Paris portoit : *D'argent au sautoir d'azur, chargé de cinq étoiles d'or à la bordure dentelée de gueules.* — Une autre d'Orléans portoit : *D'argent à une fasce de Sinople chargée d'une molette d'argent.* — Une troisième de Bourges portoit : *D'azur à un chevron d'or, accompagné en chef de deux étoiles d'argent, et en pointe d'un croissant de même, surmonté d'un rosier fleuri de trois roses aussi d'argent, tige et feuilles de Sinople.*

—

359. ARCHE (le sieur d'), ayde major du régiment de Normandie, tué à la défense de Grave en 1674.

—

360. ARCHERIES (Jean d'), seigneur d'Archeries, chevalier, gouverneur d'Alençon, tué à la bataille d'Azincourt en 1415.

361. ARCHERIES (François-Philippes, comte d'), tué à la bataille de Cassel en 1677.

Ancienne et noble famille de Normandie établie en Bugey, vers 1590, et qui tire son nom de la terre d'Archeries, près d'Alençon.

—

362. ARCHES (le sieur des), lieutenant au régiment de Saint-Chamond, blessé à la bataille de Rosback en 1757.

363. ARCHY (le sieur d'), capitaine au régiment de Guyenne, tué au siége de Fribourg en 1744.

—

364. Arcizas (Charles d') chevalier de Malte, fut blessé d'un coup de mousquet à travers la tête au passage du Tésin, en 1636, et il en devint aveugle. Louis XIII luy accorda à cette occasion une pension de 600 liv. le 28 septembre 1637.

365. Arcizas (François d'), tué au siége de Lille.

366. Arcizas. Deux frères de ce nom, officiers au régiment de la Couronne, furent tués dans les guerres de Louis XIV, et leur neveu, capitaine au régiment d'Anjou, le fut au siége de Barcelonne.

—

367. Arçon (le sieur d'), lieutenant au régiment de Moutier-Cavallerie, fut blessé à la bataille de Minden en 1759.

368. Argoncay (le sieur d'), officier au régiment d'Enghien, tué au siége de Fribourg en 1744. (*Mercure* de cette année.)

—

369. Arcy (M. d'), gouverneur du duc de Chartres, fit une chute dangereuse à la bataille de Nerwinde en 1693, son cheval ayant été grièvement blessé sous luy.

370. Arcy (le sieur d'), capitaine au régiment de Picardie, blessé à la bataille de Parme en 1734.

Famille du Beaujollois. — Seigneurs de Montfréol et de Toiry. — *De gueules, à trois arcs d'argent, coupés et posés en pal, l'un au-dessus de l'autre.*

—

371. Ardemont (le sieur d'), lieutenant au régiment de Champagne, mort des blessures qu'il reçut dans une action en 1760.

372. Ardoin *ou* Ardouin de Saint-Maures (Jean-Charles), dit le *chevalier de Saint-Maures,* chevalier de Saint-Louis et chef de bataillon au régiment de Picardie, blessé à la bataille

de Guastalla en 1734, le fut encore à un bras et à un pied à celle d'Hastembeck en 1757.

373. Arenes (le *Cadet* d'), tué au combat de quinze galères de France contre pareil nombre de celles d'Espagne en 1638. (*Mercure* de cette année.)

Famille de Provence. *D'azur à la bande d'or, accompagné de deux étoiles de même.*

374. Arenfeld (le baron d'), sous-ayde major du régiment d'Alsace, blessé à la bataille de Clostercamps en 1760.

—

375. Arfeuille (François d'), seigneur d'Arfeuille, capitaine au régiment de Saint-Germain de Beaupré-Infanterie, puis d'une compagnie de cavalerie au régiment de Turin, tué à la bataille de Cassel en 1677.

376. Arfeuille (Annet-François d'), son fils, tué aussy peu de jours avant son père, dans un détachement, étant lieutenant de sa compagnie.

377. Arfeuille (Alexandre d'), son autre fils, tué d'un coup de canon qui luy emporta une cuisse à la même bataille de Cassel en 1677.

Famille d'Auvergne. *D'azur à la fleur de lys d'or, accomp. de trois étoiles de même.* Couronne de marquis. Support : *Deux lions d'or armés et lampassés de gueules.*

—

378. Argenlieu (le sieur d'), ayde de camp, grièvement blessé au siége de Fontarabie en 1638. (*Mercure* de cette année.)

Originaire du Beauvoisis. *D'or à cinq tours d'azur.*

379. Argensy (Pierre d') baron d'Yvey, chevalier, tué à la bataille que le Dauphin, dans le parti duquel il servoit, livra au duc de Bourgogne en 1421.

380. ARGENTRÉ (le chevalier d'), officier de vaisseau du roy, tué dans le combat de M. de l'Étenduére contre les Anglois le 27 octobre 1747.

Originaire de Bretagne. *D'argent à la croix pattée d'azur.* Devise : *Porta cœli, crux.*

381. ARGENVILLIER (le seigneur d'), tué au siége de Doulens en 1595.

382. ARGENILLE (le sieur d'), lieutenant au régiment de Picardie, blessé au combat de Senef en 1674.

383. ARGIE (Pierre d'), chevalier, tué à la bataille d'Azincourt en 1415.

Maison de Picardie. *D'or à huit merlettes de sable, rangées en orle.*

384. ARGIERS (Drieu d'), seigneur de Béthencourt, chevalier, tué aussy à la même bataille.

385. ARGILLÉ (le sieur d'), capitaine au régiment de Piémont, blessé au siége de Maëstrick en 1676.

---

386. ARGOUD (Maurice d'), chevalier de Saint-Louis et chevalier commandeur de l'ordre de Saint-Lazare, gouverneur d'Annonay et major de Lille en Flandres, eut une jambe emportée d'un boulet de canon à l'attaque du fort de Kell, et il obtint en conséquence, en 1681, la commanderie de Creil en Normandie, grâce motivée sur les blessures qu'il avoit reçues.

387. ARGOUD (Pierre-Maurice d'), chevalier de Saint-Louis, chef de bataillon au régiment de Piémont, blessé au siége de Philisbourg en 1734, mourut à Toulon en 1761.

388. ARGOUD (Jean-Baptiste-Gaston d'), son fils, seigneur de Veissilieu, chevalier de Saint-Louis, aussy chef de bataillon au même régiment, puis commandant du régiment provincial de

Grenoble avec rang de lieutenant-colonel et maréchal de camp, blessé à la bataille de Rosbach en 1757. Mourut en 1780.

Les d'Argoud, célèbre maison du Dauphiné, portent : *D'azur à trois fasces d'or.*

—

389. ARGOUGES DE RANES DE MONTREUIL (N..... d'), capitaine aux gardes françoises, tué à la prise de Candie en 1669.

390. ARGOUGES DE RANES (le chevalier d'), capitaine au même régiment, tué au siége de Maëstrick en 1673.

391. ARGOUGES (Henry d'), marquis de Ranes, colonel général des dragons et lieutenant général des armées du roy, tué d'un coup de canon, le 6 juillet 1678, au combat de Seckingen.

392. ARGOUGES DE FLEURY (Michel-Pierre-François, comte d'), chevalier de Saint-Louis, capitaine lieutenant des gendarmes de Bourgogne, puis lieutenant général des armées du roy, blessé en 1744 à l'attaque des lignes de Weissembourg, mourut le 18 août 1787.

393. ARGOUGES (N..... d'), lieutenant de vaisseaux, reçut deux blessures de mitraille au bras droit et eut quelques contusions sur l'*Intrépide*, dans le combat de M. de Kersaint en 1758.

Ancienne maison qui tire son nom de la terre d'Argouges, située près Bayeux. — Elle eut plusieurs branches : les d'Argouges, sieurs de Gratot, Boussigny et Grandville; les d'Argouges de Rannes, d'où sortirent les d'Argouges de Fleuri. — Ils portoient : *Ecartelé d'or et d'azur à trois quintefeuilles de gueules, deux en chef et une en pointe, brochantes sur le tout.*

—

394. ARGUYER DE SAINT-PIERRE (Armand d'), chevalier de Saint-Louis, lieutenant-colonel du régiment d'infanterie wallonne de Robeck et brigadier des armées du roy, dangereusement blessé aux batailles de Staffarde et de la Marsaille en 1690 et 1693, le fut encore à celle d'Hochstett et mourut en 1714.

395. ARLOS (Claude d'), seigneur de Chaffaut, capitaine au régiment de la Mothe-Houdancourt, tué en 1638 près de Raon en Franche-Comté, en allant reconnoître les ennemis.

—

396. ARLOT (François d'), seigneur de Frugies, garde du corps du roy, tué au siége de Lille en 1667.

397. ARLOT DE FRUGIES (Jacques d'), comte de la Roque, chevalier commandeur de l'ordre royal et militaire de Saint-Louis, lieutenant-colonel des régiments de Maugiron et de Traségnies, puis lieutenant général des armées du roy, grièvement blessé à l'affaire de Lutzelbourg, reçut encore d'autres blessures graves et dangereuses.

D'azur à trois étoiles d'argent, rangées en fasces et accompagnées en chef d'un croissant, de même et en pointe d'une grappe de raisin aussi d'argent, tigée et feuillée de sinople.

—

398. ARMAGNAC (Bernard d'), comte d'Armagnac et de Fezensac, connétable de France, gouverneur général des finances, et capitaine de toutes les places fortes du royaume avec un pouvoir absolu, fut massacré dans une émeute arrivée à Paris, et excitée par les factieux du parti de Bourgogne, le 12 juin 1418.

399. ARMAGNAC (Jean d'), tué à la prise de Leictoure le 5 mars 1473.

400. ARMAGNAC (Louis d'), duc de Nemours, pair de France, comte de Guise, vice roy de Naples, mort à la bataille de Cérizolles, en 1503.

401. ARMAGNAC (N........ d'), premier valet de chambre du Roy Henri IV, tué d'un coup de canon près de ce monarque au siége de Paris, en 1590.

402. ARMAGNAC (Jean d'), son frère, aussy premier valet de

chambre du Roy, et bailly de Loudunois, blessé au siége de Chartres, en 1591.

403. ARMAGNAC (le sieur d'), mousquetaire de la garde du Roy, blessé au siége de Mons en 1691.

—

404. ARMANCOURT (le sieur d'), capitaine au régiment Royal des Vaisseaux, tué au siége de Berg-op-Zoom, en 1747.

—

405. ARMAND (le sieur), officier au régiment de Normandie, tué au siége de Berg-op-Zoom, en 1747.

406. ARMAND (N.......), chevalier d'Harneder, chevalier de Saint-Louis, capitaine au régiment de Champagne, puis capitaine aux grenadiers de France, et lieutenant-colonel du régiment provincial de Lyon, blessé au siége de Namur, en 1746.

407. ARMAND (le sieur d'), capitaine au régiment de Guyenne, blessé à la prise du fort de Kell en 1676, et au siége de Luxembourg en 1681.

408. ARMAND (Claude d'), lieutenant de cavalerie, tué dans une rencontre en 1681.

409. ARMAND (Scipion d'), son petit-neveu, capitaine au régiment de la Reine-Infanterie, tué à la tête de sa compagnie avant l'an 1690.

410. ARMAND (Gaspard d'), lieutenant de la colonelle du régiment de la Mothe-Houdancourt, tué au siége d'Orbitello en 1646.

411. ARMAND (Léon d'), capitaine au régiment de Piémont, chevalier de Saint-Louis, puis major de Philisbourg, de Bergues et de Lille, blessé au siége du Quenoy en 1712.

412. ARMAND (Léon d'), comte de Mirjon, chevalier com-

mandeur de l'ordre royal et militaire de Saint-Louis, capitaine aux gardes françoises et maréchal de camp, tué à la bataille de Parme en 1734.

413. ARMAND (Joseph d'), seigneur de Châteauvieux, capitaine au régiment de Livry-Cavalerie, reçut plusieurs blessures dans les guerres de Louis XIV, et mourut le 23 mai 1649, âgé de 75 ans.

414. ARMAND DE CHATEAUVIEUX (André d'), son frère, tué à sa première campagne, servant dans le même régiment.

415. ARMAND DE CHATEAUVIEUX (Jean d'), mousquetaire du Roy de la deuxième compagnie, tué à la bataille d'Ettingen en 1743.

416. ARMAND (N...... d'), chevalier de Mirabel, capitaine au régiment de....., tué dans les guerres de Louis XV.

417. ARMAND DE FOREST (Alexandre-René d'), son frère, seigneur de Blacons, chevalier de Saint-Louis et mestre de camp d'un régiment de son nom, quitta le service vers l'an 1705, à raison de ses blessures.

418. ARMAND (N........ d'), chevalier de Blacons, capitaine au régiment d'Auvergne, tué au siége de Milan en 1734.

419. ARMAND (N....... d'), son neveu, chevalier de Saint-Louis, capitaine, puis major du même régiment, tué au siége de Prague en 1742.

420. ARMAND (Antoine d'), seigneur du Rodier, lieutenant des galères, reçut plusieurs blessures au siége de Marseille, sous François Ier.

421. ARMAND (Nicolas d'), capitaine de vaisseau, fut dangereusement blessé d'une mousquetade à la jambe gauche dans l'armée que le roy Henri III envoya en Portugal.

On doit dire que ces deux articles ne sont établis ici que sur des mémoires de famille.

422. ARMAND (François d'), seigneur de la Gareinière, gentilhomme ordinaire de la chambre du roy, s'étant fortement opposé à la tyrannie de Charles du Casaux et de Louis d'Aix, ils le firent assassiner en 1594, dans une de ses maisons de campagne.

Les Armand, sieurs de Châteauvieux, portoient : *De gueules à une fasce, échiquetée d'argent et de sable de trois traits, accompagnés en chef d'un croissant d'or et en pointe d'un bœuf de même passant.*

—

423. ARMANDALIS (Gratien de), gentilhomme navarrois, guidon de la compagnie des gendarmes de Robert de la Marck, fut tué au siége de Ravenne en 1512.

424. ARMANDARIS (le seigneur d'), exempt des gardes du roy, blessé au siége de Cambray, en 1677.

425. ARMANDS (Jean-Elzéar des), chevalier de Saint-Louis, lieutenant-colonel du régiment de Quercy, brigadier des armées du roy et gouverneur de la citadelle de Valenciennes, fut aussi commandant à Colorno et à Goïto, où il fut blessé d'un coup de feu à la tête.

426. ARMENIS (le sieur d'), servant dans la compagnie des gendarmes du duc de Ventadour, fut tué d'une mousquetate à la tête dans les guerres contre les rebelles du Languedoc, en 1628. (*Mercure* de cette année.) V. le sieur de Malras, son frère.

—

427. ARMENTIÈRES (le sieur d'), lieutenant au régiment de Champagne, fut blessé en 1706, à l'attaque des retranchements de Drusenheim.

428. ARMENTIÈRES (le sieur d'), officier au même régiment de Champagne, blessé en 1637, à l'attaque de Soorle.

Les d'Armentières, de la grande maison de Conflans, de Champagne, ainsi que les nombreuses branches du même arbre, portoient : *D'azur semé de billettes d'or au lion de même, qui sont celles de l'ancienne et illustre maison de Brienne.*

---

429. ARMEVILLE (le sieur d'), chevalier de Saint-Louis, lieutenant-colonel du régiment de Picardie et lieutenant du roy à Schlestatt, blessé à la bataille de Parme en 1734, reçut encore deux blessures au siége de Dingelfingen, en 1743.

430. ARMUET DE BONREPOS (Hugues), seigneur de Saint-Martin d'Hières, mort en 1570, dans la guerre contre les religionnaires de Dauphiné.

Les d'Armuet de Dauphiné portoient : *D'azur à trois casques ou heaumes d'argent, posés 2 et 1.*

431. ARMO (Jean-Baptiste-Gabriel, baron d'), chevalier de Saint-Louis, chef de bataillon au régiment de la Couronne, tué au combat de Warbourg, en 1760.

432. ARNAC (le sieur d'), ayde-major du régiment de Navarre, blessé à la bataille de Malplaquet en 1709.

---

433. ARNAUD DE SAINT-BONNET (Louis), capitaine au régiment de Calvière-Infanterie, reçut plusieurs blessures qui l'obligèrent à se retirer du service, ce qui est constaté par un acte du 28 may 1668.

434. ARNAUD (le sieur d'), capitaine au régiment de Vitry, obtint, le 6 octobre 1637, un passeport de M. de Schomberg pour aller se faire panser de ses blessures, et un autre du maréchal de Rantzau, le 11 octobre 1645, pour aller encore se faire traiter d'une mousquetade au bras qu'il avoit reçue. Il est le même vraisemblablement qui obtint deux attestations du duc de Vitry, en 1663, des services qu'il avoit rendus tant dans le régiment de Provence que dans celuy de la reine, dans l'une desquelles il est dit qu'il avoit été grièvement blessé au siége de Mardick.

435. ARNAULD (David), capitaine, tué au siége de Gergeau (ce doit être sous Henri III).

436. ARNAULD (Benjamin et Ponce), ses frères, furent tués aussy au service du roy.

437. ARNAULD (François), seigneur de Saint-Laurent, capitaine de cavallerie au régiment de Montpezat, fut tué au siége du Peyrat, en Quercy, dans un combat que le marquis de Montpezat, gouverneur du Périgord, livra aux religionnaires en 1591 ou 1592.

Famille originaire de Languedoc, établie en Picardie, portoit : *De gueules à un chevron d'argent, chargé de deux palmes de sinople adossées et accompagné de trois besans d'or, posés deux en chef et l'autre en pointe, écartelé d'argent, à une aigle de sables, becquée membrée de gueules, le vol abaissé.*

—

438. ARNAULT (François d'), seigneur de Laudonie, chevalier de Saint-Louis, lieutenant-colonel des régiments de Marsan et de Bouzols, depuis Guyenne, fut tué à l'âge de 89 ans à la défense du pont de Dingelfingen, en 1743.

439. ARNAULT DE SARRAZIGNAC (Dominique d'), seigneur de Laudonie, capitaine au régiment de Mailly, tué à l'affaire de l'Assiette en 1747.

440. ARNAULT DU SARRAZIGNAC (Joseph Marie d'), chevalier de Saint-Louis, capitaine de grenadiers au régiment de Talaru, obtint en 1779 une pension de retraite de 700 livres, motivée sur ses services et ses blessures.

Famille de Périgord, dont les domaines furent ravagés par les réformés en 1575, portoit : *D'azur à la bande d'or, chargée de trois losanges de gueules et accompagnée en chef de trois étoiles d'argent posées en bande.*

—

441. ARNE (le capitaine d'), capitaine d'une compagnie de gendarmes, blessé à la bataille de Ver en 1562, fut tué à l'affaire d'Ense en Gascogne, en 1562. « Sa mort, dit Montluc,

fut un grand dommage pour le service du Roy, car c'étoit un des plus gentils capitaines et des plus vaillans, et de qui nous avions autant d'estime que de capitaine qui fut en Guyenne. »

442. ARNILLE (le sieur), sous-lieutenant au régiment royal des Vaisseaux, tué à la bataille de Senef en 1674.

443. ARNIMB (le sieur d'), lieutenant-colonel du régiment du prince Antoine, au corps des Saxons, blessé à la bataille de Minden en 1759.

444. ARNOLPHINI DE MAGNAC (trois de cette maison, frères de Jules Arnolphini, comte de Magnac, lieutenant général des armées du Roy, furent tués dans les guerres de Louis XIV d'après une lettre que ce général écrivit à ce monarque pour le remercier du gouvernement du Mont Dauphin qu'il luy avoit donné). L'on présume que deux des trois étaient ceux qui suivent.

445. MAGNAC (le sieur de), lieutenant au régiment de Bourbonnois, blessé au siége de Mayence en 1689.

446. MAGNAC (le sieur de), capitaine au régiment de Picardie, tué à la bataille de Ramilles en 1706.

—

447. ARNOU (le sieur d'), sous-lieutenant aux gardes françoises, tué au siége de la citadelle de Cambray, en 1677.

448. ARNOULT (le sieur), exempt des gardes du corps, tué au siége de Fauconnier, en 1674.

449. ARNOUX (Tristan d'), tué en 1555 à la prise de Wlpinn en Italie.

450. ARNOUX (Jean d'), chevalier seigneur d'Arnoux et de la Serre, homme d'armes des ordonnances du Roy sous le baron de Terride, et commandant au château de Théobon, y fut tué en 1580 par les huguenots.

451. ARNOUX (Balthasar d'), chevalier seigneur d'Arnoux et de la Serre, mestre de camp d'un régiment d'infanterie, fut tué par les religionnaires dans une embuscade près de Montech, le 9 septembre 1622.

452. ARNOUX (François d'), son fils, sergent major du régiment du marquis de Roquefail, fut tué au siége de Saluces, en 1639.

Il y a deux familles de ce nom; l'une d'Auvergne, l'autre de Bourgogne.

---

453. AROUX (Antoine d'), second fils de Balthasar d'Aroux, précédemment nommé, seigneur d'Aroux et de la Serre, lieutenant-colonel des régiments d'Espenan et de Montauban, gouverneur de Bretheim et de Graco, en Allemagne, et gentilhomme ordinaire de la chambre du Roy, par lettres du 20 novembre 1650, motivées sur les blessures qu'il avoit reçues aux siéges de Maubeuge et de Salces et aux combats de Roussillon, de Catalogne et d'Allemagne, fut tué au combat d'Estafort, près Miradoux, au mois de février 1652.

454. AROUX (François-Xavier-Jacques d'), fils du précédent, seigneur d'Aroux et de la Serre, capitaine au régiment de Montauban-Infanterie, puis garde du corps du Roy et lieutenant-colonel en second des milices bourgeoises du régiment d'Albigeois, fut très-dangereusement blessé en 1677 à la bataille de Kokesberg (Allemagne), d'un coup de feu à la tête et au bras gauche, dont il resta longtemps estropié.

455. AROUX (Balthasar d'), tué à la bataille de Nortlingen, en 1645, eut encore quatre frères tués à l'armée dont on n'a pu connoître ny les noms ny les services.

Les Aroux de la Serre sont originaires de Gascogne et portant : *Ecartelé au 1er et 4e d'azur au besan d'or; au 2e et 3e d'or à l'aigle de sable.*

---

456. ARPAJON (Antoine, baron d'), tué à la bataille de Dreux en 1562.

457. ARPAJON (le seigneur d'), fut dangereusement blessé au siége de Ham, en 1595. (De Thou.)

458. ARPAJON (Louis, duc d'), pair de France, chevalier des ordres du Roy, capitaine de cent hommes d'armes de ses ordonnances, lieutenant général de ses armées, conseiller d'Etat d'épée, ambassadeur en Pologne, gouverneur de Lorraine et de Nancy et lieutenant général au gouvernement de Languedoc, reçut neuf blessures au combat de Felissan ou de Felizzan et fut encore blessé en trois rencontres au siége de Montauban, en 1621 ; on lit dans les lettres d'érection du duché-pairie d'Arpajon, qu'il obtint au mois de décembre 1650, et dans d'autres lettres d'érection d'Arpajon en marquisat, du mois d'octobre 1720, accordées à Louis d'Arpajon, son petit-fils, que dans un combat donné à Solen, en Italie, en 1617, par le conetable de Lesdiguières, après avoir eu son cheval tué sous luy, il reçut onze coups de poignard et conserva encore une si grande vigueur qu'il tua celuy qui l'avoit ainsy blessé. Il mourut au mois d'avril 1679.

459. ARPAJON (Louis, marquis d'), chevalier de Saint-Louis et de la Toison d'Or, lieutenant général des armées du Roy, gouverneur du Berry, de Bourges, d'Issoudun et d'Arpajon, se signala dans plusieurs batailles, entr'autres à celles de Nervinde et d'Oudenarde, en 1693 et 1708, où il reçut deux blessures en chargeant les ennemis jusqu'à cinq fois.

On sait que cette famille, originaire de Bourges, étoit une des plus anciennes et des plus illustres de France. On trouve sur elle des titres antérieurs au XIIe siècle. Ses armes étoient : *De gueules à la harpe d'or.*

---

460. ARPEAUX (le sieur), capitaine ieutenant au régiment de Surbeck, tué à la bataille de Nervinde en 1693.

461. ARPEAUX (le sieur), capitaine au régiment de Bettens-Suisse, blessé à la bataille de Laufeldt en 1747.

—

462. ARQUES (le marquis d'), fils du marquis de Listenois, fut tué au combat de Vimory en 1587. (*Voyez* BAUFFREMONT.)

463. ARRAS (Pierre d'), baron d'Argelos, chevalier de Saint-Louis, colonel du régiment de Languedoc-Infanterie et brigadier des armées du Roy, fut blessé à la bataille d'Hochstett : c'étoit la sixième blessure qu'il avoit déjà reçue : il mourut en 1715.

464. ARRAS D'HAUDRECY (le sieur d'), capitaine au régiment de Touraine, blessé à la bataille de Minden en 1759.

465. ARREGGER (Jérôme d'), lieutenant au service du Roy, tué au siége d'Arras en 1640.

Suisse d'origine. — *Coupé au 1er d'argent à l'aigle de l'Empire naissant mouvant du coupé; au 2e échiqueté d'or et de sable.*

466. ARREST (d'). *Voyez* DARREST.

—

467. ARS (Louis, marquis d'), duc de Termes, comte de Vauguiere et de la Girolle, conseiller, chambellan ordinaire du Roy et capitaine de cent lances de ses ordonnances, tué à la bataille de Pavie en 1525, avec la réputation d'un des plus grands capitaines de son siècle : c'étoit lui qui s'étoit rendu si célèbre dans les guerres de Naples.

468. ARS (le marquis d'), enseigne de vaisseaux et commandant de la frégate l'*Opale*, fut tué dans un combat qu'il soutint, en 1761, contre une frégate angloise.

—

469. ARSAC (le sieur d'), lieutenant de galères, tué en 1638

au combat des quinze galères de France contre pareil nombre de celles d'Espagne. (*Mercure* de 1638.)

470. Arsy (Galhaut d'), tué dans la bataille que le Dauphin, au parti duquel il étoit attaché, livra au duc de Bourgogne en 1421.

471. Artaud de Montauban (Jean), seigneur de Valgaudemar, de Saint-André, de Luc et de Saint-Julien, tué à la bataille de Saint-Denis en 1567.

Famille de Provence et Dauphiné : *De gueules à trois tours d'or, maçonnées de sable.*

472. Article du Quesnay (Michel-Gaspard d'), chevalier de Saint-Louis, maréchal des logis de la première compagnie des mousquetaires et mestre de camp de cavallerie. (*Voyez* sous le nom du *Quesnay* une citation qui pourroit bien le concerner.)

473. Artignosc (le chevalier d'), chevalier de Malte, chef de bataillon au régiment de Béarn avec rang de lieutenant-colonel, blessé aux batailles d'Ettingen et de Laufeldt en 1743 et 1747.

474. Artigue-Dieu (le seigneur d'), blessé d'une arquebusade et d'un coup de pique à une cuisse dans une rencontre près de Tantavel en 1542.

475. Artigues (Bernard d'), chevalier de Saint-Louis, major du régiment royal, puis directeur d'artillerie, fut dangereusement blessé d'un coup de feu à une jambe au siége de Barcelonne, en 1697.

Famille de l'Ile de France. — *D'argent au chevron d'azur accompagné au chef de deux étoiles du même et en pointe d'un lion de gueules.*

476. Artois (Jobert d'), écuyer, tué à la bataille de Poitiers en 1356.

—

477. Artois (Robert, comte d'), dit le *bon* et le *vaillant*

(troisième fils du roy Louis VIII), fut tué à la bataille de la Massoura en 1249.

478. Artois (Robert, comte d'), dit le *bon* et le *noble* (petit-fils du roy Louis VIII), pair de France, régent du royaume de Naples, fut tué à la bataille de Courtray, en 1302, percé de trente coups de pique.

479. Artois (Philippe d'), son fils, seigneur de Conches, de Nonancourt, de Domfront et de Mehun-sur-Yevre, mort le 11 septembre 1298, des blessures qu'il reçut à la bataille de Pont-à-Vendin.

On sait que le comté d'Artois fut érigé en pairie par le roi Philippe le Bel, au mois de septembre 1297, en faveur de Robert II, comte d'Artois, — et que Jeanne de Bourgogne, fille unique de la comtesse Mahaud et d'Othon IV, comte palatin de Bourgogne, ayant épousé le roi Philippe le Long, Jeanne de France, leur fille aînée, hérita de l'Artois et le transmit à son petit-fils Philippe, duc de Bourgogne. — Marguerite de Flandres, sa cousine, qui lui étoit fiancée, lui succéda au comté d'Artois. Elle épousa Philippe de France, premier duc de Bourgogne de la seconde race. — Ses descendants jouirent de ce comté, qui passa dans la maison d'Autriche par le mariage de Marie de Bourgogne, fille de son arrière-petit-fils, avec Maximilien, archiduc d'Autriche, depuis empereur. On sait aussi comment Louis XI se saisit d'Arras, mais ce n'est qu'en 1640, sous Philippe III, que l'Artois fut conquis par la France, à laquelle il fut réuni définitivement par les traités des Pyrénées (1659) et de Nimègue (1678). — Les comtes d'Artois ont précisément commencé à ce Robert de France dont il est question ici; il étoit le troisième fils de Louis VIII et de Blanche de Castille.

---

480. Artur (Louis), seigneur de Voisines et de Feuquerolles, lieutenant de la compagnie de chevaux-légers du comte d'Harcourt-Prince, fut tué à Bergues, en Catalogne, sous Louis XIV.

Les Arthur (de Pontorson, en Normandie, élection d'Avranches) furent maintenus dans leur noblesse en 1666. — Leurs armes : *De gueules à une coquille d'or, au chef cousu d'argent.*

481. Arville (le sieur d'), sous-brigadier des gendarmes de la garde, blessé au combat de Leuze en 1692.

482. ARUNDEL (le sieur d'), chevalier de Saint-Louis, lieutenant-colonel du régiment d'Alsace, puis colonel-lieutenant en second de celuy de Royal-Deux-Ponts, et maréchal de camp, fut blessé à la bataille de Clostercamps en 1760.

483. ASCOLI (le capitaine d'), mort des blessures qu'il reçut au siége de Châtelleraud en 1569.

—

484. ASNIÈRES (François d'), seigneur de Lage-Lisant, ingénieur ordinaire du roy, mort des blessures qu'il reçut dans les guerres de Louis XIV.

485. ASNIÈRES (François d'), chevalier de Saint-Louis, capitaine au régiment d'Anjou, reçut plusieurs blessures dans les guerres d'Italie sous Louis XV.

486. ASNIÈRES (N..... d'), chevalier de Saint-Palavir, maréchal de camp et inspecteur général de cavalerie qu'il commanda en Italie, où il fut tué.

Les d'Asnières étoient d'une des plus anciennes maisons de Saintonge, et formoient plusieurs branches. Il n'est pas douteux qu'ils n'aient, à plusieurs reprises, payé l'impôt du sang, — depuis le XIIIe siècle où l'on voit figurer leur nom dans l'histoire. — L'un d'eux, Jean d'Asnières, se distingua au service de Henri IV et notamment dans les guerres de la Ligue. — Armes : *D'argent à trois croissants de gueules, deux en chef et une en pointe, — deux centaures pour supports.*

—

487. ASPREMONT (Guy d'), chevalier, mourut à Tunis dans le même temps que saint Louis. Le savant du Frène, dans ses observations sur l'histoire de ce saint monarque, ne s'explique pas autrement : ainsy l'on ne sauroit dire si ce fut en combattant contre les infideles, ou de sa mort naturelle, qu'on ne pouvoit au moins attribuer qu'aux fatigues de cette guerre.

488. ASPREMONT (le comte d'), mourut en 1551, d'une blessure profonde qu'il reçut à l'épaule. (De Thou.)

489. ASPREMONT (Jean d'), seigneur de Vandy, tué au siége de Brisack, en 1638.

490. ASPREMONT (le sieur d'), enseigne au régiment de Normandie, blessé au siége de Coni, en 1641 : — peut-être le même que le sieur d'Aspremont, qui le fut aussi, en 1644, dans la guerre contre les Bavarois. (*Mercure* de 1644.)

491. ASPREMONT (le sieur d'), lieutenant au régiment Royal des Vaisseaux, tué à la bataille de Laufeldt, en 1747.

Aspremont étoit le chef-lieu d'une baronie considérable dans le duché de Bar. La grande maison qui illustra ce nom s'établit dès le XIIIe siècle dans le Rethelois, où ils étoient seigneurs de Sorcy, de Vandy et de Saint-Loup-au-Bois. C'est de MM. d'Aspremont que sortoient les princes d'Amblise. — Armes : *De gueules à la croix d'argent.*

—

492. ASSAS (Louis, *chevalier* d'), capitaine au régiment d'Auvergne, fut tué en 1760 à la bataille de Clostercamps, où il se couvrit de gloire ; ce fut en sa considération que le feu roy créa, en 1777, une pension de 1,000 fr. héréditaire et perpétuelle pour sa famille, jusqu'à l'extinction des mâles.

493. ASSAS DE MONTDARDIÉ (le sieur d'), chevalier de Saint-Louis et major de vaisseaux, blessé au genou gauche sur le *Scipion* dans le combat du comte de Grasse contre l'amiral Rodney, près de la Martinique, au mois d'avril 1782.

Les d'Assas de Montdardié, d'où sortoit l'illustre chevalier d'Assas, étoient du Vigan (Languedoc), et portoient : *D'or au chevron d'azur accompagné en chef de deux pins de sinople, et en pointe d'un croissant du second ; au chef du même, chargé de trois étoiles du premier.*

—

494. ASSE (le seigneur d'), tué à la bataille d'Azincourt, en 1415.

495. ASSURANCE (le sieur de l'), exempt, puis ayde-major des gardes du corps, blessé au combat de Leuze, en 1691.

—

496. Assy (Louis d'), seigneur de Cantelou, capitaine de 300 hommes des vieilles compagnies entretenues, tué à la bataille de Renty en 1554.

497. Assy (le sieur d'), lieutenant au régiment d'Enghien, blessé d'un coup de feu dans les reins à la bataille d'Hastembeck en 1757.

—

498. Astarac (Gabriel d'), baron de Fontrailles, tué au siége de Metz en 1552, d'après M. de Thou, qui en parle comme d'un des principaux officiers de l'armée. *Voyez* de Montamart.

499. Astarac (François-Samuel d'), seigneur de Deveze, commandant un régiment de cavalerie, mourut en Catalogne d'une blessure qu'il reçut dans un combat. (L'on présume que ce fut sous Louis XIV.)

Il y avoit au pays de Gascogne un comté de ce nom : nous doutons que ces d'Astarac fussent de la maison de MM. d'Astarac qui s'allièrent aux maisons de Foix et d'Epernon.

500. Astars-de-Laudun-de-Mirabel (François des), seigneur de Mirabel, chevalier de l'ordre du Roy et gentilhomme ordinaire de sa chambre, blessé en 1570 dans une rencontre, fut tué à l'assaut de Sommières en 1573. Il est nommé mal à propos de *Mireval* et est dit *fils du feu seigneur de Laudun*, dans l'*Histoire de Languedoc*, où en effet il est dit qu'il perdit la vie à ce siége.

501. Astier-de-Monessargues (François-Louis d'), chevalier de Saint-Louis, capitaine ayde-major au régiment de Béarn, puis capitaine au bataillon de garnison d'Austrasie, fut blessé à la bataille de Creweldt en 1758 et au combat de Warbourg en 1760.

—

502. Astorg (Gabriel d'), capitaine, tué au service, vraisemblablement sous Louis XIII.

503. ASTORG-D'OLTHON (Bernard d'), comte d'Aubarede, lieutenant-colonel du régiment Royal des Vaisseaux, puis lieutenant-général des armées du roy, gouverneur de Saint-Guilain, de Salins et de l'isle de Rhé, et chevalier de Saint-Louis à la promotion de 1694, avoit été blessé au siége de Maëstrick en 1673 et au combat de Senef en 1674. Il mourut au mois d'avril 1710 âgé de 90 ans.

504. ASTORG (Jean-Louis d'), capitaine au régiment de...., tué au combat de Senef en 1674.

505. ASTORG (Pierre et Joseph d') frères, capitaines au régiment de...., tués à la bataille de Cassel en 1677.

506. ASTORG (Pierre d'), autre frère, dit le *marquis de la Salle*, colonel d'un régiment de dragons et brigadier des armées du roy, tué aussi au service, au passage du Ter en 1694.

507. ASTORG (le sieur d'), capitaine au régiment de Béarn, blessé aux batailles d'Ettingen et de Laufeld en 1743 et 1747.

Les d'Astorg étoient une bonne et ancienne famille d'Auvergne. — Une autre maison, les d'Astorg de Roquépine, sortoient de Gascogne; — Louis d'Astorg, l'un d'eux, lieutenant-général des armées du roi, s'est rendu célèbre sous le nom de *marquis de Roquépine*.

Les comtes d'Astorg, sortis du Languedoc ou du Quercy, portoient : *D'or à l'aigle éployée de sable.*

Les d'Astorg du Limousin : *De gueules au chef d'or.*

Enfin les d'Astorg d'Auvergne : *De sable au faucon d'argent longé et habillé de sinople posé sur une main gantée d'argent sortant de l'extrémité sénestre, accompagné en chef de deux fleurs de lis d'argent, et en pointe d'une demi-fleur de lis de même, mouvant de l'extrémité dextre de l'écu.*

MM. d'Astorg, du Languedoc, possédoient à Paris un hôtel dans la rue de ce nom, quartier de la Madeleine. On trouve une ample généalogie de cette maison dans le tome XIV (ou second des *Suppléments*) de Lachenaye des Bois.

---

508. ASTRUC (le sieur), enseigne des troupes, blessé au siége de Pondichéry en 1748.

509. ATHEIM (le sieur d'), capitaine de grenadiers au régi-

ment d'Alsace, blessé d'un coup de feu à travers le cou à la bataille d'Hastembeck en 1757.

510. ATILLY (le sieur d'), lieutenant au régiment de Brissac, ut blessé à la bataille de Rosback en 1757 : ce doit être lui qui fut depuis major du régiment de l'Isle de France.

511. ATONVILLE (le sieur d'), aide de camp du duc de Longueville, fut grièvement blessé dans une attaque en 1638. (*Mercure* de cette année.)

512. ATTACHI (le sieur), capitaine au régiment de Champagne, tué à l'attaque de Soarle en 1637.

513. ATTEL (Pierre-Jean-François, chevalier d'), chevalier de Saint-Louis, capitaine aide-major au régiment de Piémont, blessé à la bataille de Minden en 1759 : quitta le service en 1771.

514. ATTIGNAC (le sieur d'), capitaine aux gardes françoises, tué au combat de Valcour en 1689.

515. AVANENC *dit* Cassandre (le sieur), enseigne de la compagnie du seigneur de Cosseins, est cité parmi les *braves et vaillans hommes* de la France du parti du roy qui furent tués au siége de la Rochelle en 1573. (Mémoires imprimés en 1578 à Bâle.)

516. AVANSON (le seigneur d'), capitaine dans les guerres d'Italie (fils de l'ambassadeur de France à Rome), fut blessé d'une arquebusade à la main au siége de Piance, en Italie, en 1557.

—

517. AVANTIGNY (le sieur d'), officier au service du roy, fut blessé dangereusement au genou et à la main en 1580. (*Voy.* de Thou.)

518. AVANTIGNY (le sieur). Seroit-il le même que Louis d'Avantigny, seigneur de la Brunellerie, gentilhomme ordinaire

de la chambre du roy Henry III, chevalier de son ordre et chambellan du duc d'Alençon, ou bien encore le jeune Avantigny, mort de ses blessures au siége de Sens en 1590, dans le parti de la Ligue?

519. AVAUGOUR (le sire d'), tué à la bataille d'Auray en 1364.

—

520. AUBAREDE (Jean-Maximilien, chevalier d'), chevalier de Saint-Louis, capitaine, puis lieutenant-colonel au régiment de la Sarre, fut grièvement blessé à Castel d'Appio, en 1747, d'un coup de feu traversant de part en part de la cuisse droite à la hanche gauche. Ce fut là qu'il soutint avec 150 hommes les efforts de 10,000 Autrichiens et Piémontois.

521. AUBÉ (Philippe-Honoré), chevalier de Bracquemont, capitaine au régiment de Limousin, tué au service le 20 août 1746.

—

522. AUBER (Jean d'), seigneur de Peyrelongue, fut tué au siége de Villeneuve, en Piémont, d'un coup de pistolet qu'il reçut à la tête le 6 avril 1545, étant monté le premier à l'assaut. (*Voy.* DE PIERRELONGUE au cas que cette citation le concerne.)

523. AUBER DE PEYRELONGUE (Jacques d'), mort en 1638, au siége de Fontarabie, où il servoit comme volontaire.

—

524. AUBERJON (François d'), fut tué par les religionnaires en 1587.

525. AUBERJON (Guy-Joseph-François-Louis d'), comte de Murinais, chevalier de Saint-Louis, sous-lieutenant des gendarmes anglois, tué à la bataille de Minden en 1759.

Famille du Dauphiné qui figura longtemps à la cour des Dauphins de Viennois,—connue depuis Humbert d'Auberjon, qui vivoit au XIIIe siècle. L'une des dernières de cette maison, Henriette-Louise d'Auberjon, fut mariée au marquis de Costa (de Savoie) : *D'or à une bande d'azur, chargée de trois hauberts d'argent, posés 2 et 1.*

—

526. AUBERN (Louis), seigneur de Saint-Georges et du Petit-Thoüars, tué à l'armée en 1665, servant en qualité d'enseigne-colonel au régiment de Picardie.

527. AUBERT (Georges), seigneur du Petit-Thoüars, chevalier de Saint-Louis, capitaine major au régiment de Bresse-Infanterie, depuis major, lieutenant du roy, etc., commandant à Saumur, blessé d'un coup de fusil à une jambe au combat de Chiari en 1701, le fut encore dangereusement à la tête au siége de Verüe en 1704, l'incision cruciale luy ayant été faite : il reçut encore une autre blessure aux vertèbres, au siége de Turin en 1706.

528. AUBERT DU PETIT-THOUARS (Hyacinthe-Louis), chevalier de Saint-Louis, colonel commandant des volontaires de Soubise, dangereusement blessé dans une action, le fut encore d'un coup de feu à une jambe, à l'affaire de Ziegenheim.

529. AUBERT DE SAINT-GERMAIN (Hyacinthe-Augustin-Célestin), son frère, chevalier de Saint-Louis), capitaine au régiment de Rouergue, blessé à la bataille de Minden en 1759.

530. AUBERT (Louis-Henry-Georges), autre frère, seigneur du Petit-Thoüars, chevalier de Saint-Louis, ingénieur ordinaire du roy, capitaine à la suite du régiment de Bretagne, puis lieutenant du roy et commandant à Saumur, blessé au siége de Coni, le fut encore très-grièvement à celuy du château de Casal.

531. AUBERT DU PETIT-THOUARS (Gilles-Louis-Antoine), autre frère, seigneur de Boumois, chevalier de Saint-Louis, capitaine au régiment de Roüergue, fut dangereusement blessé à la bataille du Mein, ainsi qu'à celle de Minden en 1759.

On voit que cette famille, dont les derniers rejetons ont renouvelé l'illustration, ne date pas d'hier, comme l'ont supposé quelques biographes : originaires ou habitués des provinces d'Anjou, Poitou et Touraine, — MM. Aubert de Saint-Georges du Petit-Thouars portent : *D'azur à un haubert d'or.*

—

532. AUBERTY (le sieur d'), mousquetaire du roy de la deuxième compagnie, fut blessé à la bataille d'Ettingen en 1743.

—

533. AUBERY (Augustin), marquis de Vastan, chevalier de Saint-Louis, colonel du régiment de Vastan-Infanterie et brigadier des armées du roy, blessé dangereusement à l'épaule à la bataille de Minden en 1759, mourut d'autres blessures qu'il reçut à l'affaire d'Olpean le 14 octobre 1761.

534. AUBERY (Louis-Alexandre d'), capitaine au régiment Royal-Montferrat, puis major de Mantoue et lieutenant-colonel, reçut plusieurs blessures aux batailles de Chiari, de Luzara et de Cassano.

535. AUBERY (Frédéric-Louis, chevalier d'), chevalier de Saint-Louis, capitaine au régiment d'Alsace-Infanterie, reçut à la bataillle de Berghen, en 1789, un coup de feu au genou dont il resta estropié.

536. AUBERY (François-Alphonse d'), son frère, capitaine de cavalerie, mourut de ses blessures.

Les Aubery de Vastan originaires du Poitou, comme les Aubery de Troussay, de Picardie, portent : *D'or à cinq trangles de gueules.*

—

537. AUBESPIN (le marquis de l'), capitaine au régiment de La Rochefoucaud-Cavallerie, tué à la bataille de Minden en 1759.

—

538. AUBESPINE (Étienne-Claude de l'), marquis de Verde-

ronne, sous-lieutenant des Gendarmes-Dauphin, tué à la bataille de Fleurus en 1690.

539. AUBESPINE (Claude-Marie de l'), son fils, marquis de Verderonne, enseigne de gendarmerie, tué à la bataille de Malplaquet en 1705.

540. AUBESPINE (Étienne-Louis de l'), marquis de Verderonne, capitaine-lieutenant des gendarmes anglois et gouverneur de Montélimart, fut blessé à la même bataille.

Célèbre famille de la Beauce qui a donné, entre autres grands personnages, un garde des sceaux, deux évêques, des ministres, des secrétaires d'Etat, des ambassadeurs, etc. Armes : *D'azur au sautoir d'or, alaisé et accompagné de quatre billettes de même.*

---

541. AUBETERRE (le sieur d'), reçut deux blessures en 1644 dans la guerre contre les Bavarois. (*Mercure* de 1644.)

---

542. AUBEUF (le sieur d'), lieutenant aux gardes françoises, blessé à la bataille d'Ettingen en 1743.

543. AUBEUF (le sieur d'), chevalier de Saint-Louis, capitaine de grenadiers au régiment de Navarre, eut une jambe cassée à l'attaque de Borck en 1758, et mourut tout aussitôt de sa blessure.

---

544. AUBIER (Jean), seigneur de Serment, capitaine au régiment Royal-Infanterie, tué au siége de Salins sous Louis XIV.

545. AUBIGNAN (le sieur d'), lieutenant au régiment royal des Vaisseaux, blessé au siége de Namur en 1692.

546. AUBIGNÉ (le comte d'), colonel d'un régiment de dragons, fut tué à la bataille de Ramillies en 1706.

---

547. AUBIGNY (Jean d'), seigneur de Lalande, lieutenant au

régiment de Commières, tué au siége de Saint-Michel, en Lorraine, d'après un arrêt du conseil d'Etat du roy du 10 janvier 1641.

548. AUBIGNY (le sieur d'), chevalier de Saint-Louis, chef de bataillon au régiment de Navarre, blessé à la bataille de Raucoux en 1746.

Les d'Aubigny se trouvoient en Artois, en Poitou, en Bourgogne et en Bretagne, avec armes variées, — et dernièrement ce nom a été l'objet d'une revendication qui a abouti devant le conseil d'Etat par une ordonnance de non-lieu, 1861.

—

549. AUBONNE (le sieur d'), du canton de Berne, capitaine au régiment de Courten, tué au combat d'Echren en 1703.

550. AUBONNE (Paul d'), chevalier, commandeur de l'ordre du Mérite militaire, colonel du régiment d'Aubonne et maréchal de camp en 1770, eut le bras droit emporté à la bataille de Laufeldt en 1747; il mourut le 10 février 1783.

—

551. AUBOURG-DE-BOURY (N...), chevalier de Bourris, chevalier de Saint-Louis, lieutenant de vaisseau, fut blessé sur *le Pégase* dans le combat qu'il soutint le 20 avril 1782 contre le vaisseau anglois *le Foudroyant*, de 80 canons.

552. AUBOURG-DE-PORCHEUX (N...), capitaine au régiment de Navarre, blessé au siége de Montpellier en 1622.

553. AUBOURG-DE-PORCHEUX (N...), capitaine aux gardes françoises, mort en 1627 des blessures qu'il reçut dans l'isle de Rhé.

554. AUBOURG (N...), seigneur de Porcheux, capitaine au même régiment, tué en 1645 au siége de Saint-Venant ou de la Mothe-au-Bois.

555. AUBOURG (N...), son neveu, seigneur de Porcheux,

aussy capitaine aux gardes, fut tué à la bataille de Lens en 1648.

Les Aubourg de Boury de l'Isle de France portoient : *D'azur à trois fasces d'or.* — Une autre famille de ce nom dans le Berry portoit : *D'azur au lyon d'or dextré d'une étoile du même et senestré d'une larme d'argent.*

—

556. Aubrunes (Eustase, ou Eustache d'), fut tué à la bataille d'Azincourt en 1415, ainsy que le seigneur de Caulroy, son frère.

557. Aubry (le sieur), chevalier de Saint-Louis, commandant à la Louisiane, périt à la vue de Bordeaux dans un naufrage en 1770, en revenant des colonies en France.

558. Aubuisson (Jean-Germain d'), lieutenant au régiment de Normandie, fut tué dans les guerres de Louis XIV.

559. Aubuisson (Pierre d'), chevalier de Saint-Louis, capitaine au régiment de la Couronne, eut trois doigts de la main gauche emportés d'un coup de feu au siége de Dendermonde, en 1745, et fut encore dangereusement blessé à la bataille de Raucoux en 1746.

Les d'Aubuisson du Languedoc portoient : *Ecartelé aux 1er et 4e d'or à l'aigle de sable fondant sur un buisson de sinople et accompagné en chef de deux croix ancrées de gueules* (Aubuisson), *aux 2e et 3e huit points d'or équipollés à sept de vair, à la bordure composée de Castille et de Léon de huit pièces* (Velasco) ; *supp. deux lions.* Devise : *L'honneur est mon seul guide.*

—

560. Aubusson (François d'), comte de La Feuillade, baron de Perusse, maréchal de camp, gentilhomme ordinaire de la chambre du Roy et premier chambellan de Gaston, duc d'Orléans, fut tué au combat de Castelnaudary en 1632.

561. Aubusson, chevalier de La Feuillade, périt aussy dans le même combat.

562. Aubusson (François d'), seigneur de Chassingrimont, tué en 1635 au siége de Valence en Italie.

563. AUBUSSON (Gabriel-Brachet d'), marquis de Montagu, premier chambellan de Gaston, duc d'Orléans, tué à l'attaque du fort de Wal, pendant le siége de Saint-Omer en 1638.

564. AUBUSSON (Paul d'), son frère, chevalier de Malte, tué au siége de Mardick en 1646.

565. AUBUSSON (Léon d'), comte de La Feuillade, lieutenant général des armées du roy, conseiller d'Etat d'épée, lieutenant de roy de la province d'Auvergne, lieutenant de la compagnie de chevau-légers et premier chambellan de Gaston, duc d'Orléans, blessé au siége de Gravelines en 1644, fut tué à la bataille de Lens.

566. AUBUSSON (François, vicomte d'), duc de Roannès, pair et maréchal de France, comte de La Feuillade, marquis de Boisy, baron de la Borne et de Penisse, premier baron de La Marche, colonel du régiment des gardes françoises, chevalier des ordres du roy, général de ses armées de terre et de mer, vice-roy de Sicile, gouverneur de Dauphiné et de Grenoble, blessé d'un coup de pistolet dans la cuisse à la bataille de Rethel en 1650, le fut aussy de trois coups, dont un à la tête, au siége de Mouzon en 1655, et fut encore grièvement blessé à la tête, au siége de Landrecies, en 1655, où il fut laissé pour mort. Son crâne étant rompu, laissoit sa cervelle à découvert; dans ce péril, il conserva toujours son humeur enjouée; il pria son chirurgien de détacher un morceau de sa cervelle et de l'envoyer au cardinal Mazarin, afin que désormais il ne s'avisât plus de le traiter d'homme sans cervelle. — Le maréchal de La Feuillade fut encore blessé au siége de Valenciennes et eut deux chevaux tués sous luy à celuy d'Ypres. Il mourut à Paris au mois de septembre 1691, avec la réputation d'un des grands hommes de son siècle.

567. AUBUSSON (Robert-Fidèle d'), seigneur de Chassingrimont, tué en Portugal au mois de juillet 1667.

568. AUBUSSON (Louis d'), seigneur de Chassingrimont, tué au passage du Rhin en 1672.

569. AUBUSSON (Philibert d'), baron de Fumel, capitaine aux gardes françoises, fut contraint de vendre sa compagnie en 1676, à raison de l'état où l'avoient mis ses blessures.

570. AUBUSSON (Jacques d'), seigneur de Beauregard, capitaine de grenadiers au même régiment, tué à la bataille de Steinkerque en 1692.

571. AUBUSSON (N... d'), comte de La Feuillade, fut blessé à la bataille de Guastalla en 1734.

Cette illustre famille, issue de la Marche et dont le dernier mâle est mort en 1849, portoit : *D'or à la croix ancrée de gueules*. Elle n'est plus aujourd'hui représentée que par Mme la princesse de Bauffremont, Noémie d'Aubusson, dernier rejeton de cette maison éteinte le 8 mars 1849.

---

572. AUCHÉ (le sieur), sous-lieutenant au régiment du prince Antoine au corps des Saxons, eut une jambe cassée à la bataille de Minden en 1759.

573. ANCRE (d'). *Voy.* DANCRE.

574. AUDIBERT (Alexandre d'), seigneur de Massillan, colonel d'infanterie, tué par les camisards du Vivarais en 1709.

575. AUDIFREDI (le sieur d'), sous-lieutenant au régiment de la Martinique, fut grièvement blessé à la jambe dans le combat du comte de Guichen, près de la Martinique, contre l'amiral Rodney en 1780.

576. AUDOUIN (N...), seigneur de Ballan, capitaine de cavalerie dans l'armée du duc d'Epernon, fut tué d'un coup de canon de siége d'Aix en 1593.

577. AUDOUIN (Louis), seigneur de Ballan, capitaine au régiment de La Meilleraye, puis maréchal de camp, blessé d'un coup de mousquet au siége de la Bassée en 1641, le fut encore

à la bataille de Rocroy et au siége de Thionville en 1643, d'une grenade qui faillit luy faire perdre une jambe.

578. AUDOUIN (Pierre-Nicolas), son fils, seigneur des Brousses, tué d'un coup de canon en Hollande, le 7 juin 1673, dans un combat naval où il servoit comme volontaire.

579. AUDOYN (Pierre), chevalier, tué à la bataille de Poitiers en 1356.

—

580. AVENNES (César d'), seigneur de Villeneuve, capitaine au régiment de Navarre, tué au combat du pont de Cé en 1620.

581. AVENNES (Louis d'), seigneur de Toussicourt (au pays de Reims), lieutenant du roy et commandant à Clermont en Argonne, guidon et commandant la compagnie des gendarmes du prince Maurice de Savoye, reçut plusieurs blessures au service et mourut à l'âge de 85 ans.

581. AVENNES (Etienne d'), son frère, seigneur de Toussicourt, lieutenant au régiment de Coislin-Infanterie, fut tué à la bataille de Rocroy en 1643, d'après les mémoires du temps, et suivant d'autres, il n'y fut que blessé et fait prisonnier.

582. AVENNES (Jean d'), son autre frère, seigneur de Toussicourt, capitaine au régiment de Condé, mourut le 10 juillet 1652 d'un grand nombre de blessures qu'il reçut au combat de la porte Saint-Antoine, à Paris.

583. AVENNES (Eustache d'), neveu des trois précédents, seigneur de Toussicourt, capitaine de grenadiers au régiment de Sault, eut la jambe cassée à la bataille de Saint-Jean de Pajets, et fut tué en 1697 au siége de Barcelonne, à l'assaut de la place, où il commandoit lès grenadiers de l'armée.

584. AVENNES (Pierre-Marie d'), son frère, seigneur de Toussicourt, vicomte de Cramailles, capitaine au même régi-

ment, eut le bras cassé au même siége de Barcelonne et se retira du service en 1704, à raison de ses blessures.

585. Avennes (Henry d'), enseigne au régiment de Lorraine, puis cornette dans celuy de la Ferté-Dragons et ensuite mousquetaire de la garde du roy, fut blessé dans les guerres de Hollande sous Louis XIV, et mourut de ses blessures à Noyon.

586. Avennes (Paul d'), son frère, capitaine au régiment de Sault, fut tué au siége de Nimègue en 1672.

Les d'Avennes de Champagne étoient seigneurs d'Harmonville et de Toussicourt, ils portoient : *D'or à trois fasces de sable, chargées de six besans d'or, posés 3, 2 et 1.*

---

587. Averdi (Clément-François-Claude de l'), capitaine au régiment de Lorraine, depuis Aunis, mourut des blessures qu'il reçut à l'attaque de Tritchinapali (Inde) et au siége de Madras.

Cette famille, originaire d'Artois, s'est continuée en Champagne dans l'élection de Vitry ; ils portoient : *Fascé d'or et de sable de six pièces au franc quartier d'hermine.*

---

588. Averhoult (Guillaume d'), seigneur d'Averhoult, fut tué à la bataille d'Azincourt en 1415.

589. Averne (le comte) Messinois, colonel du régiment d'Averne-Dragons, fut tué en Allemagne en 1604, près de Visclock.

---

590. Averton de Bonnevaux (Louis-Marc-Antoine d'), chevalier de Saint-Louis, capitaine, puis major des volontaires de Hainault, fut blessé au pied droit à la bataille d'Hastenbeck, en 1757, et quitta le service en 1762.

591. Averton (Laurent d'), capitaine au même régiment et

chevalier de Saint-Louis, reçut à la bataille de Minden, en 1755, une blessure dont il resta estropié.

592. AUBERVILLE (d'), lieutenant de vaisseau, du port de Brest, mort sur *le Gaillard*, campagne de Siam, le.... 1691.

Il y eut vers ce temps un Nicolas d'Auberville-sur-Gesse qui obtint des lettres d'anoblissement, datées de Versailles, nov. 1696, et il existe encore une famille de ce nom dont les armes sont : *D'azur, à deux léopards d'or l'un sur l'autre.*

593. AUBIGNY (le chevalier d'), enseigne de vaisseau, du port de Rochefort, tué commandant *le Nieuport*, le 16 may 1702.

Ce nom d'Aubigny étoit assez répandu; plusieurs familles françoises le portent encore. — Les d'Aubigny d'Artois ont pour armes : *D'azur, à trois chevrons alézés.* — Ceux de Poitou : *De gueules, à trois châteaux d'or.*

594. AUBRY (le chevalier), ayde major des armées navalles du port de Rochefort, tué à la Hogue, dans les chaloupes, le 3 juin 1692.

595. AUDIBERT (d'), enseigne de vaisseau, du port de Brest, mort à Siam sur ...., le 16 décembre 1687.

596. AUDRY, lieutenant de flotte (du port de Rochefort), mort aux Indes le .... 1674.

597. AUGA (Gabriel d'), tué à Vesoul en 1704, servant dans la gendarmerie.

Famille du Béarn et descendant de Pierre, seigneur d'Auga, vivant au XVIe siècle.

598. AUGEARD (le chevalier d'), officier aux gardes françoises, tué à la bataille de Fontenoy en 1745.

599. AUGER (le marquis d'), mestre de camp du régiment de Bourgogne, tué au combat de Leuze en 1691.

600. AUGERS (des), enseigne de vaisseau, du port de Brest, mort de la peste sur *l'Elizabeth*, commandé par M. des Augers, le 11 septembre 1706.

601. Augiers (le chevalier des), capitaine au régiment de la Marine, tué à la bataille d'Hastenbeck en 1757.

602. Augiers (le sieur des), capitaine au régiment de Poitou, blessé le 24 août 1762, à la journée de Grebenstein.

603. Augis (le sieur d'), capitaine, puis major du régiment de Piémont, eut la cuisse cassée d'un coup de feu en montant le bastion de la citadelle de Lewes en 1678, et fut tué à la bataille de Nerwinde en 1693.

604. Augsburger (Jean), capitaine au service du Roy dans les troupes suisses, tué au combat de la Bicoque en 1522.

605. Augustin (le sieur), capitaine d'infanterie dans la compagnie franche des chasseurs de Monet, blessé en 1758 et 1759 à l'attaque d'un château, fut tué à la journée de Grebenstein le 24 août 1762.

606. Aulin (N...), tué à la bataille de Ravenne en 1512.

607. Aulnais ou des Aulnois (le sieur des), capitaine au régiment de Piémont, fut blessé à la bataille de Minden en 1759.

608. Aulnay (Robert d'), chevalier, tué à la bataille de Poitiers en 1356.

609. Aulnay (le comte d'), du port de Toulon, capitaine de vaisseau, tué commandant *le Trident*, le 28 janvier 1695.

610. Aulnay (de l'), lieutenant de frégate et flûte, de Rochefort, mort à la Martinique sur *le Profond*, commandé par M. de Galiffet, le 17 février 1699.

611. Aulnay (le comte d') d'Illiers, capitaine de vaisseau, du port de Dunkerque, mort de ses blessures sur *le* ..... le 6 septembre 1704.

612. Aulnois (le sieur des), lieutenant au régiment de

Normandie, blessé à la bataille de Clostercamps en 1760.

Il y avoit plusieurs familles de ce nom d'Aulnay, que l'on a souvent écrit Aunoy, Aulnoy, des Aulnois, etc., ce qui rend difficile l'attribution de ces diverses mentions.

---

613. AUMALE (Geoffroy d'), tué au siége d'Acre en 1191.

614. AUMALE (Philippe d'), seigneur de Haucourt, tué au siége de Boulogne en 1550.

615. AUMALE (Louis d'), vicomte du Mont-Notre-Dame et de Thuis, baron de Châtillon-sur-Marne, chevalier de l'ordre du Roy, l'un de ses chambellans, gentilhomme ordinaire de sa chambre, et lieutenant de cent hommes d'armes de ses ordonnances, fut tué à la bataille de Dreux en 1562.

616. AUMALE (Henry d'), seigneur de Rieux, tué au siége de Bois-le-Duc en 1630.

617. AUMALE (le comte d'), enseigne de vaisseau, du port de Rochefort, périt sur *le Fidèle* le 18 janvier 1712.

618. AUMALE (Robert d'), seigneur de Nampsel, tué devant Rumigny.

619. AUMALE (Jacques-Antoine d'), seigneur de Martin, chevalier de Saint-Louis et colonel réformé à la suite du régiment de Poitou, fut blessé en plusieurs actions, entre autres au siége d'Ostende en 1706.

L'auteur range sous la même nomenclature ceux du nom ou surnom d'Aumale qu'il a pu trouver, mais il est évident que tous ceux qu'il cite ne proviennent pas de la même souche. Ce nom d'Aumale n'a pas été porté seulement par les seigneurs, comtes, marquis et ducs d'Aumale. Il y avoit les d'Aumale de Picardie néerlandoise, qui portoient : *D'argent à la bande de gueules chargée de trois besans d'or.* — Les d'Aumale de Flandres françoise : *D'azur à trois bandes d'or.* — Les d'Aumale de France : *De gueules à deux fasces d'or.* — Enfin les d'Aumale van Romondt d'Utrecht. *Voir aussi* LORRAINE.

---

620. AUMONT (Jacques d'), chambellan et écuyer d'honneur du Roy, tué à la bataille de Nicopolis en 1396.

621. AUMONT (Jean *dit* Hutin, sire d'), chevalier, échanson du Roy, tué à la bataille d'Azincourt en 1415.

622. AUMONT (Jean, sire d'), comte de Châteauroux, baron d'Estrabonne et de Chappes, maréchal de France, chevalier des ordres du Roy, gentilhomme ordinaire de sa chambre, conseiller en son conseil privé, capitaine de cent hommes d'armes de ses ordonnances, gouverneur de Champagne, de Dauphiné et de Bretagne, blessé aux batailles de Saint-Quentin, de Dreux, de Saint-Denis et de Montcontour en 1557, 1562, 1567 et 1569, mourut le 19 août 1595, d'un coup d'arquebuse qui lui cassa les deux os du bras, en faisant le siége du château de Comper. La gravité de sa blessure n'arracha d'autre plainte de sa bouche que ces mots, qu'il dit en recevant le coup : *J'en tiens !*

623. AUMONT (Antoine d'), marquis de Nolay, baron d'Estrabonne, chevalier des ordres du Roy, capitaine de cinquante hommes d'armes de ses ordonnances, gouverneur de Boulogne et du Boulonois, blessé d'un coup de mousquetade à la jambe à l'escarmouche d'Yvetot, sous Henry IV, et dont il resta estropié, mourut le 13 avril 1635.

624. AUMONT (Antoine, duc d'), pair et maréchal de France, chevalier des ordres du Roy, capitaine des gardes du corps, gouverneur de Paris, de Boulogne et du Boulonois, fut grièvement blessé aux siéges de Montauban en 1621, de Royan et de Saint-Antonin en 1622, et à la reprise de l'isle de Rhé en 1627; il mourut le 11 janvier 1669.

625. AUMONT (César, marquis d'), baron de Chappes, colonel du régiment de Bourbonnois et gouverneur de Touraine, fut blessé en deux occasions, entre autres à l'attaque des retranchements des ennemis devant Verüe en 1625.

626. AUMONT (Charles, marquis d'), lieutenant général des armées du Roy et enseigne des gendarmes de la garde, mort à

Spire le 5 octobre 1644, d'un coup de mousquet à la hanche qu'il reçut au siége de Landau. Le *Mercure françois* de 1644 fait mention du marquis d'Aumont, qui eut la cuisse meurtrie d'une balle aplatie contre une montre qu'il avoit en poche, dans la guerre contre les Bavarois, en la même année 1644.

627. AUMONT (d'), enseigne de vaisseau, du port de Brest, mort dans la campagne de Siam, le .... 1690.

628. AUMONT (Louis d'), *dit* de Joncy, chevalier de Saint-Louis, major du régiment de Beringhen-Cavallerie, gouverneur des pages de la chambre et de la petite écurie du Roy, fut blessé aux batailles d'Hochstett et de Ramillies en 1704 et 1706.

629. AUMONT (le sieur d'), capitaine au régiment de Piémont, eut un bras cassé à l'attaque de Biberg en 1667.

La maison d'Aumont, que l'on trouve établie en Picardie, en Normandie et dans l'île de France, s'est illustrée dès le temps des Croisades. Elle a fourni un grand nombre de personnages importants : un porte-oriflamme de France sous Charles VI, deux maréchaux, six lieutenants-généraux et deux marechaux de camp. Armes : *D'argent, au chevron de gueules, accompagné de sept merlettes de même,* 4 *en chef,* 3 *en pointe, mal ordonnées.*

—

630. AUNAY (d'). *Voy.* D'AUSNAY.

631. AUNOY (d') ou D'AULNOY (le comte), chevalier de Saint-Louis, capitaine de vaisseau et commandant le *Trident,* de 48 canons, fut tué dans un combat qu'il soutint pendant six heures avec le *Content,* commandé par M. du Chalard, contre six vaisseaux anglois.

632. AUPIGNON (le sieur), lieutenant au régiment de Champagne, tué à la bataille de Fleurus en 1690.

633. AURA (le sieur), lieutenant aux grenadiers de France, tué à la bataille de Minden en 1759.

634. AUREL (François d'), capitaine d'une compagnie de gens

de pied par commission du duc d'Uzès, commandant en Languedoc, de l'an 1575, fut tué au service du Roy.

635. AUREL (Jean d'), capitaine d'une compagnie de gens de pied, tué dans l'armée du Roy sous les ordres du duc de Créquy en 1612.

Nous trouvons dans le catalogue des chevaliers de Saint-Louis, le marquis d'Aurel, capitaine commandant au régiment de Lussan-Dragons, avec rang de lieutenant-colonel. — Nous retrouvons aujourd'hui MM. d'Aurel d'Auvergne, dont le nom s'écrit plus communément d'Aurelle et qui peuvent descendre de cette maison.

636. AURIAC (le sieur d'), mestre de camp d'un régiment, tué à la bataille de Spire en 1703.

637. AURIGNAC (le sieur d'), lieutenant au régiment de Piémont, tué à San Vittoria en 1702.

638. AUSDEN WOINCKEL (le sieur), capitaine au régiment du prince Antoine au corps des Saxons, blessé à la bataille de Minden en 1759.

639. AUSNA (Guichard d'), chevalier, tué à la bataille d'Azincourt en 1415.

640. AUSNAY (le sieur d'), capitaine au régiment de Champagne, tué à la bataille de Malplaquet en 1709.

641. AUSSY (Roland d'), seigneur de Neufvisy, capitaine d'une compagnie de chevau-légers, tué à la bataille de Saint-Denis en 1567.

642. AUSSY (Achilles d'), seigneur de Coutures, tué en 1590 à la bataille d'Ivry, où il portoit la cornette de François de Coligny, seigneur d'Andelot.

Noble et ancienne maison qui tire son nom de la terre d'Aussy, en Gatinois. *D'argent, au chevron de gueules, accompagné de trois coquilles de sable posées 2 en chef et 1 en pointe.*

—

643. AUTELS (Hue des), tué à la bataille d'Azincourt en 1415.

644. AUTHIE (d'), enseigne de vaisseau, du port de Dunkerque, sauté en l'air sur *l'Adroit*, commandé par M. de Seve, le 22 juin 1703.

645. AUTHIENNE (le sieur d'), lieutenant au régiment de Soubise, tué en 1761 dans l'armée de Soubise.

646. AUTIN (le sieur), sous-lieutenant au régiment de Navarre, tué au combat de Senef en 1674.

647. AUTRECHE (d'). *Voy.* NANTEUIL (de).

648. AUTREMENCOURT (le sieur d'), officier de grande réputation, dit M. de Thou, fut tué au siége de Sommières en 1573.

649. AUTRÉMONT (d'). *Voy.* D'ANTREMONT.

650. AUTREVILLE (le sieur d'), major du régiment royal des Vaisseaux, blessé au siége de Courtray en 1683.

651. AUTTEVILLE (d'). *Voy.* JEANNIN.

652. AUVERGNE (Renaud d').

Le premier de cette maison illustre étoit comte de Poitiers au temps du roi Charles le Chauve, et fut tué en 843 dans une bataille donnée contre Nomené, dit roi de Bretagne, et Lambert, comte de Nantes.

653. AUVERGNE (Hervé d'), comte d'Auvergne, fils de Renard d'Auvergne, tué pareillement au service du roi Charles le Chauve, en 845.

654. AUVERGNE (Etienne d'), petit-fils d'Hervé, tué dans une rencontre avec les Danois, en 863.

655. AUVERGNE (Bernard d'), fils de Bernard, comte de Poitiers, après la mort de son cousin comte d'Auvergne, tué en 886 dans une bataille contre Boson, roi d'Arles ou de Provence.

656. AUVERGNE (Brunet d'), chevalier, tué à la bataille de Verneuil en 1424.

657. AUVERGNE (André-Antoine d'), seigneur de Saint-Mars,

sous-lieutenant des gendarmes d'Anjou, tué à la bataille de Spire en 1703.

Nota. Deux frères du même nom, mais peut-être d'une famille différente de la précédente, furent tués à la bataille de Malplaquet en 1709. Ce nom est encore porté par plusieurs familles françoises, en Bretagne, en Orléanois, en Normandie et dans les Basses-Alpes.

658. AUVERGNE (La Tour d'), *Voyez* LA TOUR.

—

659. AUVIGNY (N. Castres d'), homme de lettres, auteur de *Lydies*, d'abord employé de d'Hozier à *l'Armorial général*, entré depuis dans la compagnie des chevau-légers de la garde, tué au combat d'Ettinghen le 27 juin 1743.

Des hommes illustres de la France.

—

660. AUVRAY DE LA BALAIZIÈRE (le sieur), lieutenant de frégate, fut blessé au combat du 5 septembre 1781, devant la baie de Chesprenck, entre le comte de Grasse et l'amiral Hove.

661. AUXERRE (le comte d'), fut blessé d'un coup d'épée qu'il reçut par l'ouverture de son casque, et qui lui creva l'œil, à la bataille d'Auray, en 1364, où il commandoit une des ailes de l'armée.

—

662. AUXI ou AUXY (Jean, *sire* et *ber* d'), seigneur de Fontaines, chevalier, mort à la bataille de Courtray en 1302.

663. AUXI (Jean, *sire* et *ber* d'), chevalier, tué à la bataille de Crécy en 1346.

664. AUXI (David, *sire* et *ber* d'), chevalier, tué à la bataille d'Azincourt en 1415.

665. AUXI (Jean d'), tué à la bataille d'Azincourt en 1415.

666. Auxi (Philippes d'), son frère, chevalier, seigneur de Dompierre et d'Escouf, bailly d'Amiens, sénéchal de Ponthieu et gouverneur d'Abbeville, tué à la bataille d'Azincourt en 1415.

Nota. Enguerrand de Monstrelet, dans l'état des seigneurs de la cour de Charles VI qui furent tués à la journée d'Azincourt, en parlant de Philippe d'Auxi, cite aussi dans ce nombre son fils, seigneur de Rayneval; son frère, seigneur de Longueval (ce doit être Jean, *sire* de Longueval, le même Jean d'Auxi cité à l'article précédent), et son autre frère, messire Alain (ce doit être Alain de Longueval, chevalier, seigneur de Franconville. *Voy.* Longueval).

667. Auxi (le seigneur d'), fut blessé au siége de la Rochelle en 1573.

668. Auxi (d'), enseigne de vaisseau, du port de Brest, mort à Cartagenne sur *le Vermandois*, le 26 may 1697.

Auxi-le-Château, en Picardie, ancienne baronie, a donné son nom à cette maison, l'une des plus grandes du royaume. Il y a de beaux faits d'armes dans l'histoire de cette famille, qui portoit : *Echiqueté d'or et de gueules.*

---

669. Auzan (le *bâtard* d'), capitaine de vingt arbalétriers, fut tué au service en 1523.

670. Avignon (Guillaume d'), chevalier grand'croix de l'ordre royal et militaire de Saint-Louis, major des gardes du corps, lieutenant général des armées du Roy, gouverneur de Salins et du Pont-de-l'Arche, blessé à l'attaque de Fauconner, en 1674, reçut encore trois blessures au combat de Leuze, en 1691, une à la gorge, une à l'épaule et une autre au pied, il y eut aussi un cheval tué sous lui; il fut encore blessé aux batailles de Steinkerque et de Nerwinde en 1692 et 1693, et mourut à Versailles, âgé de soixante-seize ans, le 29 février 172....

671. Avisard (le sieur d'), lieutenant au régiment de Piémont, blessé à la bataille de Rosback en 1757.

672. AVOYE (le sieur d'), enseigne à drapeau au régiment des gardes françoises, fut blessé à la bataille d'Ettingen en 1743.

673. AVREMONT (le sieur d'), gendarme de la garde du Roy, blessé à la bataille d'Ettingen en 1743.

674. AVRIL, capitaine de flûtes, du port de Rochefort, mort sur *le Saint-François-d'Assize,* de la Rochelle, le 9 janvier 1711.

675. AYAT (le sieur d'), ayde maréchal des logis de l'armée, tué à la bataille de Rosback en 1757.

676. AYDIE (Pierre d'), vicomte de Ribérac, guidon d'une compagnie d'ordonnance de cent hommes d'armes, tué en 1322 devant Pavie.

677. AYDIE (N... d'), vicomte de Guitinières, gouverneur de Saint-Jean-d'Angély, blessé au siége de cette ville en 1569, fut tué en 1570, en Poitou, dans une rencontre contre les protestants.

678. AYDIE (Frédéric d'), tué au siége de Montauban en 1621.

679. AYDIE (Jacques-Louis d'), vicomte de Ribérac, mestre de camp d'un régiment, tué à la défense de Casal en 1629.

680. AYDIE (Antoine d'), vicomte de Ribérac, fut blessé à Montauban, où il commandoit un parti.

681. AYDIE (Armand d'), père des trois précédents, comte de Ribérac, vicomte d'Espeluche et de Caylus, mestre de camp d'un régiment d'infanterie, capitaine de cinquante hommes d'armes des ordonnances du Roy, maréchal de ses camps et armées, et conseiller d'Etat d'épée, mort au siége de la Rochelle en 1628.

682. AYDIE (Joseph-Henry-Odet d'), marquis de Ribérac, ca-

pitaine au régiment du Roy, fut grièvement blessé au combat de Senef en 1674.

683. AYDIE (Alexandre d'), seigneur des Berardières, capitaine au régiment de Gassion-Cavalerie, mort à la prise de Puycerda en 1678.

Ce nom d'Aydie ou Aidie est célèbre dans l'histoire du Périgord, où sa noblesse est fort ancienne. Cette maison a formé plusieurs branches : celle d'Aydie en Béarn, qui est la souche; celle d'Aydie d'Agonas, en Mersan, éteinte; celle d'Aydie en Périgord, qui semble subsister encore; celles d'Aydie Petoutin, d'Aydie de Mendoce et d'Aydie de la Pouize. — Armes : *De gueules, aux quatre lapins courant, d'argent, l'un sur l'autre.*

—

684. AYELLA (Francisque d'), comte napolitain, seigneur de Gaudijon, chevalier de l'ordre du Roy et gentilhomme ordinaire de sa chambre, fut blessé en différentes rencontres, d'après une requête qu'il présenta au roy Henry III en 1576.

De la maison de Naples, où elle avoit les plus illustres alliances.

685. AYETTE (le sieur d'), chevalier de Saint-Louis, commandant de bataillon au régiment de Picardie, blessé à la bataille de Parme en 1734.

686. AYGRESIN (le sieur d'), tué au siége de Philisbourg en 1644. (*Mercure* de cette année.)

687. AYMAR (le chevalier d'), commandeur de l'ordre royal et militaire de Saint-Louis, et chef d'escadre des armées navales, blessé à Oüessant en 1778, eut le bras emporté dans le combat du comte de Guiche, près de la Martinique, contre l'amiral Rodney, en 1780.

688. AYMAR (d'), capitaine de vaisseau, deux fois blessé dans la guerre de l'indépendance d'Amérique.

689. AYMARD DE VILLE (Louis-François d'), capitaine au régiment d'Armagnac, grièvement blessé sur *le Diadème* dans le combat du comte de Grasse contre l'amiral Rodney au mois d'avril 1782.

690. AYMARD PUYMICHEL (d'), enseigne de vaisseau, du port de Toulon, tué sur *le Magnanime*, le 11 février 1748.

—

691. AYMER DE LA CHEVALLERIE (Louis), blessé à la bataille de Malplaquet en 1709.

692. AYMER DE LA CHEVALLERIE (Charles), capitaine au régiment de Pont, tué au siége de Philisbourg.

693. AYMER DE LA CHEVALLERIE (le sieur de), son frère, capitaine au régiment de Normandie, tué au siége de Fontarabie.

694. AYMER DE LA CHEVALLERIE (le sieur de), autre frère, tué au siége de Bellegarde.

695. AYMER DE LA CHEVALLERIE (le sieur de), autre frère, chevalier de Saint-Louis, capitaine de grenadiers au régiment du Roy, tué à la bataille de Guastalla en 1737.

696. AYMER DE LA CHEVALLERIE (le sieur de), enseigne aux gardes françoises, tué à la bataille d'Ettingen en 1743.

697. AYMER (Louis-François), chevalier de la Chevallerie, chevalier de Saint-Louis, capitaine aide-major au régiment de Piémont, blessé à Frawemberg et à Prague en 1742, le fut encore à la bataille d'Ettingen en 1743, à l'affaire d'Ath en 1745, au siége de Bruxelles en 1746, et de trois coups de sabre à la bataille de Rosback en 1757, où il eut encore un cheval tué sous lui; il mourut à Metz en 1758.

Cette famille, qui a fourni depuis le XVIe siècle une série de braves officiers, étoit originaire de Poitou. Sa noblesse remontoit au XIVe siècle. Elle doit avoir encore des représentants. — Armes : *D'argent, à la fasce componée de sable et de gueules de quatre pièces.*

—

698. AYMON (François), seigneur de Montespin, lieutenant au régiment de Champagne, blessé au bras droit à la descente des Anglois dans l'isle de Rhé en 1627, où il se signala, le fut

aussy au siége de la Rochelle en 1628, et de deux coups de mousquet à travers le corps à celuy de Privas en 1629.

699. AYMON DE MONTESPAIN (Jean-François), seigneur de Boisdorbant et de Chatillon, gendarme de la compagnie du roy Louis XIII, lieutenant au régiment de Brissac-cavalerie, reçut plusieurs blessures d'après les lettres du Roy du mois de novembre 1659, qui portent qu'il servit l'espace de trente ans et plus.

Les Aymon de Montespin, originaires de la Bresse, portent: *D'azur, à un besan d'or.*

—

700. AYRAGUES (le baron d'), chevalier de Saint-Louis, capitaine de grenadiers au régiment royal les Vaisseaux, puis lieutenant de Roy au château neuf de Bayonne, et commandant, en 1758, sur la côte de Saint-Jean-de-Luz, blessé à la bataille de Laufelt en 1747.

701. AYRAGUES (le chevalier d'), son frère, chevalier de Saint-Louis, capitaine au même régiment, puis major de la citadelle de Lille, blessé à la bataille de Laufeldt en 1747.

702. AYROUX (le sieur d'), capitaine de carabiniers, fut blessé sous les pieds des chevaux à la bataille de Minden, en 1759. (*Voyez* D'EYROUX.)

703. AYVELLES (marquis des), *alias* Fisevelles, de la maison d'Ambly. (*Voyez* ce nom).

—

704. AZÉMAR (Raimond d'), seigneur de Saint-Martin de Vignogue, de la Beaume et de Saint-Geniez, gentilhomme ordinaire de la chambre du Roy, capitaine au régiment de Montpeiroux-infanterie, puis de celuy de Thoiras-cavalerie, et commissaire général des guerres, blessé au siége de Leucate en 1637, eut encore un cheval tué sous luy à la bataille de Lens, en 1648.

705. AZÉMAR (Louis d'), chanoine et grand archidiacre d'Embrun, fut tué, en 1692, de plusieurs coups de carabine à la tête, lors du siége d'Embrun, où il avoit pris les armes contre le duc de Savoye pour encourager les assiégés.

706. AZÉMAR DE MONTFALCON (Pierre d'), lieutenant au régiment de Bourbonnois, blessé au combat de Warbourg, en 1760.

707. AZÉMAR DE MONTFALCON (N.... d'), capitaine au régide Saint-Chaumond, mort des blessures qu'il reçut à la bataille de Rosback, en 1757.

Deux familles du nom d'Azémar, l'une originaire de l'Ile-de-France : *D'or, à trois fasces de gueules*; l'autre du Languedoc : *D'azur, à la bande d'argent chargée de trois croissants de sable, et accompagné en chef d'un lion d'or armé et lampassé de gueules.*

---

708. AZINCOURT (Renaud d'), seigneur d'Azincourt, chevalier, tué à la bataille d'Azincourt, en 1415.

709. AZINCOURT (le seigneur d'), tué à la bataille de Marignan, en 1405.

710. AZONTILLE (Maillard d'), chevalier, tué à la bataille d'Azincourt, en 1405.

(SUPPLÉMENT A LA LETTRE A.)

Nous joignons ici les officiers de marine tués ou blessés sur mer, que d'Hozier n'a pas connus, et dont, après l'impression de ce qui précède, nous avons retrouvé les noms et les actes aux Archives du ministère de la marine. — A partir de la lettre B, les notices des marins se retrrouveront à leur rang, suivant l'ordre alphabétique.

711. ABEL RUEL, lieutenant de frégate du port de Rochefort, mort sur le *Triton*, le 29 may 1694.

712. ACQUEVILLE (d'), capitaine de frégate du port de Toulon, tué aux Cévennes, le 14 mars 1704.

713. ADUMEAUX, lieutenant du port de Rochefort, mort sur la *Vénus*, commandé par M. Lestenduère, 20-12 novembre 1714.

714. AILLY (le chevalier d'), capitaine de vaisseau, du port de Toulon, tué devant Barcelone, commandant le *Sans-Pareil*, le 26 may 1678.

715. AILLY (le chevalier d'), enseigne de vaisseau du port de Port-Louis, mort à la Havanne, le 21 juillet 1702.

—

716. ALAINS QUINTRECK, lieutenant de vaisseau et du port de Port-Louis, mort revenant des Indes, le 15 août 1701.

—

717. ALBERT, originaire de Provence, capitaine de frégate en 1678, tué sur le *Profond*, en juillet 1689.

718. ALBERT (d'), lieutenant de vaisseau du port de Port-Louis, péri sur le *Fendant*, commandé par M. de la Vernne, le 18 avril 1713.

—

719. ALMÉRAS, lieutenant général des armées navales, tué au combat d'Agouste, coste de Sicile, le 22 avril 1676.

720. ALONNES (d'), lieutenant de vaisseau le 1er janvier 1703, capitaine de frégate le 7 juin 1707, tué sur le *Mars*, commandé par M. de Forbin, le 21 octobre 1707.

721. ALOUE (d'), enseigne de vaisseau du port de Rochefort, mort sur le *Jason*, à Saint-Domingue, le 11 juin 1746.

—

722. AMBLIMONT (marquis d'), capitaine de vaisseau, comptoit en 1747, trois combats, deux siéges, quatorze campagnes,

et 47 ans de service. Il avoit reçu six blessures en deux actions, au siége d'Aie ; sept en 1710 où il commandoit une barque d'artillerie de dix pièces de canon et où il fut atteint d'un coup de feu à la tête, et en 1711, au siége de Rio-Janeiro où il eut la moitié du corps brûlé ; enfin sur le *Trident* où il reçut cinq blessures aux jambes.

723. AMFREVILLE (le chevalier d'), du port de Toulon, noyé, commandant le *Fougueux*, le 10 décembre 1696.

—

724. ANDIGNY DE GRANDFONTAINE (d'), enseigne de vaisseau, du port de Brest, tué à la Hougue sur le *Triomphant*, le 29 may 1692.

725. ANGLARS (d'), enseigne de vaisseau, du port de Brest, mort devant l'isle de Cube sur le ......, le 26 mars 1702.

726. ANGOULÊME (Henri), grand prieur de France, fils naturel de Henri II, pourvu de la charge de général des galères par lettres du 10 mai 1579 après le décès du Baron de la Garde ; il s'en étoit peu après démis ayant été nommé gouverneur et lieutenant-général de Provence le 15 mai 1579, par échange avec le maréchal de Retz, tué a Aie, le 2 juin 1586.

727. ANTONAVE (d'), enseigne de vaisseau, du port de Toulon, noyé sur le *Vaillant*, commandé par M. le Motheux, le 22 décembre 1691.

—

728. ARRANGIS (le chevalier d'), enseigne de vaisseau aux Colonies, mort capitaine aux Isles, le 1695

729. ARDENNES (le chevalier d'), lieutenant de vaisseau, du port de Toulon, tué au combat d'Agoule, le 11 avril 1676.

730. ARMAGNAC (le chevalier d'), bailly de Lorraine, chef d'escadre, parti du port de Toulon, mort de ses blessures commandant le *Vainqueur*, le 25 août 1704.

731. ARNAUD DE MICHEL PIERREFEU, enseigne de vaisseau, du port de Toulon, mort à la Louisianne commandant le *Henry*, le 21 juin 1720.

732. ARTIGUES (le chevalier d'), enseigne de galère, le 1er janvier 1700, tué au combat devant Ostende, à la prise d'un vaisseau hollandois, le 4 juillet 1702.

—

733. ASNIÈRE LA CHAPELLE (d'), lieutenant, enseigne de vaisseau du port de Rochefort, tué aux iles, à l'expédition de *l'Arguille*, le 2 juin 1765.

734. ASSIGNY (d'), lieutenant de vaisseau, du port de Toulon, mort à Messine sur le *Vaillant*, commandé par M. de Septeme, le 30 may 1677.

735. ASSIGNY (le marquis d'), enseigne de vaisseau, du port de Rochefort, mort revenant de Rio-Janeiro, le 17 juillet 1712.

736. ASSIGNY DE LA BORDE (d'), enseigne de vaisseau, du port de Port-Louis, péri sur le *Fendant*, commandé par M. de la Verune, le 18 avril 1713.

737. ASTOUR (d'), officier d'infanterie quelque temps, puis enseigne et capitaine de vaisseau, blessé d'un coup de fusil à la tête sur le *Fendant*, à la descente de Mahon ; il quitte la marine pour le service de terre, achète un régiment d'infanterie, se trouve à Malplaquet en 1709, où il est fort maltraité, commande en 1711 une colonne de grenadiers et de fusiliers et reçoit un coup de feu à travers le corps ; rétabli seulement de ses blessures au bout de trois ans, il rentre dans la marine en 1716, est atteint de la peste à Toulon, en 1721. En 1747, comptoit 53 ans de service, 22 campagnes de mer et 7 ans de service de terre.

B

738. BAAS DE SIVORD (Jean-Josué de), capitaine de cavalerie, puis commandant au Fort-Royal de la Martinique lorsque l'escadre angloise, commandée par Ruyter, entreprit d'en faire le siége en 1674, reçut dans cette affaire une blessure considérable à la tête, qui le mit en danger de mort.

739. BABI (le sieur), mousquetaire de la garde du roy, fut blessé au siége de Maëstricht, en 1673.

740. BABOU (Jean), seigneur de la Bourdaizière, comte de Sagonne, gentilhomme ordinaire de la chambre du roy, capitaine de cinquante hommes d'armes de ses ordonnances, chambellan du duc d'Alençon, gouverneur de Brest, colonel et mestre de camp général de la cavalerie de France, fut tué au combat d'Arques, en 1589, de deux balles qu'il reçut au côté et à la cuisse gauche. (*Voy.* DE LA BORDEZIÈRE, si cette citation concerne cette maison.)

741. Babou, famille éteinte aujourd'hui, originaire de Bourges, qui a donné deux évêques à la ville d'Angoulême, un cardinal ambassadeur dont on a les dépêches, un grand maître d'artillerie et plusieurs autres grands personnages, pour finir dans l'obscurité et le mépris. *Écartelé au 1er et 4e d'argent, au bras de gueules sortant d'une nuée d'azur — tenant une poignée de vesce, un rameau de trois pièces de sinople, au 2e et 3e de sinople au pal d'argent : parti de gueules aussi au pal d'argent.*

—

742. BAC (Pierre du), lieutenant des gardes du duc de Bouillon, capitaine, puis lieutenant-colonel du régiment du Vignan, se signala au siége de Corbie, à la guerre des Croquans en Périgord, au combat de la Sauveterre, à Fontarabie, et au combat de Salces, dans lesquelles occasions il reçut de grandes et glorieuses blessures, ainsy que le roy lui-même s'explique dans des lettres du mois de juin 1652.

743. BAC (le sieur du), capitaine d'infanterie, tué à la bataille de Steinkerque en 1692.

744. BAC DE PUY LA GARDE (le sieur du), lieutenant au régiment du Perche, tué dans une bataille sous Louis XIV.

745. BAC (le sieur du), capitaine aux grenadiers de France, tué à la bataille de Minden en 1759.

746. BACHELIER DE MAUPAS (Pierre-Bertrand), chevalier de Saint-Louis, capitaine au régiment de Brissac, puis de grenadiers dans celui de Vivarais, blessé à la bataille de Rosback en 1747, quitta le service en 1785. (*Voy.* DE MAUPAS, cette citation a trait à cette famille.)

747. BACHELIER (Jean-Baptiste LE), garde de la marine, tué au bombardement d'Alger en 1688.

748. BACHELIER DES VIGNERIEL (Jean-Baptiste LE), son frère, gendarme de la garde du roy, reçut plusieurs coups de sabre dont quelques-uns à la tête, à la bataille de Ramillies, en 1706, et il y eut aussy un cheval tué sous lui.

749. BACHELLÉ (Jacques LE), chevalier de Saint-Louis, lieutenant-colonel du régiment de Bressey, fut blessé à la prise des forts de Strasbourg, au siége de Philisbourg, à la défense de Bonn en 1689, et fut encore estropié au siége de Montmélian, à l'attaque de la contrescarpe et à celuy de Namur.

750. BACHMANN (Charles-Léonard), du canton de Glaris, chevalier de Saint-Louis, lieutenant-colonel du régiment des gardes suisses et maréchal de camp, reçut trois blessures considérables au siége de Menin, en 1606, et mourut à Neffels, le 15 octobre 1749, âgé de 66 ans.

751. BACLAN (le sieur), lieutenant au régiment de la Marck, blessé à la bataille de Rosbach, en 1757.

752. **Bade** (Philibert, *marquis* de), chevalier de l'ordre du roy et colonel des reitres, tué à la bataille de Montcontour en 1569.

753. **Baderon de Maussac** (Jacques de), ayde de camp des armées du roy, capitaine au régiment de Rabat, puis commandant à Collioure, reçut deux coups de feu au siége de Salces en 1639.

Les Baderon, marquis de Saint-Geniez, du Languedoc, portent : *Écartelé au 1er et 4e d'argent à trois pals d'or; aux 2e et 3e d'argent à trois orteilles de sable, becquetées et membrées de gueule.*

754. **Bady** (François-Joseph), seigneur de Bouville, capitaine au régiment de Rohan, tué à la bataille d'Ettingen en 1743.

—

755. **Baer** (Bonaventure), officier suisse au service du roy, tué au combat de la Bicoque en 1522.

Il y a encore une famille de ce nom qui porte : *D'or à lo bande de gueule.*

—

756. **Bagnac** (le sieur de), chevau-léger de la garde du roy, blessé à la bataille d'Ettingen en 1743.

757. **Bagué** (le sieur), lieutenant au régiment de Boisgelin, blessé à la bataille de Johanisberg en 1762.

—

758. **Bajet** (le sieur), mousquetaire de la garde du roy, blessé au siége de Mastrick en 1673.

759. **Baignel** (Thomas de), chevalier, tué à la bataille de Poitiers en 1356.

760. **Baigneux de Courcival** (Gabriel de), capitaine au régiment du roy, tué à la bataille de Spire, sous Louis XIV.

761. BAIGNEUX de COURCIVAL (Louis de), tué au siége de Mons, sous Louis XV.

Courcival est un petit village près Bonnestable (Sarthe) dont le château est encore la résidence de M. le marquis Baigneux de Courcival : *de sable à trois cloites d'or*, 2 *et* 1.

762. BAIGNIAU(le sieur de), chevalier de Saint-Louis et capitaine de grenadiers au régiment de Piémont, blessé à la défense de Douay en 1710, mourut en 1720.

763. BAILHON (Horace), commandant des bandes noires italiennes, tué en 1528 dans la guerre d'Italie.

764. BAILLAC (le sieur de), lieutenant au régiment de Normandie, blessé au siége de Roses en 1645.

765. BAILLE (le sieur de), capitaine au régiment de Vaubecourt, blessé d'un coup de canon dans les reins à la bataille d'Hastembeck en 1757.

766. BAILLEHACHE (Oger de), seigneur d'Outreval. On lit dans des mémoires rédigés sous Louis XIII qu'il fut *sy vaillant donnaut preuve de son courage soubz la veue de Henry le Grand, lors intitulé roy de Navarre, il expira au lit d'honneur*.

767. BAILLEHACHE (François de), seigneur d'Escugnel, blessé au siége de Falaize d'un coup d'arquebuse qui luy traversa le pied gauche, mourut le 16 novembre 1630, âgé de plus de soixante et dix ans.

768. BAILLEHACHE (Jacques de), son frère, tué en Flandre, au mois de février 1600, servant dans la compagnie du vicomte de Bréauté.

On trouvoit le nom de Baillehache en Normandie et en Bretagne et il existe encore une famille de ce nom à Colmar (Haut-Rhin) dont les armes sont : *De gueule au sautoir d'argent, cantonné de quatre merlettes de même.*

769. BAILLET (le sieur), lieutenant-colonel du régiment de Béarn, blessé à la bataille de Saint-Denis en 1678.

770. BAILLET (le sieur), capitaine au même régiment, blessé au siége de Genap en 1668.

771. BAILLET (Jacques), capitaine au régiment de Vidame, tué à la bataille de Nortlingue, sous Louis XIV.

772. BAILLET (le sieur de), capitaine de grenadiers au régiment de Vatan, tué à la bataille de Minden en 1759,

Ce nom de Baillet est très-commun en France, même parmi la noblesse. Il y en avoit en Bretagne, dans l'Isle de France, en Champagne, en Bourgogne, en Belgique, et il existe encore une famille de ce nom dans le Lot-et-Garonne, et à Bergerac (Dordogne). Nous laissons aux intéressés à reconnoître à qui appartiennent les noms cités.

773. BAILLEUL (Jean de), seigneur de Bailleul, chevalier, tué à la bataille d'Azincourt en 1415.

774. BAILLEUL (Paul de), sous-lieutenant aux gardes françoises, tué au siége de Salins en 1674.

775. BAILLEUL-CANUT (Pierre-Odet-Pierrot de), chevalier de Saint-Louis, ancien capitaine des troupes entretenues en Canada, obtint, en 1775, une pension de 200 livres, à raison de plusieurs blessures qu'il avoit reçues et de la perte qu'il avoit faite de tous ses biens dans la colonie.

Il y a plusieurs familles de ce nom, tant en Normandie que dans différentes provinces de France et même en Angleterre, et en Écosse, où régnoit, au XIe siècle, Jean de Bailleul. Mais ces diverses maisons se tenoient-elles par quelques liens? c'est ce que nous ignorons.

776. BAILLEUX (le sieur de), capitaine de grenadiers au régiment de Normandie, tué au siége de Barcelonne en 1712.

777. BAILLON (Pierre), chevalier, tué à la bataille de Poitiers en 1356,

778. BAILLY (le sieur), chevau-léger de la garde du Roy, reçut plusieurs blessures au siége de Mons en 1691.

779. BAILLY (le sieur), mousquetaire du Roi de la 2e compagnie, blessé à la bataille d'Ettingen en 1743.

780. BAILLY (Paulin), ingénieur au dépôt des plans, cartes et journaux de la marine, obtint du Roy en 1777 une pension de 300 fr. en considération des blessures qu'il avoit reçues dans le combat du capitaine Thurot contre les Anglois, en 1759, où il servit comme volontaire.

Nous dirons des Bailly, à plus forte raison, ce que nous venons de dire des Baillet.

781. BAILLY DU SÉJOUR (François), tué au siége de Barcelonne sous Louis XIV.

782. BAILLY (Jacques de), chevalier de Saint-Louis, commandant des écoles d'artillerie à Strasbourg, mort de la suite d'une blessure qu'il reçut à l'attaque des lignes de Stolophen en 1707.

783. BAINE (le sieur de), gendarme de la garde du Roy, tué au combat de Leuze en 1691.

784. BAINS (de), voy. Beins (de).

785. BAINVILDE (le sieur de), capitaine au régiment de Navarre, tué en 1689 dans une entreprise sur Oberkirch.

786. BAISIR (de), voy. Vauhuon.

787. BAIZÈNE (le sieur de), capitaine au régiment de Normandie, blessé au siége de Coni en 1641.

---

788. BALAN (Aimé-Claude-Bonaventure de), capitaine au régiment de Piémont, tué à la bataille de Barahen en 1759.

789. BALANSAC (le sieur de), officier du régiment de Champagne, blessé en 1627 à la descente des Anglois dans l'île de Rhé.

790. Balathier (Charles de), capitaine au régiment colonel-général cavalerie, tué à la bataille de Fleurus en 1690.

791. Balatier (le sieur de), enseigne au régiment de Piémont, reçut plusieurs blessures à la prise de Bédarieux en 1622.

792. Balautière (le sieur de la), chevau-léger de la garde du Roy, blessé au siége de Mons en 1691.

793. Balay (Aimé-François, marquis de), chevalier de Saint-Georges, capitaine au régiment de Villequier-Cavalerie, reçut à la bataille de Malplaquet, en 1709, plusieurs coups de fer et de feu, entre autres un coup de hache d'armes sur la tête dont il fut longtemps en danger de mort.

Ce Balay étoit de la maison des Balay de Franche-Comté, l'une des plus anciennes de la province.

794. Baliq de Siry (Bernard-Louis-Ferdinand), chevalier de Saint-Louis, capitaine au régiment de Béarn, blessé au siége de Munster en 1759 et à la bataille de Johanisberg en 1762.

795. Balalguier (Jacques de), baron de Montralez, capitaine de 50 hommes d'armes des ordonnances du Roy, chevalier de son ordre et gentilhomme ordinaire de sa chambre, blessé à la bataille de Dreux en 1562, fut tué d'un coup de pistolet à la bataille de Jarnac en 1569.

796. Ballard d'Invilliers (Louis-Henry), commandeur de l'ordre royal et militaire de Saint-Louis, lieutenant-général des armées du Roy et inspecteur du corps royal de l'artillerie, eut le bras cassé au siége de Namur en 1746 et resta toute sa vie estropié de ses blessures.

797. Ballet (le sieur du), officier, blessé sur le *Comte d'Artois* dans le combat que ce vaisseau soutint le 13 août 1780 contre deux vaisseaux de guerre, à la vue de la côte de l'Irlande.

798. BALLON (le sieur), capitaine au régiment royal des Vaisseaux, blessé à la bataille de Fontenoy en 1745.

799. BALME (le sieur de la), ayde de camp du marquis de Bouillé, fut blessé à la cuisse dans le combat du comte de Guichen, près de la Martinique, contre l'amiral Rodney, en 1780.

Les la Balme sont du Bugey, et d'une ancienne origine; cependant il y a plusieurs familles de ce nom; celle-ci portoit *De gueules à une bande d'argent bordée d'or, accompagnée de six besans d'argent, posés en orle.*

800. BALSAC (de), voy. Illiers (d').

801. BALTHAZAR (le colonel), maréchal de camp, tué à la bataille d'Ivry en 1590.

802. BALTHASAR DE GACHÉO (Jean), baron de Prangin en Suisse, et burgrave d'Altzey au Palatinat, bourgeois de Berne, lieutenant général des armées du roy, puis ministre d'Etat, et généralissime des troupes de l'électeur Palatin, reçut de grandes blessures à la bataille de Nortlingen en 1645, il mourut en 1688.

803. BALTHASAR (N.,.), enseigne au régiment de Villars-Chandieu, tué à la bataille de Malplaquet en 1709.

804. BALTHASAR DE GACHÉO (Samuel-Bernard-Etienne), capitaine de grenadiers au régiment de Hessy, tué d'un éclat de bombe au siége de Quénois en 1712.

805. BALTHASAR (Geneve), capitaine de grenadiers au régiment de Diesbach, tué à l'affaire de Clausen en 1735.

806. BALTHASAR DE GACHÉO (Armand-Louis), baron deGorni, seigneur de Sabre, au pays Messin, premier capitaine commandant les carabiniers, puis major du régiment de Royal-Allemand-Cavalerie, tué au siége de Prague en 1742.

807. BALTHASAR (Jean-Alexandre, chevalier de), chevalier de Saint-Louis, leutenant-colonel du régiment de Thudi, puis

colonel commandant de celui de Grandvillars et maréchal de camp en 1748, fut blessé en Italie en 1746 dans une action où il eut aussi un cheval tué sous lui, et mourut le 17 octobre 1754.

Ces Balthasar étoient d'une famille illustre de la République de Lucerne en Suisse, qui n'a pas fourni que des hommes de guerre, mais aussi des jurisconsultes et des magistrats distingués. *D'azur à trois étoiles d'or 1 et 2, posées dans un triangle de même, chargé d'un triangle renversé, aussi d'or.*

808. BALTIER (le sieur), lieutenant au régiment de Rohan, tué à la bataille d'Ettengen en 1743.

809. BALZAC (Guillaume de), seigneur d'Entragues, baron de Clermont, gentilhomme ordinaire de la chambre du Roy, lieutenant de la compagnie de gendarmes du duc de Guise, capitaine de 200 chevaux-légers, et gouverneur du Havre de Grâce, blessé à la bataille de Renty, en 1554, mourut quelques jours après.

810. BALZAC (Galens de), seigneur de Granville, mort d'une blessure qu'il reçut au siége de la Rochelle en 1573.

811. BALZAC (Charles de), seigneur de Clermont d'Entragues, chevalier des ordres du Roy, conseiller en son conseil privé, gentilhomme ordinaire de sa chambre et capitaine des gardes du corps, tué à côté du Roy à la bataille d'Ivry, en 1490.

Cette famille, originaire d'Auvergne, a donné des comtes et des chanoines de Brioude. Bien que fort ancienne et fort répandue dans sa province, elle a dû sa principale illustration moins à ses services dans les armes qu'à la fortune de la belle et impérieuse Henriette, marquise de Verneuil. Quant au célèbre écrivain, ami de Chapelain et de Conrart, originaire d'Angoulême, il ne tenoit en rien à cette maison.

—

812. BAN DE LA FEUILLÉE (Pierre-Jean-Baptiste du), capitaine de cavallerie, tué à la bataille de la Marsaille en 1693.

Ban de la Feuillée, originaire de Bourgogne. *D'azur, à trois feuilles de chêne d'or 2 et 1.*

813. BANDEVILLE (DE). *Voy.* SEVIN DE BANDEVILLE.

814. BANDINI (Henri), colonel d'un régiment d'infanterie, tué au siége de Narbonne, sous le connétable de Montrotoverny (?).

Famille noble et ancienne de Florence.

815. BANNE (Christophe de), capitaine au régiment Dauphin, tué au service en Flandres en 1678.

816. BANNE (Denis de), comte d'Avéjau, baron de Farreirolles, commandeur de l'ordre royal et militaire de Saint-Louis et de celui de Saint-Lazarre, lieutenant-général des armées et lieutenant-colonel du régiment des gardes françoises, gouverneur de Furnes, puis de Nancy, blessé dangereusement au siége d'Unna en 1673, mourut à Nancy le 17 septembre 1707.

817. BANNE (Edouard-Denis de), comte d'Avéjau, son fils, capitaine aux gardes françoises, mort, au mois de juin 1705, des blessures qu'il reçut le 2 au siége de Huy.

818. BANNE (Henri de), tué à la surprise de Crémonne en 1702.

Les Banne d'Avejon étoient du Vivarais. La terre de Ferreyroles, érigée en baronie sous le nom d'Avejau, donna droit d'entrée et de séance aux Etats du Languedoc. Erigée en marquisat en 1737. *D'azur à la demi-ramure de cerf d'or posée en bande.*

819. BANVILLARD (le sieur de), chevau-léger de la garde du Roy, blessé à la bataille d'Ettingen en 1743.

—

820. BAR (Henry, Ier comte de), tué en 1291, au siége d'Acre, où il avoit accompagné le roy Philippe Auguste.

821. BAR (Henry, 2e comte de), et de Ligny, tué à la Terre-Sainte par les infidèles dans un combat donné près de Gaza en 1239.

822. BAR (le comte de), blessé à la bataille de Cassel en 1328.

823. BAR (Guillaume de), chevalier, tué à la bataille de Poitiers en 1356.

824. BAR. (Henry de), seigneur d'Oisy, tué à la bataille de Nicopolis en 1396.

825. BAR (Edouard, duc de), marquis du Pont, tué à la bataille d'Azincourt en 1415.

826. BAR (Jean de), son frère, seigneur de Puisaye d'Allaye, de Brou et de Montmirail, tué à la bataille d'Azinçourt en 1415.

827. BAR (Robert de), neveu des deux précédents, comte de Marle et de Soissons, vicomte de Meaux, grand bouteillier de France et premier président de la chambre des comptes de Paris, tué à la bataille d'Azincourt en 1545.

828. BAR (Pierre de), seigneur de Buranlure, commandant la compagnie d'ordonnanee du duc d'Enghien, fut dangereusement blessé à la bataille de Nortlingue én 1645.

La branche de Buranlure a donné des comtes de Lyon, une dame de Remiremont, des chevaliers de l'ordre du roy, etc. Les armes : *Fascé d'or et d'azur de neuf pièces, ou d'or.*

829. BAR (Armand-Julles, marquis de), gouverneur d'Amiens, mort en juin 1706 de ses blessures à la bataille de Ramillies : il étoit capitaine au régiment du Bordage-Cavallerie.

830. BAR (le chevalier de), capitaine de grenadiers au régiment de Guyenne, fut dangereusement blessé au siége de Denin, en 1708, et à la défense d'Aire en 1710.

831. BAR-SUR-SEINE (Milon, comte de), tué au siége de Damiette.

832. BAR-SUR-SEINE (Gaucher, comte de), son fils, tué au même siége.

833. BAR SAINT-POINT (le sieur de), lieutenant au régiment de Tracy-Cavallerie, blessé au siége de Fribourg en 1644. (*Mercure* de 1644.)

Outre la grande maison des ducs et comtes de Bar, dont les terres étoient unies au duché de Lorraine, et qui portoient *d'azur semé de croix recroisettées au pied fiché d'or, et deux bars ou barbeaux adossés de même, brochant sur le tout,* il y eut plusieurs autres familles illustres du nom de Bar. Les de Bar, en Berry, se divisèrent en plusieurs branches distinguées par les noms de Baugy, Villemenard et Burenlure. — Celle de Baugy a donné un chambellan au roi Charles VII, un général des finances, un bailli de Touraine, deux évêques de Papoul, un évêque de Beauvais, etc.

834. BARADAT (Marc de), mestre de camp d'un régiment de cavalerie, mort des blessures qu'il reçut à la bataille de Saint-Godard en 1664.

835. BARADAT (François de), son frère, seigneur de Dammartin, capitaine de cavallerie, tué dans une rencontre près de Neustadt en 1672.

836. BARADAT (Léon de), autre frère, chevalier de Malte et cornette de cavallerie, tué dans la même rencontre.

Les Baradat, originaires du Condomois et du Rouergue, s'établirent en Champagne au XVIe siècle; l'un d'eux fut chanoine de Reims. Le fameux favori de ce nom du roi Louis XIII étoit seigneur de Damery, près d'Épernay, et père de Marc de Baradat. Ils portoient d'azur à la fasce d'or, accompagnée de trois roses d'argent, 2 et 1.

837. BARAL D'ARENES (Louis-César de), chevalier de Saint-Louis, major des iles Sainte-Margueritte, obtint en 1759 une pension de 300 fr., motivée sur la perte d'un bras qu'il avoit faite au Canada, étant lieutenant au régiment de Languedoc. *Voy.* D'ARENES.

838. BARANCE (le sieur de), garde de la marine, tué dans le combat du bailly de Suffren aux Indes, contre l'amiral Hughes, le 12 avril 1782.

839. BARANSAC (le sieur de), officier de cavallerie, eut une jambe emportée d'un coup de canon en 1627, à la descente des

Anglais dans l'ile de Rhé, et mourut au bout de trois jours. (*Mercure* de 1627.)

840. Barathier de Saint-Auban (Jacques-Antoine), dit le *marquis de Saint-Auban*, commandeur de l'ordre royal et militaire de Saint-Louis, inspecteur-général de l'artillerie et lieutenant-général des armées du Roy, eut les pieds gelés à la retraite de Prague en 1742, et fut blessé au bras droit au siége de Tournay, il mourut le 5 septembre 1783.

Cette famille des Barathier, originaire du Dauphiné, portoit : *D'argent au lévrier de sable, accollé de gueules.*

841. Barathier (Remy), chevalier de Saint-Auban, chevalier de Saint-Louis, capitaine de grenadiers dans la légion de Soubise, fut blessé en 1761 dans l'armée de Soubise.

842. Baratte (Philippes), seigneur de Vergeniles, fut estropié au service, d'après des lettres du Roy du 30 novembre 1658, et il servoit alors dans le régiment d'Esclainvilliers-Cavallerie.

843. Baratté (le sieur de), capitaine au régiment de Normandie, blessé au siége de Barcelonn en 1712,

844. Baraut (le sieur de), tué à la bataille de Dreux en 1562.

845. Barazert, enseigne de vaisseau, du port de Brest, péri sur le *Bourbon*, le 12 avril 1741.

846. Barbançois (Claude de), seigneur Charon, capitaine de 50 hommes d'armes des ordonnances du Roy, gentilhomme ordinaire de sa chambre et chevalier de son ordre, doit être le *seigneur de Charon*, cité parmi les blessés à la bataille de Montcontour en 1569.

847. Barbançois (Léon de), seigneur de la Guierche, chevalier de l'ordre du Roy, et gouverneur de la Marche, fut tué à

son château de la Guierche, pendant les guerres civiles, sous Henry III, à raison probablement de son dévouement à ce monarque.

848. BARBANÇOIS (Pierre de), seigneur de Réville et de Sarzay, enseigne de la compagnie des gendarmes du comte de Bouchage, gouverneur d'Issoudun, gentilhomme ordinaire de la maison du Roi et gentilhomme de la chambre du duc d'Alençon, mourut de ses blessures en 1590.

849. BARBANÇOIS (Charles de), chevalier de Malte, capitaine au régiment de Listenois d'Aragon, puis d'une compagnie de cavalerie dans celuy d'Eclainvilliers, eut une jambe emportée à l'affaire de Donavert en 1704.

Les Barbançois, d'une grande, noble et ancienne maison du Berri, portoient *de sable à trois têtes de Léopard d'or, arrachées et lampassées de gueules, et posées 2 et 1.*

850. BARBANÇON (François de), seigneur de Cany, gentilhomme ordinaire de la chambre du Roy, fut emporté et mis en pièces d'un boulet de canon à la bataille de Saint-Denis en 1567.

851. BARBANÇON (Louis de), seigneur de Cany, fut dangereusement blessé à la cuisse au siége de Senlis en 1589.

Illustre famille des Pays-Bas, dont la branche aînée s'est fondue dans la maison de Ligne, et dont la dernière vient de s'éteindre dans celle des Du Prat. Elle portoit *d'argent à trois lions de gueules, couronnés et armés d'or.*

852. BARBATANE (1) (le sieur de), capitaine au régiment de la marine, blessé au siége de Tarragone en 1644. (*Mercure* de 1644.)

853. BARBAULT de Cointres, capitaine de frégate, mort sur *Brillant*, commandée par le marquis de Blenac.

(1) Ne seroit-ce pas plutôt de *Barbantene?*

854. BARBAZAN (Arnaud-François-Guilhem, baron de), chevalier, premier chambellan du Roy, général de ses armées, gouverneur de Champagne et du Loannois, appelé le *Restaurateur du Royaume et de la couronne de France* et dit aussy le *Chevalier sans reproche*, titre glorieux dont l'honora Charles VI et que ce monarque fit graver sur le sabre qu'il lui donna après la victoire qu'il remporta sur les Anglois, en 1404, devant le château de Montendre en Saintonge, fut dangereusement blessé en 1451 en combattant vaillamment à la bataille de Bullegneville, près de Nancy, et mourut six mois après de ses blessures. Il fut enterré à Saint-Denis, où le Roy voulut qu'on luy rendit les mêmes honneurs qu'on avoit accoutumé de rendre aux Roys.

855. BARBERAN (le capitaine), tué à la bataille de Cerisolles en 1544.

856. BARBERAY (Antoine de), chevalier de Saint-Louis, lieutenant-colonel du régiment de Navarre et lieutenant de roy de St-Omer, blessé à la bataille de Nervinde en 1693 et au siége de Landau en 1713, mourut à Saint-Omer au mois, d'avril 1745.

857. BARBERIE MALVILLE (la), lieutenant de vaisseau, au port de Rochefort, tué en Guinée, commandant l'*Indien*, le 20 mars 1712.

858. BARBERIN (Louis de), comte de Reignac, commandeur de l'ordre royal et militaire de Saint-Louis, maréchal de camp, lieutenant de roy de Charleroy, puis commandant au Vieux-Brisack où il mourut en 1719, avoit été blessé au siége de Luxembourg en 1684, à la bataille de Fleurus en 1690, au siége de Charleroy en 1693, où il fut enterré par le feu d'une mine dans un tas de décombres, et reçut encore plusieurs bles-

sures à celui de Namur. C'est lui, alors commandant à Huy, à qui le duc de Holstein ayant envoyé un trompette pour le sommer de rendre cette place, qui répondit : « Dites à M. le duc de Holstein que rien ne presse, que quand nous nous serons vus sur la brèche, je verray ce que je dois faire. »

Les Barberins, dont il est ici question, étoient originaires de Saintonge, et portoient *d'azur à trois abeilles d'or*, 2 et 1 : — Mais quoique portant les mêmes armes, ils semblent différer des Barberini d'Italie, d'où sortoient Urbain VIII, et le cardinal Antoine, archevêque de Reims.

860. BARBEY DE FONTENAILLES (Pierre de), chevalier de Saint-Louis, ancien lieutenant avec rang de capitaine au régiment de Chartres-Dragons, obtint en 1789 une pension de retraite de 600 livres motivée sur ses services et ses blessures. (*Voy.* DE FONTENAILLES.)

861. BARBEYRAC (Jean de), capitaine des gardes du maréchal de Damville et gouverneur du château de Viens, tué au combat de Vinon en 1591.

862. BARBEYRAC (N... de), marquis de Saint-Maurice, tué à la bataille d'Hochetett en 1704.

863. BARBEYRAC DE SAINT-MAURICE (Charles de), capitaine au régiment de Brissac, depuis Vivarais, blessé à la bataille de Rosback en 1757, obtint en 1767 une pension de retraite de 600 l., il étoit chevalier de Saint-Louis.

Famille originaire de Saint-Martin-de-Castillon, en Provence, portoit *d'argent au cheval-barbe de sable courant, au chef d'azur chargé d'un croissant d'argent accosté de deux étoiles d'or.* Les Barbeyrac, qui se sont rendus célèbres par leur science et leurs travaux historiques et diplomatiques, sortoient de cette maison.

—

864. BARBEZIÈRES (N... de), dit le *chevalier de Chemeraut,* fut blessé à la bataille de Jarnac, en 1569.

865. BARBEZIÈRES (Mery de), seigneur de Chemeraut, chevalier des ordres du Roy, grand maréchal de logis de sa

maison, gentilhomme ordinaire de sa chambre, conseiller en son conseil privé et capitaine de 50 hommes d'armes de ses ordonnances, blessé au siége de la Rochelle, en 1573.

866. BARBEZIÈRES (N... de), seigneur de Chemeraut, tué au siége de Broüage, en 1577.

867. BARBEZIÈRES (François de), seigneur de Chemeraut, comte de Tyveny, chevalier de l'ordre du Roy, capitaine d'une compagnie de chevau-légers et gouverneur de Luzignan, tué au mois de janvier 1616, dans l'armée du roy sous les ordres du duc de Guise.

868. BARBEZIÈRES DE CHEMERAUT (N... de), exempt des gardes du corps, tué au combat de Senef, en 1674.

869. BARBEZIÈRES (Jean-Noël), comte de Chémeraut, chevalier de Saint-Louis et lieutenant-général des armées du roy, fut tué en 1709, à la bataille de Malplaquet, où il combattit avec la plus grande valeur.

—

870. BARBIER (Charles-Louis de), chevalier de Saint-Louis, chef de bataillon au régiment de Touraine, blessé à la bataille de Minden en 1759.

870 *bis*. BARBIER (Claude), chevalier de Saint-Louis, d'abord hussard dans le régiment de Linden, puis lieutenant dans celuy d'Apchon, eut l'épaule cassée à la bataille de Laufeldt, en 1717, où il eut aussy son cheval tué sous luy, et fut encore blessé à la tête à la bataille de Sundershausen, en 1758. Il obtint sa retraite en 1788.

871. BARBODIÈRE (le sieur de), lieutenant au régiment de Picardie, blessé à la bataille de Guastalla, en 1734.

872. BARBODIÈRE DE MARTILLY (Jean-Philippe de), chevalier de Saint-Louis, lieutenant dans la légion de Hainaut et

dans celle de Lorraine, puis au régiment de Bourgogne; ensuite capitaine dans les chasseurs des Vosges, fut blessé au service le 11 septembre 1762.

873. BARBOTIN (Pierre-François), premier lieutenant de vaisseau de la Compagnie des Indes, reçut une blessure au service, sous Louis XV.

874. BARBOUTIN (le sieur de), mousquetaire de la garde du Roy, blessé au siége de Maestricht, en 1673.

875. BARCEROLLE (le sieur de), gendarme de la garde du Roy, blessé au combat de Leuze, en 1691.

876. BARCILLAC (le sieur de), sous-lieutenant au régiment de Picardie, blessé au combat de Senef en 1674.

877. BARDACHIN (le capitaine), capitaine d'une compagnie d'arquebusiers et servant dans le parti du Roy, fut blessé en 1562, au siége du château de Pène.

878. BARDASSAN (le seigneur de), tué en 1512, à la bataille de Ravenne, où il fit des prodiges de valeur.

879. BARDES (le sieur des), lieutenant au régiment de Picardie, grièvement blessé à la bataille de Minden, en 1759.

880. BARDET DES GLEREAUX, lieutenant de vaisseau aux colonies, mort à la Martinique le 18 aoust 1710.

881. BARDI (Bardo), comte de Magalotti, lieutenant-colonel du régiment des gardes-françoises, lieutenant général des armées du Roy et gouverneur de Valenciennes, fut blessé d'un coup de mousquet à travers le corps, au siége de Lille, en 1667.

882. BARDIN DE LA SALLE (le chevalier), capitaine au régiment de Brie et chevalier de Saint-Louis; blessé au combat du 5 septembre 1781, devant la baye de Chesapeak, entre le comte de Grasse et l'amiral Hove.

883. Bardon (Jean-Raymond de), chevalier de Saint-Louis, capitaine au régiment d'Aquitaine, blessé à la bataille de Minden, en 1759, quitta le service en 1777.

884. Bardonenche (Pierre et Constant de), frères, tués à la bataille de Poitiers, en 1356.

885. Bardonenche (Réné de), capitaine au régiment de Limosin, tué au siége de Berg-op-Zoom, en 1747.

886. Bardonenche (le comte de), chevalier de Saint-Louis, capitaine au régiment du Roy, puis colonel des grenadiers royaux de Languedoc et colonel du régiment provincial d'artillerie de Grenoble, fut blessé d'un coup de canon au pied, à la bataille de Minden, en 1759.

—

887. Bareaus (le sieur des), colonel d'un régiment, tué à la défense de Namur en 1695.

888. Barée (le sieur de la), exempt des gardes du corps, blessé au combat de Senef en 1674.

889. Barel (le sieur), lieutenant des chasseurs de Monet, blessé en 1762, à l'affaire de Grebenstein.

890. Barentin (le sieur de), officier auxiliaire, blessé au combat du comte d'Estaing contre l'amiral Byron, près de la Grenade, le 6 juillet 1779.

891. Baret (le sieur), lieutenant au régiment de Piémont, blessé à la bataille de Rosback en 1757.

892. Barette (le sieur de la), lieutenant au régiment de Trassy-Cavalerie, blessé au siége de Fribourg en 1644. (*Mercure* de 1644.)

893. Barge (le sieur de la), tué au siége de Dunkerque en 1658.

894. BARGETON (le sieur de), chevalier de Saint-Louis, major des grenadiers de France, tué à la bataille de Minden en 1759.

895. BARGETON (Pierre de), capitaine au régiment de Santerre, tué au siége de Kaiserwert.

896. BARILLAC (le sieur de), capitaine au régiment d'Auvergne, blessé à la bataille de Clostercamps en 1760.

897. BARJAC (N... de), seigneur de Gasques, mestre de camp d'un régiment d'infanterie et gentilhomme ordinaire de la chambre du roy, fut tué au camp de Lunas, d'après une attestation du connétable de Montmorency du 16 may 1592.

898. BARJAC (N... de), seigneur de Rochegude, gouverneur du Vivarais, tué au service du roy Henri IV, d'après un brevet de ce monarque qui le justifie.

899. BARJOT (Paul-Jean-Baptiste-Alexis de), comte de Roncée, chevalier de Saint-Louis, sous-lieutenant des gendarmes dauphins, fut grièvement blessé à la bataille de Minden en 1759.

900. BARJOT DE LA COMBE (Etienne de), chevalier de Saint-Louis, capitaine au régiment de Piémont, mort à Mersbourg, en 1757, des blessures qu'il reçut à la bataille de Rosback.

901. BARLES (le sieur de), chevalier de Saint-Louis, capitaine au régiment de Piémont, blessé au combat d'Oudenarde en 1708, et à la défense de Douay en 1710, mourut en Bohême en 1742.

902. BARLETTE DE PONTAGNAN (le sieur de la), chevalier de Saint-Louis, lieutenant-colonel du régiment d'Auvergne, blessé à la bataille de Clostercamps en 1760.

903. BARLEVAL (le sieur de), gendarme de la garde du roy, tué au combat de Leuze en 1694.

904. Barnwal (le sieur de), lieutenant au régiment de Fitz-James, puis capitaine dans celui de Berwick, fut blessé à la bataille de Rosback en 1757.

905. Baron-d'Einge (le sieur), lieutenant au régiment de Picardie, tué à la bataille de Parme en 1734.

906. Baronant (le sieur de), officier au régiment de Bourbonnois, blessé à l'affaire d'Exiles en 1747.

907. Baronnais (le sieur de la), lieutenant de frégate auxiliaire, blessé sur la *Sybile*, dans le combat du comte de Kergariou, le 2 janvier 1783.

908. Barot (le sieur de), lieutenant au régiment de Trassy-Cavallerie, blessé au siége de Fribourg en 1644. (*Mercure* de 1644.)

909. Barquier (André de), officier de la marine et capitaine d'un brigantin, tué au combat de la Hogue en 1692.

910. Barquier (Balthasar de), chevalier de Saint-Louis et capitaine au régiment de Piémont, blessé à la défense de Prague en 1742.

911. Barquier (Alexandre, chevalier de), seigneur de Malvans et de Clausonac, chevalier de Saint-Louis, capitaine au régiment de Bourbon-Infanterie et commissaire des guerres, fut blessé à l'attaque des lignes de Weissembourg, et resta seul d'officier à la tête de 14 grenadiers, débris de deux compagnies entières.

912. Barquier-du-Port (Jean, chevalier de), lieutenant au régiment de Piémont, blessé d'abord d'un coup de feu à la bataille de Rosback en 1757, y fut emporté ensuite d'un coup de canon, ayant toujours voulu combattre, quoique fort blessé.

913. BARRAIL (le sieur du), lieutenant au régiment de Bourbonnois, tué au combat de Warbourg en 1760.

914. BARRAILH, lieutenant général de galères, le 7 février 1650, brûla avec la chaloupe du vaisseau *le Mignon* une frégate angloise qui s'étoit réfugiée sous les murailles de Cadix, malgré le feu du canon et de la mousquerie que la ville et la frégate firent sur lui; fut blessé à la prise de la flotte de bled et à la bataille de Malaga très-légèrement; 1694, a commandé une chaloupe pendant le bombardement de Dunkerque, aborda seul le premier brûlot tout en feu et le fit échouer. Il fut le seul détaché pour chasser les chaloupes des ennemis qui étoient venues secourir le vaisseau échoué; il en prit une malgré le vaisseau échoué et sept frégates qui les soutenoient, et le feu qu'elles firent fut si vif qu'il reçut treize coups de canon ou de mitraille dans le pavillon de sa chaloupe.

915. BARRAL (Claude de), tué au siége de Turin en 1706.

916. BARRAL (Louis-Benoît de), son frère, capitaine d'infanterie et gouverneur du château de Cullan, fut tué à la tête de sa compagnie au siége de Montrond.

917. BARRAL (le sieur de), ayde de camp et cornette du régiment du comte de Clermont-Prince, fut tué à la bataille d'Ettingen en 1743.

—

918. BARRAN (le sieur de), lieutenant au régiment d'Eu, blessé d'un coup de feu à la jambe à la bataille d'Hastembeck en 1757.

919. BARRAS (François de), garde du pavillon, tué au combat du marquis de l'Etenduère contre les Anglois, en 1747.

920. BARRAS DE LA VILLETTE (le sieur de), lieutenant de vaisseau, commandant en second la frégate *la Résolue*, fut emporté en 1779 par l'explosion d'une mine où un canonnier

mit imprudemment le feu après la prise du fort et de l'isle de Benze par les François, dans le temps où l'on procédoit à sa démolition.

921. BARRAS DE MELAN (le sieur de), garde de la marine, blessé au combat du comte d'Estaing, le 6 juillet 1779, contre l'amiral Byron, près de la Grenade.

—

922. BARRAUT (le sieur de), capitaine au régiment de la Marck, blessé à la bataille de Rosback en 1757.

923. BARRE (Emery de la), chevalier breton, tué à la bataille de Poitiers en 1356.

924. BARRE (le capitaine de la), tué au siége de Saint-Quentin en 1557.

925. BARRE (Alain de la), tué au siége de la Mure en Dauphiné. (L'on présume que ce fut sous Henry IV.)

926. BARRE (le sieur de la), lieutenant d'artillerie, tué à la bataille de Rocroy en 1643. (*Mercure* de 1643.)

927. BARRE (le marquis de la), maréchal de camp et lieutenant général d'artillerie, eut la cuisse cassée au siége de Saint-Omer en 1638 et mourut le lendemain, regretté pour sa valeur et son expérience au fait de l'artillerie. Le jeune de la Barre, son fils, aussy blessé n'ayant alors que seize ans. (*Mercure* de 1638.)

928. BARRE (François de la), tué au service du roy.

929. BARRE (Etienne de la), son frère, capitaine au régiment de Langeron, tué aussy au service, d'une mousquetade au-dessus de la hanche. Il paroit que ce fut sous le règne de Louis XIII.

930. BARRE (le sieur de la), maréchal des logis de la 2e compagnie des mousquetaires, blessé au siége de Maestrick, en

1673, eut encore une contusion au bras et reçut un coup de mousquet au siége d'Ipres, en 1678.

931. BARRE (Louis de la), dit le chevalier de Groslieu, chevalier de l'ordre de Saint-Lazare et commandant la frégate *la Notre-Dame du Mont-Carmel* que l'ordre avoit armé à ses frais contre les Anglois, y fut tué le 16 août 1666, après s'être défendu avec beaucoup de valeur contre trois frégates ennemies.

932. BARRE (le chevalier de la), enseigne de vaisseau du port de Toulon, mort à Toulon, de ses blessures, le 17 janvier 1684.

933. BARRE D'ARBOUVILLE (André de la), capitaine au régiment du Plessis-Praslin, tué au siége de Crémone.

934. BARRE (le sieur de la), lieutenant de dragons, blessé au siége de Savannah en 1779.)

---

935. BARRIÈRE (le sieur), lieutenant au régiment de Persan, tué au siége de Fribourg en 1644. (*Mercure* de 1644.)

936. BARRES (Guillaume des), personnage célèbre au XIIIe siècle, eut son cheval tué sous luy à la bataille de Bouvines en 1214. Ce fut luy qui y saisit au corps l'empereur, qui, se voyant arrêté, piqua son cheval et luy échappa des mains.

937. BARRES (Guy des), seigneur de Chaumoy, chevalier, tué à la bataille de Poitiers en 1356.

---

938. BARREZ (le chevalier des), capitaine au régiment d'Escars, fut blessé de douze coups de sabre à la bataille de Rosback en 1757.

939. BARRIÈRE (le sieur de), capitaine au régiment de Champagne, mort en 1734 de la suite des blessures qu'il reçut à la bataille de Parme.

940. BARRIÈRE (le sieur de la), sous-lieutenant au régiment de Champagne, fut blessé à la bataille de Steinkerque en 1692.

941. BARRIÈRE (Barthélemy de la), chevalier de Saint-Louis, capitaine au régiment de Boisgelin, blessé à la bataille de Iohansiberg en 1762.

—

942. BARRIGAM (le sieur de), lieutenant au régiment de Tot, tué en 1644 dans la guerre contre les Bavarois. (*Mercure* de 1644.)

943. BARRIGUE (François-Félicité de), capitaine au régiment de Penthièvre, tué en Bohême, où il commandoit un poste avec quatre compagnies, en 1742 ou 1743.

944. BARRIN (Athanase), marquis de la Gallissonnière, chevalier de Saint-Louis, capitaine de vaisseaux et chef de division des armées navalles, obtint en 1762 une pension de la cour, en considération tant de la perte de son œil gauche que d'autres blessures qu'il reçut au visage dans le combat du vaisseau *l'Illustre*.

945. BARRY (le sieur de), gouverneur de Leucate, étant tombé en 1590 entre les mains des ligueurs, ils le firent étrangler. Constance de Cazelli, sa femme, ayant refusé de rendre la place, le roy Henry IV, en reconnoissance de sa fermeté et de sa valeur, luy laissa le gouvernement de cette ville jusqu'à ce que son fils put en être pourvu.

946. BARRY OU DE BARRYS (le sieur de), chevalier de Saint-Louis, capitaine ayde-major au régiment de Béarn, puis capitaine, ensuite lieutenant-colonel de celuy d'Agenois, fut blessé au siége de Savannah en 1779.

947. BARS (le sieur de), chevalier de Saint-Louis, commandant à Traerbach (sur la Moselle), fut tué au siége de cette place sous Louis XIV, après avoir soutenu le troisième assaut avec une valeur incroyable.

948. BART (Jean), chevalier de Saint-Louis et chef d'escadre des armées navalles, l'un des plus grands marins dont l'histoire ait jamais fait mention, reçut plusieurs blessures au mois de mars 1678, dans un combat qu'il soutint avec la frégate *le Dauphin*, de quatorze canons, contre un vaisseau de guerre hollandois de trente-deux, qu'il prit à l'abordage; il fut ensuite blessé d'un coup d'éclat à la cuisse servant alors sur le *Modéré*, et le fut encore dangereusement en escortant une flotte marchande du Havre à Brest : il mourut le 27 avril 1702, âgé de 51 ans. (*Voy*. BART.)

949. BART (le sieur), chevalier de Saint-Louis, commandant la frégate *la Danaé*, fut tué dans un combat en 1759. (*Voy*. BARTH.)

950. BARTELONGUE (le sieur de), lieutenant au régiment de Navarre, blessé à l'attaque des retranchements des ennemis devant Voërden en 1672, ainsi qu'au combat de Senef en 1674.

951. BARTETE-DU-MOULIN-DE-MONTLEZU (le baron de la), chevalier de Saint-Louis, lieutenant-colonel du régiment de Touraine et grenadier des armées du Roy en 1767, fut blessé sur *le Sceptre*, dans le combat du comte de Grasse contre l'amiral Rodney, au mois d'avril 1782.

952. BARTH (Paul de la), seigneur de Termes, comte de Cominges, maréchal de France, chevalier de l'ordre du Roy, capitaine de cinquante hommes d'armes de ses ordonnances, sous-lieutenant général en Piémont, gouverneur de Calais, de Paris et de l'Isle de France et ambassadeur à Rome, fut dangereusement blessé à la tête à la bataille de Gravelines, en 1558, et mourut le 6 may 1562.

953. BARTHE (N. de la), lieutenant au régiment de Picardie, blessé au combat de Senef en 1674.

954. BARTHÉ (Jean-Jacques de la), seigneur de Giscaro, capitaine aux gardes françoises, tué au siége d'Yvrée en Piémont en 1641.

955. BARTHE (Antoine de la), dit le *marquis de Cazeaux*, capitaine au régiment de Limousin, blessé au col et au bras au siége de Bellegarde en 1675.

956. BARTHE DE BAILLE (N..... de la), chevalier de Saint-Louis, capitaine de grenadiers au régiment de Navarre, blessé au siége du vieux Brisack en 1703, et à celui de Sandau en 1713. (*Voy.* de BAILLE.)

957. BARTHE (N..... de la), chevalier de Saint-Louis, chef de bataille au régiment de Picardie, tué à la bataille de Parme en 1734.

---

958. BARTHEL (Nicolas de), chevalier de Saint-Louis, capitaine ayde-major au régiment de Mailly, puis capitaine de grenadiers dans celuy de Viennois, blessé en 1747 à l'affaire de l'Assiette, le fut encore en 1757 aux batailles d'Hastembeck et de Rosback.

959. BARTHELOT (N.... de), chevalier de Rambuteau, tué à la bataille de Luzara en 1702.

960. BARTHOLE DE CHARLES (Jean-Marc de), l'aîné, seigneur de Roquebrune, major du régiment Royal des vaisseaux, blessé à la bataille de Luzara en 1702, mourut à Nancy le 5 mars 1704 : ce doit être luy ou son frère qui n'étant que lieutenant au même régiment, avoit été blessé au combat de Senef en 1674.

961. BARTHOLE DE CHARLES DE ROQUEBRUNE (le sieur de), son frère, chevalier de Saint-Louis, capitaine de grenadiers puis major du régiment, eut un bras cassé à l'attaque des retranchements de Denain en 1712 et mourut en 1726.

962. BARTHON (N.... de), vicomte de Montbas, premier capitaine au régiment du cardinal de Richelieu, reçut plusieurs blessures au siége de Saint-Omer en 1638. (*mercure* de 1638.)

963. BARTHON (Gabriel-François-Xavier de), marquis de Montbas, lieutenant de vaisseau, blessé sur le *Duc de Bourgogne* au combat du comte de Grasse, près de la Martinique, contre l'amiral Rodney, en 1782.

—

964. BARVILLE (Jacques de), seigneur du Chêne et d'Assonville, homme d'armes de la compagnie du Roi, tué au siége de Montpellier en 1622.

965. BARVILLE (François de), seigneur d'Offinville, enseigne d'une compagnie d'infanterie, mort en Allemagne à l'âge de 20 ans, en 1636, des blessures qu'il avoit reçues au service du Roy.

966. BARVILLE (Florimond de), tué au combat de Saint-Godard en 1664.

967. BARVILLE (N.... de), chevau-léger de la garde du Roy, blessé à la bataille d'Ettingen en 1743.

968. BARVILLE (Jean-Réné-François de), volontaire au régiment de Bourbon, tué au siége de Fribourg en 1744.

969. BARVILLE (Nicolas de), chevalier de Saint-Louis, capitaine de carabiniers, quitta le service en 1761 à raison de ses infirmités causées par ses blessures, et mourut en 1777.

970. BARVILLE (André-Madeleine de), capitaine au régiment Dauphin, tué à la bataille de Parme.

971. BARVILLE (Louis-Madeleine de), son fils, enseigne aux gardes françoises, tué au siége de Maestrick.

972. BARVILLE (André-Louis de), oncle du précédent, che-

valier de Saint-Louis, capitaine de grenadiers, tué au siége de Berg-op-Zoom en 1747.

973. Barville (Marc-Antoine, chevalier de), capitaine au régiment de Rouergue, obtint deux pensions de 300 francs chacune en 1783 et 1785, pour avoir été dangereusement blessé au pied sur les vaisseaux du Roy en sautant à l'abordage, blessure dont il resta fort estropié jusqu'à sa mort, arrivée à Nancy le 19 décembre 1791.

—

974. Basbat (le sieur de), officier au régiment de Normandie, blessé au siége de Turin en 1706.

975. Baschaux (le sieur de), lieutenant au régiment de Champagne, tué au siége de La Rochelle en 1573.

976. Baschi (Louis de), seigneur d'Auzet, capitaine d'une compagnie de 200 hommes de pied, ayant eu ordre du roy Henri III, au mois d'août 1574, de se rendre à Aix auprès du comte de Carces, il fut assassiné dans cette ville d'un coup de pistolet le 18 septembre suivant.

977. Baschi (Charles de), seigneur d'Estève, capitaine de 50 hommes d'armes des ordonnances du Roy et gentilhomme ordinaire de sa chambre, tué d'un coup de canon le 24 juin 1628.

978. Baschi (Charles de), baron d'Aubais et du Cayla, capitaine d'une compagnie de chevau-légers, blessé à la bataille de Lérida en 1642, mourut le 31 janvier 1668 ou 1669.

Son petit-fils, Charles de Baschi, marquis d'Aubais, s'est rendu célèbre par sa passion pour les livres et ses ouvrages historiques, encore recherchés.

979. Baschi de Pignan (Jean-Louis de), marquis du Cayla, colonel du régiment de la Reine-Cavalerie, tué en 1706, au combat de Castiglione.

—

980. BASCLE (Artus le), seigneur de Seman, gentilhomme ordinaire de la maison du Roy, tué à la bataille de Coutras, en 1587.

981. BASCON (le seigneur de), capitaine des gardes du prince de Dombes, fut tué en 1592, dans une affaire près Châteaugontier.

982. BASSÉE (Charles de la), chevalier de Saint-Louis, lieutenant au régiment de Saluces, puis dans les volontaires de Clermont-Prince, ensuite premier capitaine dans les chasseurs bretons, blessé à la bataille de Rosbach en 1757, le fut encore très-grièvement en Allemagne, en 1762, le 21 juin, à la journée de Tziremberg.

983. BASSERODE (le sieur de), capitaine au régiment de Languedoc, blessé, en 1758, à l'affaire de Carillon, en Canada.

984. BASSIGNAN (le sieur de), lieutenant au régiment de Champagne, est cité dans les mémoires imprimés à Bâle en 1578, au nombre des *braves et vaillants hommes* de la France du party du Roy qui furent tués au siége de La Rochelle en 1573.

---

985. BASSOMPIERRE (Christophe de), baron de Bassompierre et d'Harouel, gentilhomme ordinaire de la chambre du Roy, colonel entretenu de 1,500 chevaux reîtres pour son service, grand maître d'hôtel du duc de Lorraine, conseiller de son conseil d'État et surintendant de ses finances, blessé aux batailles de Montcontour et de Jarnac en 1569, mourut à Nancy au mois d'avril 1596.

986. BASSOMPIERRE (François, baron de), maréchal de France, colonel général des Suisses et Grisons, chevalier des ordres du

Roy, ambassadeur en Suisse, en Espagne et en Angleterre, l'homme de son temps le mieux fait, le plus galant, et d'ailleurs très-affectionné du roi Henry IV, fut blessé au siége de Rethel, en 1617 d'un coup de mousquet au petit ventre, et mourut le 12 octobre 1646.

Le dernier rejeton mâle de cette illustre famille s'est éteint le 13 novembre 1837, dans la personne de Charles-Jean-Stanislas-François, marquis de Bassompierre.

—

987. Bastard (Louis de), chevalier de Saint-Louis, capitaine au régiment de Foix, blessé à la défense de Lille, en 1708, et à celle de Bouchain en 1711, quitta le service en 1735 à raison de ses blessures. Il mourut en 1773.

988. Bastard (Jean-Pierre de), baron d'Estang, seigneur de Caupene, volontaire au même régiment, fut blessé très-dangereusement à la bataille de Parme, et obligé alors de quitter le service.

989. Bastard (Antoine de), capitaine au même régiment et chevalier de Saint-Louis, blessé en différentes actions, perdit un bras d'un coup de canon à la journée du 9 août 1746, où le général Gotta fut obligé de repasser le Tidon. Cette blessure le força à demander sa retraite. Il mourut le 7 janvier 1780.

990. Bastard (Jean-Dominique de), dit *le baron de Saint-Denis*, chevalier de Saint-Louis, capitaine au régiment de Mailly, depuis Guyenne ; fut blessé à la bataille de Rocoux, en 1746, et à celle de Rosbach, en 1757

Les Bastard, originaires de Guienne, ont encore des représentants.

—

991. Basterot (le sieur de), cornette au régiment de Saluces, tué à la bataille de Rocoux, en 1746.

992. BASTIDE (le seigneur de la), lieutenant de la compagnie de gens de pied du seigneur, depuis maréchal de Monluc, fut grièvement blessé en 1528 au siége de Capistrano, près d'Ascoli, en voulant monter à l'assaut. *Il étoit père* (dit encore Monluc) *des Savaillans qui sont aujourd'huy, un des vaillans gentilshommes qui fussent dans notre armée.* (*Voy.* DE SAVAILLAN.)

993. BASTIDE (le seigneur de la), tué à la bataille d'Arnay-le-Duc en 1570.

994. BASTIDE (le seigneur de la), capitaine des gardes du duc de Joyeuse, fut tué à la bataille de Coutras en 1587.

995. BASTIDE (le seigneur de la), premier capitaine de la garnison, et commandant à Metz pendant la détention de M. de Montcassin, y fut inhumé dans la grande église, le 18 février 1590, huit jours après la bataille donnée contre les Lorrains, où il avoit été blessé à mort.

996. BASTIDE (le sieur de la), lieutenant au régiment de Champagne, blessé au siége de Luxembourg en 1684.

997. BASTIDE (le sieur de la), capitaine au régiment de Mailly, blessé au siége de Fribourg en 1744, et à l'affaire de l'Assiette en 1747.

998. BASTIDE-CHATEAUMORANT (le chevalier la), enseigne de vaisseau du port de Brest, mort sur l'*Hermionne*, le ... 1750.

Famille dont les descendants habitent la Charente.

999. BASTIE (le sieur de la), enseigne au régiment de Champagne, tué en 1627 à la descente des Anglois dans l'isle de Rhé. (*Mercure* de 1627.)

1000. BASTIE (le sieur de la), capitaine au régiment de Normandie, blessé au secours de Woërden en 1672.

1001. BASTILLE (le capitaine la), capitaine au régiment de Picardie, blessé au siége de Sancerre en 1573.

1002. BASTIN (Jean de), lieutenant de galères, blessé de deux coups de mousquet au combat des quinze galères de France contre pareil nombre de celles d'Espagne, en 1638.

1003. BASTIN (André Colombi de), lieutenant dans les volontaires bretons, tué au siége de Berg-op-Zoom en 1747.

1004. BASTINE (le sieur de la), gendarme de la garde du roy, tué au combat de Leuze en 1691.

1005. BASTONNIER (le sieur), lieutenant au régiment de Normandie, blessé au secours de Woërden en 1672.

1006. BASTONVILLE (le sieur de), chevau-léger de la garde du roy, blessé au siége de Mons en 1692.

1007. BATAILLE-DE-MÉRY (Charles-Louis), chevalier, lieutenant au régiment du Roy-Cavalerie, ci-devant Archine, avec rang de capitaine, blessé à la bataille de Minden en 1759; quitta le service en 1779. (*Voy.* DE MERRY, si toutefois cette mention concerne cette famille.)

1008. BATARDERIE (le seigneur de la), guidon du seigneur de la Boulaye, fut tué au service du roy en 1586. (*Voy.* DE THOU.)

1009. BATARNAY (Claude de), baron d'Anton, *jeune homme d'un très-grand courage*, dit M. de Thou, fut tué à la bataille de Saint-Denis en 1567, combattant avec beaucoup de valeur auprès du connétable de Montmorency, son oncle maternel.

1010. BATINE (le sieur de), capitaine au régiment royal des Vaisseaux, tué à la bataille de Laufeldt en 1747.

1011. BATSALLE (le sieur de), lieutenant au régiment de Navarre, blessé au siége de Prague en 1742.

1012. BATTANCOURT (le sieur de), capitaine au régiment de Champagne, tué en 1638, au siége du château de Renty.

1013. BATTE (le sieur de la), lieutenant au régiment de Marcieu-Cavalerie, tué à la bataille de Minden en 1759.

1014. BATUT (ISAAC du), seigneur de la Gaarigue, ayde des camps et armées du roy et capitaine des gardes du maréchal de la Force, tué d'un coup de canon à la prise de la demi-lune de Danvilliers en 1637.

—

1015. BATZ (Charles de), seigneur de Laubidat, capitaine au régiment de Jonzac-Infanterie, fut blessé et estropié au service du roy, d'après une attestation du colonel de ce régiment du 29 décembre 1666.

1016. BATZ-DE-CASTELMORE (Charles de), dit le *comte d'Artagnan*, capitaine-lieutenant de la première compagnie des mousquetaires, conseiller d'État d'épée et ambassadeur en Angleterre, fut tué au siége de Mastrick en 1673.

1017. BATZ (Utérin-Gaspard de), seigneur de la Lanne, baron de la Peyre, chevalier de Saint-Louis, capitaine aux gardes françoises et brigadier des armées du roy, mort de ses blessures à la bataille de Fontenoy en 1745.

—

1018. BAVALAN (le chevalier de), capitaine au régiment de Mailly, depuis Guyenne, tué au siége d'Aire en 1710.

1019. BAUDE DE LA VIEUVILLE (Etienne-Auguste), chevalier de Saint-Louis, capitaine aux gardes françoises avec rang de colonel, obtint en 1745 une pension de 800 francs, motivée sur ses services et ses blessures.

—

1020. BAUDÉAN (Louis de), seigneur de Parabère, tué au siége de Pampelune en 1521.

1021. BAUDÉAN (Jean de), comte de Parabère, maréchal de France et chevalier des ordres du roy, mourut de ses blessures le 14 décembre 1622.

1022. BAUDÉAN (Charles de), seigneur de Nouvillan, capitaine de cavalerie et gouverneur de Niort, tué à la bataille de Lens, sous Louis XIV. (*Voy.* DE BEAUDÉAN, s'il y a rapport avec cette maison.)

—

1023. BAUDEMONT (le sieur de), capitaine au régiment de Mailly, depuis Guyenne, blessé à la bataille de Rosbach en 1757.

1024. BAUDEQUIN DE VILLENEUVE. (*Voy.* un article de ce nom au mot VILLENEUVE.)

1025. BAUDIN DE GALEMBÉRT (Joseph de), dit le chevalier de Boisrenard, chevalier de Saint-Louis, lieutenant-colonel du régiment de Mailly et brigadier des armées du roy, blessé à la bataille de Rosbach en 1757.

1026. BAUDIN DE BOISRENARD (le chevalier de), aussi chevalier de Saint-Louis et capitaine au même régiment, blessé à la même bataille.

1027. BAUDINÉ (le seigneur de), tué au siége de Metz en 1552. (De Thou.)

1028. BAUDOT (le sieur), blessé par l'effet d'une mine au siége du fort Saint-Philippe, en 1756 : y reçut aussi un coup de fusil à l'épaule.

1029. BAUDOT (Jean de), brigadier des gardes du corps, reçut plnsieurs blessures aux combats de Leuze et de Steinkerque en 1691 et 1692, et eut le bras emporté d'un coup de canon à la bataille de Malplaquet en 1709.

1030. BAUDOT (Louis de), son frère, garde du corps du roy, tué au combat de Leuze en 1691.

—

1031. BAUDOIN. (*Voy.* BEAUDOIN.)

1032. BEAUDOIN DE SOUPIRE (Fidèle-Séraphin), seigneur de Soupire, chevalier de Saint-Louis, capitaine aux gardes françoises avec rang de colonel, blessé à la bataille d'Ettingen en 1743.

1033. BAUDRAIN D'AISNE (le). (*Voy.* D'AISNE.)

1034. BAUDRAIN DE BELLOY (le). (*Voy.* DE BELLOY.)

—

1035. BAUFREMÉ (le seigneur de), colonel du régiment de son nom, tué au siége de Landau en 1704.

1036. BAUFREMÉ (le seigneur de), son frère, colonel du même régiment, tué à l'attaque de Bruxelles en 1708.

—

1037. BAUFREMONT (Liébaut de), maréchal de Bourgogne, tué à la bataille de Pont-en-Vendin en 1303, où il commandoit les troupes bourguignones.

1038. BAUFREMONT-BULLIGNÉVILLE (Humbert de), tué en 1368 dans une guerre contre l'évêque de Metz.

1039. BAUFREMONT (le seigneur de) fut tué à la bataille d'Azincourt en 1415.

1040. BAUFREMONT (Nicolas de), baron de Sennecey, grand prévôt de France, chevalier de l'ordre du roy, conseiller en son conseil privé, gouverneur d'Auxonne et bailly de Chalon, fut blessé à la bataille de Jarnac en 1569 et retiré sous un tas de morts. — Il mourut le 10 février 1582.

1041. BAUFFREMONT-VIENNE (Anne de), gentilhomme ordinaire de la chambre du roy, tué devant Villemor par les reistres, vers 1590.

1042. BAUFREMONT (Claude de), baron de Sennecey, chevalier de l'ordre du roy, gentilhomme ordinaire de sa chambre; conseiller en son conseil privé, capitaine de 50 hommes d'armes de ses ordonnances, lieutenant général au gouvernement de Bourgogne, gouverneur d'Auxonne, bailly et gouverneur de Chalon, blessé à la bataille de Moncontour en 1569, mourut en 1596.

1043. BAUFREMONT (Henry de), marquis de Sennecey, chevalier des ordres du roy, conseiller d'État d'épée, maréchal de camp, lieutenant général au gouvernement de Bourgogne, gouverneur de Mâcon et d'Auxonne, gouverneur et bailly de Chalon et ambassadeur en Espagne, mourut en 1622 d'une blessure qu'il reçut au siége de Royan.

1044. BAUFREMONT (Jean-Louis de), marquis de Sennecey, comte de Randan, mestre de camp du régiment de Piémont, se distingua à la prise d'Almenas en catalogne en 1643 et fut tué à la bataille de Marphée en 1641.

1045. BAUFREMONT-SENECEY (Henri-Claude-Charles-Roger de), marquis de Senecey, gouverneur d'Auxonne, de Chalon-sur-Saône et de Mâcon, contribua à la défaite de 1,200 Croates de l'armée du cardinal-infant, près d'Aire, et mourut en 1641 des blessures qu'il avoit reçues au siége d'Arras.

1046. BAUFREMONT-VIENNE (Claude-Charles de), marquis de Listenois, baron de Clairvaux, colonel d'un régiment d'infanterie, tué en 1651, à Ornans, dans une émeute.

1047. BAUFREMONT (Claude-Paul de), marquis de Listenois, colonel du régiment de Listenois-Dragons, et d'un autre régiment d'infanterie, mort le 4 octobre 1674, des blessures qu'il reçut à la bataille d'Ensheim.

1048. BAUFREMONT (Jacques-Antoine de), marquis de Listenois, chevalier de l'ordre de la Toison d'or et de l'ordre de Saint-Louis, colonel du régiment de Listenois-Dragons, puis maréchal de camp, grand bailly d'aval, en Franche-Comté, blessé dangereusemeut à Manderkingen sur le Danube, en 1703, le fut encore en 1704, à la défense des lignes de Schellemberg, près de Donavert, et fut tué au siége d'Aire en 1710.

1049. BAUFREMONT (Louis-Bénigne, marquis de) et de Listenois, son frère, chevalier de Saint-Louis et de la Toison d'or, sous-lieutenant des gendarmes bourguignons, puis colonel d'un régiment de dragons et brigadier des armées du roy, blessé en 1704, à la défense des lignes de Schellemberg, et en 1709 à la bataille de Malplaquet, mourut le 18 juillet 1763.

—

1050. BAULI (le sieur de), enseigne au régiment de Persan, blessé au siége de Philisbourg en 1644. (*Mercure* de 1644.)

1051. BAUMAIN (le sieur), lieutenant au régiment de Reding (Suisse), blessé à la bataille de Rosback en 1757.

—

1052. BAUME (Guillaume de la), seigneur de l'Abbergement, chevalier, conseiller, chambellan ordinaire du roy, mourut en 1360 des blessures qu'il reçut au siége de Carignan.

1053. BAUME (Aimon de la), tué à la bataille de Verneuil en 1424.

1054. BAUME (le bâtard de la), tué à la bataille de Crevant en 1423.

1055. BAUME-MONTREVEL (Emmanuel-Philibert de la), gentilhomme ordinaire de la chambre du roy et des ducs d'Anjou et d'Alençon, fut tué en Flandre d'un coup de mousquet au talon, servant dans l'armée du duc d'Alençon.

1056. BAUME (Antoine de la), comte de Montrevel, marquis de Saint-Martin-le-Châtel, baron de Marbos, gentilhomme ordinaire de la chambre du roy, capitaine de 50 hommes d'armes de ses ordonnances, maréchal de camp, colonel général de l'infanterie, premier gentilhomme de la chambre du duc de Savoye, grand écuyer et lieutenant général au gouvernement de Bourgogne, tué au siége de Vesoul en 1595.

1057. BAUME (Claude-François de la), comte de Montrevel, chevalier des ordres du roy, conseiller d'État d'épée, mestre de camp du régiment de Champagne, maréchal de camp, gouverneur de Sauveterre et d'Oléron, mourut le 31 may 1621 d'une mousquetade qu'il reçut au siége de Saint-Jean-d'Angely en forçant les barricades du faubourg Taillebourg ; le roy étant venu le voir après sa blessure, le comte de Montrevel luy dit : *Je ne me repens pas, Sire, d'avoir vécu, puisque je meurs pour V. M., ny de mourir, n'ayant vécu que pour elle ; j'eusse bien pû vivre plus longtemps, mais non pas plus glorieusement : ainsy puissent vivre et mourir mes enfants !* Il mourut entre les bras du roy.

1058. BAUME (Ferdinand de la), comte de Montrevel, chevalier des ordres du roy, capitaine de cent hommes d'armes de ses ordonnances, conseiller d'État d'épée, lieutenant général en Bresse et dans le Charolois, et précédemment mestre de camp du régiment de Champagne, grièvement blessé d'une mousquetade à la cuisse au siége de Royans, en 1622. Mourut le 20 novembre 1678.

1059. BAUME (Guillaume de la), mourut à Saverne des blessures qu'il reçut à la bataille de Nortlingue en 1645.

1060. BAUME (Charles-François de la), comte de Brancion, marquis de Saint-Martin, capitaine au régiment de la reyne (cavallerie), blessé au voyage d'Artois, en 1645, près du fort de Waten, mourut en 1666.

1061. BAUME (Nicolas-Auguste de la), marquis de Montrevel, maréchal de France, chevalier des ordres du roy, commandant en chef en Alsace et en Franche-Comté, fut grièvement blessé d'un coup de mousquet à la cuisse, dans une rencontre en 1668, et reçut encore plusieurs blessures, entr'autres un coup de sabre au visage, au passage du roy, en 1672. Il mourut à Paris, le 11 octobre 1716.

1062. BAUME (Jacques-Marie de la), comte de Brancion, marquis de Saint-Martin, comte de Montrevel, mestre de camp d'un régiment de cavalerie et brigadier des armées du roy, tué à la bataille de Nerwinde, en 1693.

1063. BAUME (N... de la), comte de Montrevel, capitaine de cavallerie, fut tué dans les guerres d'Italie, en 1701.

1064. BAUME (Nicolas-Auguste de la), son frère, comte de Montrevel, chevalier de Saint-Louis, ancien guidon de gendarmerie, puis mestre de camp d'un régiment de cavallerie et maréchal de camp en 1734, reçut à la bataille de Calcinato, en Italie, en 1706, quatorze blessures de fer et de feu à la tête et aux mains qu'il eut toutes hachées, et un autre coup qui lui perça le corps de part en part sous la mamelle. Il mourut le 13 janvier 1740.

—

1065. BAUME (François de la), comte de Suze et de Rochefort, baron de Lers, chevalier des ordres du roy, gentilhomme ordinaire de sa chambre, conseiller en son conseil privé, capitaine de cinquante hommes d'armes de ses ordonnances, grand amiral des mers du Levant, gouverneur et lieutenant général pour S. M. en Provence, général des troupes du Comtat et gouverneur d'Avignon, blessé d'un coup de pique qui lui effleura le cou au siége de Metz, en 1552, mourut en 1587 des blessures qu'il reçut en reprenant la ville de Montélimart sur les Huguenots.

1066. BAUME (Rostaing de la), son fils aîné, comte de Suze, fut blessé et fait prisonnier à la prise de Montélimart, en 1587.

1067. BAUME DE SUZE (Ferdinand de la), son autre fils, tué en 1577, en montant à l'assaut au siége d'Issoire.

1068. BAUME (Rostaing de la), comte de Suze, gentilhomme ordinaire de la chambre du roy, capitaine de cent hommes d'armes de ses ordonnances, maréchal de camp et bailly des montagnes du Dauphiné, mort au siége de Montpellier, en 1622.

1069. BAUME DE SUZE (François de la), chevalier de Malte, tué d'un coup de mousquet au siége de Leucate, en 1637, à la tête du régiment de Languedoc.

1070. BAUME (Aymé de la), comte de Rochefort, mestre de camp d'un régiment d'infanterie, mort au siége de Turin, en 1640, où il commandoit l'arrière-ban de Dauphiné.

1071. BAUME (le sieur de la), lieutenant au régiment de Champagne, blessé en 1625, à la descente de l'Isle de Rhé.

1072. BAUME (de la). (*Voy.* de la BAUME.)

—

1073. BAUME-LE-BLANC (Laurent de la), seigneur de la Vallière, tué au siége d'Ostende, en 1602.

1074. BAUME-LE-BLANC (Louis de la), seigneur de Boële, tué au siége de Damvilliers, en 1637.

1075. BAUME-LE-BLANC (Charles de la), seigneur de la Gasserie, capitaine au régiment de Navarre, tué au siége de Spire.

1076. BAUME-LE-BLANC (François de la), son frère, chevalier de la Vallière, chevalier de Malte, capitaine au même régiment, puis sergent de bataille à l'armée de Catalogne, gouverneur de Flix, maréchal de camp, capitaine d'une compagnie de cent chevaux-légers et mestre de camp d'un régiment d'infanterie de son nom, fut tué au siége de Lérida, en 1647, ayant été nommé lieutenant général pour commander l'armée de Catalogne, après le retour du prince de Condé en France.

1077. BAUME-LE-BLANC (Charles-François de la), duc de la Vallière, pair de France, lieutenant général des armées du roy, menin de monseigneur le duc de Bourgogne depuis Dauphin, mestre de camp, général de la cavalerie légère de France, gouverneur et sénéchal du Bourbonnois, reçut plusieurs coups de sabre sur la tête, à la bataille d'Hochstet, en 1704, et plusieurs coups de feu dans ses habits; il y eut aussi un cheval tué sous luy.

—

1078. BAUNIÈRES (le sieur de), chevalier de Saint-Louis, capitaine au régiment de Champagne, fut blessé à la bataille de Guastalla, en 1734, et au siége de Mästrick, en 1748.

—

1079. BAUPTE (Pierre de), seigneur de Contrepont, garde du corps du roy, reçut plusieurs blessures au siége du Châtelet, sous Louis XIII, en montant des premiers à la brèche des Enfants perdus.

1080. BAUPTE (Ange-Félix de), seigneur de Saint-Manvieu et du Hamel, dit le chevalier de Contrepont, lieutenant de frégate, quitta le service sous Louis XV, à raison de ses blessures.

—

1081. Baure (le sieur de), Béarnois d'origine, capitaine au régiment de Piémont, officier fort expérimenté, tué dans une sortie devant la Rochelle, en 1627.

1082. Baure (le sieur de), lieutenant au régiment de Provence, blessé à la bataille de Rosback, en 1757.

—

1083. Baussorcière (le sieur de la), capitaine au régiment de Rouërgue, blessé à la bataille de Minden, en 1759.

1084. Bautelo (le capitaine), blessé au siége de Bois-le-Duc, en 1629. (*Mercure* de 1629.)

—

1085. Bautru (Armand de), comte de Nogent, maître de la garde-robe du roy, maréchal de camp et lieutenant général en Auvergne, tué et noyé au passage du Rhin, en 1672.

1086. Bautru (Nicolas de), marquis de Vaubrun et de Tremblay, mestre de camp des carabins de France, lieutenant général des armées du roy, gouverneur de Philippeville et commandant en Alsace, à Brisack, à Philisbourg et à Béfort, blessé d'un coup de pistolet, en 1675, tué en la même année, au combat d'Altenheim.

—

1087. Bauve (le sieur de la), enseigne au régiment de Champagne, blessé en 1627 à la descente des Anglois dans l'Isle de Rhé, mourut quelques jours après.

1088. Bauze (le sieur du), capitaine au régiment de Mailly, blessé à la bataille de Rosback, en 1757.

1089. Baveux (Jérôme), seigneur de Marvelize, chevalier de

Saint-Louis, capitaine de grenadiers, avec rang de lieutenant-colonel au régiment de Béarn, blessé à l'affaire de Mêle, en 1745.

1090. BAYARD (le sieur), lieutenant au régiment de Wittmer (Suisse), blessé à la bataille de Rosback en 1757.

1091. BAYENCOURT (le seigneur de), capitaine des gardes du maréchal d'Humières, tué au siége de Haen en 1595.

—

1092. BAYLENS (Bertrand de), baron de Poyanne, chevalier des ordres du roy, capitaine de cinquante hommes d'armes de ses ordonnances, gouverneur d'Acqs, lieutenant général et commandant en la sénéchaussée des Lannes, blessé à la main droite à la prise de Mont-de-Marsan en 1580.

1093. BAYLENS (Charles-Léonard de), marquis de Poyanne, chevalier des ordres du roy, lieutenant général de ses armées, mestre de camp, lieutenant et inspecteur du régiment des carabiniers de Monsieur, gouverneur de d'Acqs et de Saint-Sever, et sénéchal des Landes, blessé d'un coup de feu et de bayonnette à la bataille de Minden en 1759, mourut en 1781.

1094. BAYON (le sieur de), mousquetaire de la garde du roy, tué au siége de Mons en 1691.

1095. BAYS (le sieur de), tué en Italie où il commandoit le régiment de Lyonnois.

1196. BAZAN (Jean-René), marquis de Flamanville, chevalier de Saint-Louis, lieutenant général des armées du roy en 1704 et ancien capitaine de gendarmerie, blessé à la bataille de Marsaille en 1693.

1097. BAZAN (Charles-Mathieu), comte de Flamanville, capitaine-enseigne des gendarmes d'Anjou, tué à la même bataille. (*Voy.* de FLAMMENVILLE.)

1098. BAZELAIRE DE LESSEUX (N....... de), lieutenant au régiment de Champagne, tué à la bataille de Creweldt en 1758.

1099. BAZIGNAN (le chevalier de), chevalier de Saint-Louis, capitaine de grenadiers au régiment d'Auvergne, blessé dangereusement à la bataille de Minden 1759.

1100. BAZILLAC (le seigneur de), de la compagnie du duc de Nemours, *brave gentilhomme*, dit l'historien de Bayard, et que ce prince aimoit beaucoup, etc., eut le bras emporté d'un coup de canon à la bataille de Ravenne en 1512.

—

1101. BAZIN (Jacques), seigneur de Bezons, maréchal de France, chevalier des ordres du roy, gouverneur de Cambray et conseiller du conseil de régence, fut estropié au combat de Senef en 1674, et blessé encore au passage de la Secchia; il mourut en 1733.

1102. BAZIN (Jacques-Gabriel), marquis de Bezons, chevalier de Saint-Louis, colonel du régiment de Beaujolais, puis de celui de Bezons-cavalerie, et lieutenant général des armées du roy en 1762, fut grièvement blessé à l'affaire de l'Assiette en 1747; il mourut en 1782.

1103. BAZOCHE DE VAURÉAL, lieutenant de vaisseau du port de Brest, péri sur le *Magnanime* le 22 janvier 1712.

—

1104. BAZORDAN (le capitaine de), mestre de camp et zélé catholique, disent les mémoires du temps, fut tué en 1563 sur la brèche, au siége de Montauban, où il commandoit l'attaque et où il fit des prodiges de valeur. Ce gentilhomme *actif et brave*, dit M. de Thou, s'étant avancé pour reconnoître la brèche qui avoit été faite et le bouclier qu'il portoit ayant été un peu dérangé, il reçut au côté gauche un coup dont il mourut sur-le-champ.

—

1105. Bé (le sieur de), chevalier de Saint-Louis, capitaine au régiment de Saint-Chamond, puis major du fort Barraux, fut blessé à la bataille de Rosback en 1757.

1106. Béarn (Gabriel de), seigneur de Gerderest, fut assiégé dans Orthez en 1569 par le comte de Montgommery, chef des protestants, qui le fit décapiter.

1107. Beau (Vipert) (*ce nom paroit altéré dans les Annales d'Aquitaine*), chevalier, tué à la bataille de Poitiers en 1356.

—

1108. Beau de Mascaron, (Pierre), chevalier de Saint-Louis, ayde-major de La Rochelle, eut une jambe emportée d'un boulet de canon à la bataille de Malplaquet en 1709, servant alors dans les gardes du corps : il mourut en 1747.

1109. Beau de Mascaron (Pierre-François), chevalier de Saint-Louis, capitaine au régiment d'Auvergne, commandant à l'île d'Aix et gouverneur de Saint-Maixent, fut blessé à la bataille de Parme en 1734.

1110. Beau de Mascaron (Louis), son frère, chevalier de Saint-Louis et capitaine au même régiment, puis commandant d'un corps de volontaires sous le maréchal de Saxe, mourut à l'âge de 21 ans, le 12 octobre 1746, des blessures qu'il reçut à la bataille de Raucoux où il combattit en héros.

1111. Beaubennes, enseigne de vaisseau du port de Rochefort, mort aux Indes, le..... 1673.

1112. BEAUBRIANT, capitaine de frégate du Port-Louis, mort à la côte de Guinée, commandant le *Philippe-Quint*, qui a péri le..... 1705.

1113. BEAUCAIRAUT (le sieur de), chevalier de Saint-Louis, capitaine aux gardes françoises, tué à la bataille d'Ettingen en 1743.

1114. BEAUCAIRE (N.... de), tué à la bataille de Dreux en 1562.

1115. BEAUCAIRE DE MESSAC (Gérard de), chevalier de Saint-Louis, capitaine de grenadiers au régiment de la Sarre, blessé en 1758 à l'affaire de Carillon en Canada, quitta le service en 1779.

1116. BEAUCARESSE (le sieur de), lieutenant au régiment de Navarre, blessé à la bataille d'Ettingen en 1743.

1117. BEAUCHAMP (le sieur de), cornette au régiment d'Escars, blessé à la bataille de Rosback en 1757.

1118. BEAUCHATEL DE LA MARTINIE (le sieur de), capitaine ayde-major au régiment de la Sarre, fut tué à la bataille de Rubec, le 28 avril 1760.

1119. BEAUCHÊNE (le sieur de), sous-lieutenant au régiment de Navarre, tué à la bataille de Senef en 1674.

1120. BEAUDÉAN (François-Brune de), chevalier de Saint-Louis, chef de bataillon au régiment de Monsieur infanterie avec rang de major, fut blessé au siége de Villefranche en 1747, d'un éclat de bombe à la jambe gauche, et d'un coup de canon à la bataille de Fillinghausen en 1761.

1121. BEAUDÉAN (le sieur de), lieutenant au régiment de Mailly, blessé à l'affaire de l'Assiette en 1747. (*Voy.* de BAUDEAN au cas de rapport avec cette maison.)

1122. BEAUDEMONT (de). (*Voy.* de BAUDEMONT.)

1123. BEAUDOIN (le sieur), lieutenant au régiment de Bourbonnois, blessé au siége de Luxembourg en 1684.

1124. BEAUDRAN (le sieur de), chevalier de Saint-Louis, capitaine de vaisseaux, fut blessé aux deux jambes sur le *Zodiaque,* dans l'escadre du comte d'Aché aux Indes en 1758.

1125. BEAUFERMEL (le sieur de), lieutenant au régiment royal des vaisseaux, blessé au siége de Zuênoy en 1712.

—

1126. BEAUFFORT (Beaudouin de), sire de Saire, de Cessoye et de Brie, chevalier, tué à la bataille de la Massoure en 1249.

1127. BEAUFFORT (Charles de), tué à la bataille de Poitiers en 1356.

1128. BEAUFFORT (Jacques de), tué à la bataille de Nicopolis en 1396.

1129. BEAUFFORT (Jacques de), tué au service du roy Henry IV.

1130. BEAUFORT (Sarrazin de), chevalier, tué à la bataille que le Dauphin, dans le parti duquel il étoit, livra au duc de Bourgogne en 1421.

1131. BEAUFORT (le sieur de), mestre de camp d'un régiment, tué au siége de Nimègue en 1672.

1132. BEAUFORT (de), lieutenant de vaisseau du port de Toulon, mort de ses blessures sur le *Vainqueur,* commandé par M. le bailly de Lorraine, le 8 septembre 1704.

1133. BEAUFORT (le sieur de), mousquetaire du roy de la deuxième compagnie, tué à la bataille d'Ettingen en 1743.

1134. BEAUFORT (le sieur de), capitaine au régiment de Picardie, blessé au siége de Fribourg en 1744.

1135. BEAUFORT (le sieur de), lieutenant dans les volontaires de Flandre, tué à la bataille d'Hastembeck en 1757.

1136. BEAUFORT (Jean-Nicolas de), chevalier de Saint-Louis, capitaine au régiment de Provence, puis major de Gravelines et de Marsal, fut grièvement blessé à la tête à l'attaque des retranchements de Château-Dauphin.

1137. BEAUFORT-MONTBOISSIER (de). (*Voy.* DE MONTBOISSIER.)

—

1138. BEAUFRANCHET (de). (*Voy.* D'AYAT, cette citation concerne cette famille.)

1139. BEAUGINS (le sieur de), premier lieutenant du régiment de la Princesse-Royale au corps des Saxons, blessé à la bataille de Minden en 1759.

—

1140. BEAUHARNOIS DE LA GRILLÈRE (Jacques de), directeur des fortifications de Lérida, en Catalogne, en 1622, fut tué au siége de Casal.

1141. BEAUHARNOIS DE LA BOISCHE (Jacques de), capitaine au régiment du Maine, tué au siége de Mayence sous Louis XIV en 1689.

1142. BEAUHARNOIS DU COLOMBIER DE BEAUVILLE (Guillaume de), chevalier de Saint-Louis et capitaine de vaisseaux, blessé d'un coup de fusil au bras dans un combat naval en 1705, mort sur le *Léopard* le 17 février 1741, au Petit-Gonve, isle Saint-Domingue.

—

1143. BEAUJEU (Erric de), seigneur d'Hermane, mort au siége de Tunis en 1270. (Édit. de Morery de 1759, *article* de cette maison.)

1144. BEAUJEU et DE DOMBES (Édouard, *sire* de), maréchal de France, fut tué au combat d'Ardres en 1351.

1145. BEAUJEU (Guichard de), chevalier, seigneur de Perreux et Semur, en Briennois, tué à la bataille de Poitiers en 1356.

1146. BEAUJEU (le seigneur de), tué au siége de Monbart, qu'il assiégeoit en 1590. « C'étoit, dit M. de Thou, un vieil officier qui depuis longtemps s'étoit distingué par son expérience et son habileté dans la guerre. »

1147. BEAUJEU (le sieur de), lieutenant de la compagnie des Chevaux-légers du duc d'Enghien, fut tué en 1638 au siége de Fontarabie. (*Mercure* de 1638.)

1148. BEAUJEU (Eugène de), commandeur de l'ordre royal et militaire de Saint-Louis, maréchal de camp et gouverneur des Invalides, eut le talon emporté d'un coup de canon au siége de Fribourg ; il fut encore blessé en deux autres occasions et mourut en 1730.

—

1149. BEAULAC (le capitaine), lieutenant du seigneur de Tilladet, fut blessé au siége de Saint-Damian en 1551.

1150. BEAULAIGUE (le seigneur de), est cité dans les mémoires imprimés à Bâle en 1776 au nombre des *braves et vaillants hommes* de la France, tués en 1573 au siége de La Rochelle où il avoit des commandements.

1151. BEAULIEU (Richard de), chevalier, tué à la bataille de Poitiers en 1356.

1152. BEAULIEU (le sieur de), lieutenant au régiment de Navarre, blessé à l'attaque des retranchements des ennemis devant Woërden en 1672.

1153. BEAULIEU (de). (*Voy.* LE CAMUS DE BEAULIEU.)

1154. BEAULIEU (le sieur de), officier au régiment de Champagne, blessé en 1627 à la descente des Anglois dans l'isle de Rhé, mourut de ses blessures.

1155. BEAULIEU (Pierre-Paul de), seigneur de Ruzé et de Razac, mourut des blessures qu'il reçut au siége de Montauban en 1621 : de vingt frères qu'il avoit, onze furent tués au service ; mais on n'a pas les circonstances de leur mort.

1156. BEAULIEU-RUZÉ (Barthélemy de), seigneur de Razac, chevalier de l'ordre du roy et capitaine de galères, fui tué en 1638, près de Gènes, au combat des quinze galères de France contre pareil nombre de celles d'Espagne.

1157. BEAULIEU (le sieur de), ingénieur, eut le bras droit emporté d'un coup de canon au siége de Philisbourg en 1644. (*Mercure* de 1644.)

1158. BEAULIEU (le sieur de), officier au régiment de Navarre, blessé à la bataille de Cassel en 1677.

1159. BEAULIEU (le sieur de), lieutenant au régiment de Guyenne, tué au siége de Luxembourg en 1684.

1160. BEAULIEU (le sieur de), lieutenant aux gardes françoises, tué à la bataille de Ramillies en 1706.

1161. BEAULIEU (Charles de), dit le *marquis de Bethomas*, capitaine-lieutenant des gendarmes anglois et gouverneur du Pont-de-l'Arche, tué à la bataille de la Marsaille en 1693.

1162. BEAULIEU (le sieur de), lieutenant de vaisseau, fut blessé sur le *Sphynx* dans le combat du bailly de Suffren aux Indes, près de Negapatnam, le 6 juillet 1782, contre sir Edward Hugues.

1163. BEAULIEU (le sieur de), officier au régiment de la Martinique, blessé au bras gauche en 1780 dans le combat du comte de Guichon, près de la Martinique, contre l'amiral Rodney.

1164. BEAULIEU TYVAS DU PLESSIS, lieutenant de vaisseau du port de Toulon, périt à la côte d'Espagne sur l'*Hirondelle*, commandée par M. le marquis d'Estrées, capitaine de vaisseau, le 5 février 1683.

1165. BEAUMAILLARD (le sieur de), lieutenant au régiment de Navarre, blessé au siége de Fribourg en 1744. (*Voy.* DE BOISMAYARD que l'on a tout lieu de croire le même que celuy-ci.)

1166. BEUMAINNIL (le seigneur de), fut tué à la bataille d'Azincourt en 1415.

—

1167. BEAUMANOIR (Jean de), marquis de Lavardin, comte de Négrepelice, baron de Tucé, maréchal de France, chevalier des ordres du roy, gentilhomme ordinaire de sa chambre, capitaine de cent hommes d'armes de ses ordonnances, conseiller en son conseil privé, ambassadeur en Angleterre, gouverneur de Poitou, du Perche, du Maine et de la ville de Saint-Denys en France, fut grièvement blessé au siége de Domfront en 1574; et à peine guéri de ses blessures, il fut percé de trois arquebusades à celuy de Saint-Lô, en la même année; il fut encore blessé au combat d'Aumale en 1592 et mourut au mois de novembre 1614.

1168. BEAUMANOIR (Toussaint, sire de), baron du Pont et de Rostrenan, vicomte du Fou, du Besso et de Coëtmir, chevalier de l'ordre du roy, capitaine de cinquante hommes d'armes de ses ordonnances et maréchal de ses camps et armées, mort à Rennes le 12 mars 1590, d'une blessure qu'il avoit reçue devant Ancenis.

1169. BEAUMANOIR (Martin de), baron de Millesse, tué au siége de Saint-Jean d'Angely en 1621.

1170. BEAUMANOIR (Claude de), seigneur de Launne, dit le *marquis de Lavardin*, mestre de camp du régiment de Piémont, blessé à mort au siége de Saint-Antonin en 1622.

1171. BEAUMANOIR (Henry de), marquis de Lavardin, comte de Beaufort ou Vallée, maréchal de camp, mourut au mois de juillet 1644, d'un coup de mousquet qu'il reçut à la hanche au siége de Gravelines.

1172. BEAUMANOIR (Emmanuel-Henry de), marquis de Lavardin, colonel de cavalerie et lieutenant-général en Basse-Bretagne, tué à la bataille de Spire en 1703.

—

1173. BEAUMART (le sieur), lieutenant au régiment de Piémont, blessé à la bataille de Berghen en 1759.

1174. BEAUME (le sieur de la), sous-lieutenant au régiment de Navarre, tué au combat de Senef en 1674.

1175. BEAUME, originaire de Provence, capitaine de brûlot tué sur le *Fendant*, commandé par M. Guieste, le 21 novembre 1705.

1176. BEAUMEFORT (de), lieutenant de vaisseau du port de Rochefort, mort sur l'*Emporté*, commandé par M. de Grosbois, le ... 1704.

1177. BEAUMENIL (le sieur de), capitaine au régiment royal Comtois, blessé à la cuisse gauche au siége du fort Saint-Philippe en 1756.

—

1178. BEAUMONT (Louis, *vicomte* de), baron de Sainte-Suzanne, tué à la bataille de Cocherel en 1364.

1179. BEAUMONT (François de), seigneur de Rioux, gentilhomme ordinaire de l'hôtel du roy, tué à la bataille de Pavie en 1525.

1180. BEAUMONT (Jean de), dit le *brave Beaumont*, maréchal de camp, général dans l'armée navale de Philippe Strozzi, fut tué en 1582 à la bataille des Açores.

1181. BEAUMONT (François de), baron des Adrets, chevalier de l'ordre du roy, gentilhomme ordinaire de sa chambre, et colonel des légionnaires de Dauphiné, de Provence, de Lyonnois, de Languedoc et d'Auvergne, blessé d'une arquebusade à la main au siége de Naples en 1528, reçut encore trois blessures au siége de Wlpian en 1555. Il mourut en 1587. Son nom fut la terreur des catholiques lors des guerres de religion, et il exerça contre eux des cruautés inouïes.

1182. BEAUMONT-D'AUTICHAMP (Charles de), seigneur de Miribel, lieutenant du roy à Angers, fut blessé en 1645 dans une bataille en Catalogne, vraisemblablement celle de Liorens, et mourut le 15 may 1692.

1183. BEAUMONT (Antoine de), seigneur de Saint-Pierre et de Férié, lieutenant au régiment de Saint-Ciergue-Cavalerie, fut blessé en 1658 dans les guerres d'Italie, d'un coup de feu à la main gauche, dont il perdit le poignet.

1184. BEAUMONT (Gratien de), seigneur de la Boissière, mousquetaire du roy de la 1re compagnie en 1667, fut tué au service, en Hollande, avant l'an 1679.

1185. BEAUMONT (Pierre de), seigneur de Montaud, lieutenant au régiment de Maulevrier, dangereusement blessé à la bataille de Steinkerque en 1692, mourut en 1742.

1186. BEAUMONT (Guillaume de), lieutenant de dragons, tué avant la guerre de 1701.

1187. BEAUMONT (Jérôme de), lieutenant au régiment de Saulx, tué à la bataille de Luzarn en 1702.

1188. BEAUMONT-D'AUTICHAMP (Laurent-François de), mestre de camp d'un régiment de cavalerie, obtint du roy en 1702 une pension de 800 fr., motivée sur les blessures qu'il avoit reçues à son service, et mourut le 25 juillet 1718.

1189. BEAUMONT (Simon-Armand de), comte de la Roque, seigneur du Repaire, capitaine au régiment de Béarn, blessé à la bataille d'Ettingen en 1743, mourut le 9 octobre 1775, âgé de près de soixante-dix-sept ans.

1190. BEAUMONT (Louis de), son frère, chevalier du Repaire, chevalier de Saint-Louis, capitaine au régiment de Richelieu, depuis Rohan, fut aussi grièvement blessé à la même bataille d'Ettingen.

1191. BEAUMONT (Louis-Joseph de), seigneur d'Autichamp, dit le *marquis d'Autichamp*, chevalier de Saint-Louis, colonel-lieutenant du régiment d'Enghien et lieutenant du roy en Anjou, fut tué à la bataille de Laufeldt en 1747.

1192. BEAUMONT (Jean-Thérèse-Louis de), son fils, dit aussy le *marquis d'Autichamp*, chevalier grand-croix de l'ordre royal et militaire de Saint-Louis, cy-devant colonel du régiment d'Autichamp, puis maréchal de camp, commandant en second le corps de la gendarmerie, lieutenant du roy de la province d'Anjou et premier écuyer de S. A. S. Mgr le prince de Condé, eut un cheval tué sous luy d'un coup de bayonnette à une attaque de différents corps ennemis du côté de Minden, où il donna les plus grandes preuves de sa valeur en 1762.

1193. BEAUMONT (le sieur de), capitaine au régiment d'Enghien, blessé de deux coups à la tête à la bataille d'Hastembeck en 1757.

1194. BEAUMONT (le sieur de), capitaine au régiment de Navarre, blessé au combat de Senef en 1674 et à la bataille de Cassel en 1677.

1195. BEAUMONT (le sieur de), sous-brigadier des gardes du corps, blessé à la bataille de Malplaquet en 1709.

1196. BEAUMONT (le marquis de), fut blessé dans la campagne de 1674, servant sous M. de Turenne.

1197. BEAUMONT (le sieur de), capitaine au régiment de Rohan, puis dans celuy de Berry, blessé à la bataille de Rosback en 1757.

1198. BEAUMONT (le vicomte de), lieutenant au régiment de Normandie, tué à la bataille de Clostercamps en 1760.

1199. BEAUMONT D'ANGLARD (le sieur de), chevalier de Saint-Louis, capitaine au régiment de Bourbonnois, blessé à l'affaire d'Exiles en 1747, fut tué au combat de Warbourg en 1760.

1200. BEAUMONT D'ANGLARD (le chevalier de), lieutenant au même régiment, fut tué aussy dans le même combat.

—

1201. BEAUNE (Charles de), vicomte de Tours, tué en 1581 au siége de Cateau-Cambrésis.

1202. BEAUNIÈRE (de). (*Voy.* de BAUNIÈRES.)

1203. BEAUPLAN (le sieur de), lieutenant au régiment de Béarn, tué à la bataille d'Ettingen en 1743.

—

1204. BEAUPOIL (Jacques), chevalier de Saint-Louis, capitaine au régiment de Béarn, blessé dans une sortie à Lintz, le 16 janvier 1742, et au siége d'Ipres en 1744, le fut encore au combat de Warbourg en 1760, et à la bataille de Johansberg en 1762.

1205. BEAUPOIL (Jean de), seigneur de Saint-Aulaire, conseiller, maître d'hôtel ordinaire du roy, capitaine de Mazière en Limosin, de Benon et de la Tour en Auvergne, fut blessé à la bataille de Pavie en 1525.

1206. BEAUPOIL (François de), lieutenant au régiment de Lambertye, tué au siége de la Mothe en Lorraine.

1207. BEAUPOIL DE SAINT-AULAIRE (François de), seigneur de la Rigaudie, capitaine d'une compagnie de chevau-légers, fut blessé de deux balles à la jambe droite et eut un cheval tué sous luy à la bataille de Lens, il mourut dans l'intervalle des années 1669 et 1673.

1208. BEAUPOIL DE SAINT-AULAIRE (Hélie de), seigneur du Peyrat, capitaine au régiment de Sauvebeuf-Infanterie, fut tué dans une affaire sous Louis XIV.

1209. BEAUPOIL DE SAINT-AULAIRE (Jean-Charles de), capitaine au régiment du roy, puis brigadier de ses armées, tué à la bataille de Saint-Denis en 1678.

1210. BEAUPOIL DE SAINT-AULAIRE (Antoine de), capitaine

au régiment de Vivonne-Cavalerie, tué au siége de Mortare, en Italie, en 1658.

1211. BEAUPOIL DE SAINT-AULAIRE (N..... de), lieutenant au régiment Royal-des-Vaisseaux, tué à la bataille de Luzara en 1702.

1212. BEAUPOIL DE SAINT-AULAIRE (Daniel de), colonel du régiment de Saint-Aulaire-infanterie, mort au siége de Turin en 1706.

1213. BEAUPOIL (Louis de), marquis de Saint-Aulaire, chevalier de Saint-Louis, colonel du régiment d'Enghien, puis maréchal de camp, tué au combat de Rumersheim, dans la haute Alsace en 1709.

1214. BEAUPOIL DE SAINT-AULAIRE (Charles de), chevalier de la Luminade, capitaine au régiment de Louvigny-Infanterie, tué dans les guerres de Hollande, étoit alors dans le régiment du roy, d'après une attestation du comte de Polastron, lieutenant général, du 5 janvier 1705.

1215. BEAUPOIL DE SAINT-AULAIRE (Antoine de), baron de la Luminade, chevalier de Saint-Louis, capitaine de grenadiers au régiment de Berry, puis dans celui de Royal-Cravatte, fut blessé d'un coup de fusil qui lui perça les deux cuisses, en poursuivant les ennemis dans les montagnes en Piémont, d'après un certificat du maréchal de Catinat du 22 novembre 1704 et suivant un autre du comte de Polastron, du 5 janvier 1705; il fut encore blessé au siége de Cambray d'un coup de baïonnette dans le corps, à la tête de vingt grenadiers, à la prise d'une demi-lune, servant alors comme lieutenant au régiment du roy.

1216. BEAUPOIL DE SAINT-AULAIRE (N... de), chevalier de Saint-Louis et major de vaisseaux, fut blessé dans le combat du bailly de Suffren, aux Indes, devant Trinquemalay, le 3 septembre 1782, contre sir Edward Hugues.

1217. BEAUPRÉAU (le sieur de), chevalier de Saint-Louis, commandant au fort du Zuène, en Canada, tué à l'affaire du 9 juillet 1755.

1218. BEAUPUIS (le sieur de), commandant la compagnie de chevau-légers du duc d'Épernon, fut blessé au siége de Fontarabie en 1638. (*Mercure* de 1638.)

—

1219. BEAURAINS DE MONTMORT (Antoine de), chevalier de Saint-Louis et capitaine au régiment de Penthièvre, eut le bras cassé d'un coup de feu à la défense de Prague en 1742, et fut encore blessé à la bataille d'Ettingen en 1743.

1220. BEAURAINS DU PLESSIS (Joseph de), mousquetaire du Roy de la 2e compagnie, mort à Lille le 12 juillet 1744, des blessures qu'il reçut à la bataille d'Ettingen.

—

1221. BEAUREGARD (le seigneur de), commandant de l'infanterie de l'avant-garde au combat de Sablé en 1590, y fut blessé.

1222. BEAUREGARD (le sieur de), capitaine au régiment de Picardie, fut blessé au siége de Woerden en 1672, et au combat de Senef en 1674.

1223. BEAUREGARD (le sieur de), lieutenant au régiment de Champagne, blessé au siége de Luxembourg en 1684.

1224. BEAUREGARD (le sieur de), chevalier de Saint-Louis et chef de bataillon au régiment de Picardie, blessé à la bataille de Parme en 1734.

1225. BEAUREGARD (le sieur de), chevalier de Saint-Louis et capitaine au régiment de Normandie, blessé à la bataille de Clostercamps en 1760.

1226. BEAUREGARD (le seigneur de), l'un des principaux officiers de l'armée au siége de La Rochelle en 1573, y fut blessé. (De Thou.)

—

1227. BEAUREPAIRE (Henry-François de), comte de Louvagny, chevau-léger de la garde du roy, blessé au combat de Leuze en 1691, fut tué au service en Flandres le 15 juillet 1693.

1228. BEAUSAULT (de). (*Voy.* DE MONTMORENCY.)

—

1229. BEAUSOBRE (Samuel de), capitaine au régiment de Courten-Suisse, tué à la bataille de Fontenoy en 1745.

1230. BEAUSOBRE (François-Vincent de), lieutenant au régiment de la Marck, blessé à la bataille de Rosback en 1757, mourut de ses blessures en 1762.

1231. BEAUSOBRE (le sieur de), lieutenant des chasseurs de Monet, fut blessé à la bataille de Grobenstein le 24 août 1762.

—

1232. BEAUSOLEIL (le sieur de), lieutenant au régiment de Normandie, blessé au siége de Roses en 1645.

1233. BEAUSSIER. Enseigne de vaisseau du port de Toulon, tué au combat d'Agouste le 21 avril 1676.

1234. BEAUSSIER DE CHATEAUVERT (François de), seigneur de Chaulane, chevalier de Saint-Louis, chef d'escadre des armées navales, fut blessé le 26 juillet 1756, d'un éclat qui porta sur sa jambe gauche dans le combat qu'il soutint, à son retour de Québec, contre l'escadre angloise.

1235. BEAUSSIER D'EYRAUD, capitaine de vaisseau du port de Toulon, capitaine d'artillerie, tué sur le *Monarque* le 11 février 1748.

1236. BEAUVAIS (COLARD *Châtelain de*). Ce doit être celuy qui sous cette dénomination de *Châtelain de Beauvais*, est cité parmi ceux qui furent tués en 1352 dans un combat contre les Anglois, près de Mauron en Bretagne.

1237. BEAUVAIS (N... de), dit *le Brave*, lieutenant de la

compagnie des gendarmes du seigneur de Sainte-Mesme, fut tué à la retraite de Romagnano en 1524.

1238. BEAUVAIS (le sieur de), capitaine au régiment de Persan, eut le bras droit emporté d'un boulet de canon au siége de Philisbourg en 1644. (*Mercure* de 1644.)

1239. BEAUVAIS. (le sieur de), capitaine au régiment de Guyenne, tué au siége d'Aire en 1710.

1240. BEAUVAIS (le sieur de), fils, gendarme de la garde du roy, blessé au combat de Leuze en 1691.

1241. BEAUVAIS (le sieur de), lieutenant au régiment de Bourbonnois, blessé au siége d'Ypres en 1744, mourut peu de jours après.

1242. BEAUVAIS DES ANGLES (Guillaume de), lieutenant d'infanterie, fut tué en Flandres par un parti de hussards (l'on présume que ce fut sous Louis XIV.)

—

1243. BEAUVARLET (Charles de), seigneur de Druent, capitaine d'infanterie, fut anobli par lettres patentes du roy du mois d'avril 1676, motivées sur ses services et sur ses blessures.

1244. BEAUVAU (Foulques de), seigneur de Beauvau, chevalier, fut tué dans la guerre contre les infidèles avant l'an 1200.

1245. BEAUVAU (René de), seigneur de Beauvau, chevalier, connétable du royaume de Naples, y mourut en 1266 des blessures qu'il y reçut.

1246. BEAUVAU (Pierre de), chevalier, seigneur du Riveau et de la Bessière, conseiller, chambellan ordinaire du roy et premier chambellan du comte du Maine, mourut trois jours après la bataille de Castillon, en 1453, des blessures qu'il y reçut.

1247. BEAUVAU (François de), seigneur du Riveau, tué à la bataille de Jarnac, en 1569.

1248. BEAUVAU (François de), seigneur de Noirlieu, cornette du duc de Bouillon, tué au siége de Bois-le-Duc, en 1630.

1249. BEAUVAU (Jean de), seigneur de Sanges, tué à la bataille d'Ivry, en 1590.

1250. BEAUVAU (Jacques de), seigneur du Riveau et de la Bessière, chevalier des ordres du roy, fut blessé par un parti de ligueurs, près de Poitiers, et en mourut au mois de mars 1592.

1251. BEAUVAU (Charles de), seigneur de Bignipont, fut aveuglé d'un coup de pistolet, dans les guerres de Louis XIV.

1252. BEAUVAU DE NOIRLIEU (Jacques-Charles de), mestre de camp d'un régiment de cavallerie, fut tué en 1649, au siége de Paris où il commandoit la cavallerie. Mademoiselle de Montpensier en parle dans ses mémoires comme d'un homme de grand mérite.

1253. BEAUVAU (Martin, marquis de), exempt des gardes du corps, eut le pied brisé d'un fourneau que les ennemis firent jouer au siége de Mastrick en 1673, et fut tué l'année suivante au combat de Senef, de trois coups de mousquet qu'il reçut, deux aux mains et un à la tête.

1254. BEAUVAU DE RIVARENNES (Jacques de), son frère, chevalier de Beauvau, capitaine-lieutenant des gendarmes de Philippe, duc d'Orléans, fut tué à la bataille de Cassel, en 1677, où il donna les plus grandes preuves de valeur.

1255. BEAUVAU (Claude-Charles de), marquis de Tigny, mousquetaire du roy, fut blessé à la bataille de Fleurus, en 1690.

1256. BEAUVAU DE TIGNY (Charles-René de), son frère, tué à la bataille de la Marsaille, en 1693.

1257. BEAUVAU (Joseph de), chevalier de Malte, tué aussy dans les guerres de Louis XIV.

1258. BEAUVAU-LE-RIVAU (le chevalier), lieutenant de vaisseau du port de Rochefort, mort à la Havanne sur le *Bourbon*, commandé par Blenac, le 15 ou 25 juillet 1702.

1259. BEAUVAU (Paul de), capitaine des gardes du corps de la compagnie des carabiniers du duc de Bavière et gentilhomme de la Clef d'or, fut tué à la bataille d'Hocshtet, en 1704.

1260. BEAUVAU (Louis-Antoine, marquis de), chevalier de Saint-Louis, colonel du régiment de la Reine-Cavalerie, puis maréchal de camp, fut tué en se rendant maître du chemin couvert d'Ipres, en 1744. Il fut fort regretté des troupes comme capable de commander un jour des armées ; c'étoit un des plus curieux antiquaires de son temps, homme d'esprit et d'une grande probité. Tel est l'éloge que les historiens de son époque en font.

1261. BEAUVAU (Charles-Just, prince de) et du Saint-Empire, maréchal de France, grand d'Espagne, chevalier des ordres du roy, capitaine des gardes du corps, gouverneur en chef de Provence, gouverneur de Bar-le-Duc, grand bailly d'épée et gouverneur de Lunéville, grand maître de la maison du roy Stanislas ; blessé d'un coup de mousquet à la cuisse au siége de Prague en 1742, le fut encore à l'attaque du pont de Casal-Bayano en 1746, mort en 1793.

1262. BEAUVAU (Ferdinand-Jérôme, marquis de), son frère, d'abord chevalier de Malte, puis chevalier de Saint-Louis, maréchal de camp et inspecteur de la cavallerie, fut tué en 1744 à la prise du chemin couvert d'Ipres.

1263. BEAUVAU (Alexandre de), marquis de Craon, son autre frère, colonel du régiment de Hainaut, fut tué à la bataille de Fontenoy en 1745.

—

1264. Beauverger de Cordebeuf (Jean-François de), comte de Montgon, chevalier de Saint-Louis, lieutenant général des armées du roy, fut foulé sous les pieds des chevaux et eut un cheval tué sous luy à la surprise de Crémone, en 1702. Il fut encore blessé en la même année, à la bataille de Luzarn, et mourut en 1730.

1265. Beauvezé (le sieur de), mestre de camp d'un régiment, tué au combat de Sintzim, en 1674.

1266. Beauvigny (le sieur de), chevau-léger de la garde du roy, tué à la bataille d'Ettingen, en 1743.

1267. Beauville (le seigneur de), beau-frère du maréchal de Monluc, eut un cheval tué sous luy dans une sortie qu'il fit sur les ennemis, lors des guerres de religion.

1268. Beauville (le chevalier de), capitaine au régiment de Rohan, blessé à la bataille de Rosback, en 1757.

1269. Beauvilliers (Adam de), seigneur de Morsant et du Plessis-Menard, chevalier, fut tué à la bataille de Poitiers en 1356.

1270. Beauvilliers (Jean de), dit *Bourles*, seigneur de la Ferté-Hubert, gouverneur de Blois et de Dunois, fut tué en 1428 d'un coup de flèche ou de vireton, en défendant son château de la Ferté-Hubert, assiégé par les Anglois.

1271. Beauvilliers (Claude de), comte de Saint-Aignan, baron de la Ferté-Hubert, chevalier de l'ordre du roy, l'un de ses chambellans, gentilhomme ordinaire de sa chambre, conseiller en son conseil privé, capitaine de cent hommes d'armes de ses ordonnances, chambellan, chef et surintendant des conseil, maison et affaires du duc d'Alençon, gouverneur de Berry et de Bourges, d'Anjou, du Perche, de Caen, de Bayeux, de Vire, de Falaise, de la Ferté-Bernard, d'Alençon et de Château-Thierry : blessé au siége de La Rochelle en 1573, fut tué à la journée d'Anvers, en 1583.

1272. BEAUVILLIERS (Hercule de), son fils, comte de Saint-Aignan, chambellan du duc d'Alençon, fut blessé en 1583 à l'entreprise d'Anvers, et mourut le 23 février de cette année.

1273. BEAUVILLIERS (François de), duc de Saint-Aignan, pair de France, conseiller d'État d'épée, chevalier des ordres du roy, lieutenant général de ses armées, premier gentilhomme de sa chambre, commandant en Berry, gouverneur de Touraine et des villes de Tours, de Loches, de Beaulieu et du Havre et capitaine des gardes du corps de Gaston, duc d'Orléans, fut considérablement blessé au visage à la défaite de Vaudrevange, en 1635, et à la cuisse au siége de Dolle en 1636; il mourut à Paris le 16 juin 1687. On lit dans les lettres d'érection du duché-pairie de Saint-Aignan, du mois de décembre 1663, que dans 14 campagnes où il s'étoit signalé par des actions mémorables, il avoit reçu 20 blessures, au nombre desquelles il faut ajouter encore celle qu'il reçut au bras d'une mousquetade et d'un éclat de grenade au siége de Gravelines en 1644, et un autre coup de mousquet à l'épaule à celuy de Château-Porcien, en 1653.

1274. BEAUVILLIERS (Pierre de), son fils, chevalier de Saint-Aignan, fut tué au passage du Raab, en 1664, après y avoir donné des preuves de la plus grande valeur et s'étant enveloppé dans son drapeau pour le défendre.

1275. BEAUVILLIERS (François de), son autre fils, comte de Sery, colonel du régiment d'Auvergne et premier gentilhomme de la chambre du roy, reçut un coup de flèche au bras, au combat de Saint-Godard, en 1664, et mourut à Paris le 1er octobre 1666.

1276. BEAUVILLIERS (Paul-Hippolyte de), duc de Saint-Aignan, pair de France, chevalier des ordres du roy, brigadier de ses armées, premier gentilhomme de la chambre du duc de Berry, ambassadeur en Espagne, puis à Rome, conseiller au conseil de la régence, gouverneur du Havre, de Loches et de Beaulieu, et grand bailly du pays de Caux, fut grièvement blessé à la bataille de Malplaquet, en 1709.

1277. BEAUVILLIERS (Paul-Louis, duc de), chevalier de Saint-Louis, mestre de camp du régiment de Beauvilliers-Cavalerie et brigadier des armées du roy, mort à Leipsick des blessures qu'il reçut à la bataille de Rosback, en 1757.

1278. BEAUVOIR (Pierre de), seigneur de Bellefontaine, chevalier, tué à la bataille d'Azincourt en 1415. Il étoit bailly de Vermandois.

1279. BEAUVOIR SUR ANTHIE (le seigneur de), tué à la même bataille en 1415.

1280. BEC DE LA MOTTE SAINT-VINCENT (le sieur de), officier d'infanterie, tué à la bataille de Parme en 1734.

1281. BEC DE LA MOTTE SAINT-VINCENT (le sieur de), son frère, aussi officier d'infanterie, tué à la bataille de Guastall.

1282. BEC (Antoine du), comte de Moret, lieutenant général des armées du roy, fut tué d'un coup de canon au siége de Gravelines, en 1658.

1283. ANTOINE, dit *le chevalier de* Moret (fils naturel du précédent et de Ninon de l'Enclos), fut tué au siége de Lille en 1667.

1284. BEC (François-Réné du), marquis de Vardes, comte de Moret, chevalier des ordres du roy, colonel des Cent-Suisses et gouverneur d'Aigues-Mortes, blessé au siége d'Étampes en 1652, mourut le 3 septembre 1678.

1285. BOURIS (le *marquis* de), enseigne de vaisseau, fut blessé au visage au siége de Carthagène en Amérique, en 1697. (*Voir* DE BOURRY si cette citation concerne la maison du BEC DE BOURRIS.)

1286. Becais de la Caussade (Henry), chevalier de Saint-Louis, capitaine ayde-major au régiment de Normandie, depuis Neustrie, blessé à la bataille de Fontenoy en 1745, et au siége de Berg-op-Zoom en 1747.

1287. Bécancourt (le sieur de), capitaine au régiment de Champagne, tué au siége de Renty en 1638. (*Mercure* de 1638.)

1288. Becaerie de Pavie de Rouer (Raimond de), baron de Fourquevaux, chevalier de l'ordre du roy, gentilhomme ordinaire de sa chambre, conseiller en son conseil privé et ambassadeur en Espagne, blessé d'un coup de pique au front à l'assaut de Pavie en 1527, le fut encore très-grièvement à la bataille de Marciano en 1554. Il mourut à Narbonne en 1574.

1289. Becaerie de Pavie (Paul-Gabriel de), marquis de Fourquevaux, colonel du régiment de Fourquevaux-Cavalerie, reçut plusieurs blessures en 1697 au combat de Saint-Salon en Catalogne, et mourut à Strasbourg, le 31 octobre 1704, des blessures qu'il reçut à la bataille d'Hochtet.

1290. Becdelièvre (Réné de), seigneur de Saint-Georges, dit le *marquis de Saint-Georges*, colonel-lieutenant du régiment du roy et brigadier de ses armées, tué en 1678 à la bataille de Saint-Denis où il se signala.

1291. Becdelièvre (François-Alexandre de), chevalier d'Hocqueville, capitaine au régiment de la Vieille-Marine, tué à la bataille de Cassano en 1705.

1292. Becdelièvre (Henry de), son frère, chevalier de Brumare, garde de la marine, tué au combat naval de Malaga en 1704.

1293. Becdelièvre (Pierre de), son autre frère, sous-lieutenant aux gardes françoises, fut tué à Tournay en 1697 avec les regrets d'un régiment.

1294. BECDELIÈVRE (Charles, Gilles et Claude de) frères, furent tués dans les guerres de Louis XIV.

1295. BECDELIÈVRE (le chevalier de), maréchal de logis de la 1re compagnie des mousquetaires, et mestre de camp de cavalerie, fut blessé à une jambe à la bataille de Fontenoy en 1745.

1296. BECDELIÈVRE (le chevalier de), enseigne de vaisseau, du port de Brest, mort sur le *Northumberland*, le ... 1746.

1297. BECDELIÈVRE (Gabriel-François-Louis, chevalier de), lieutenant au régiment d'Enghien, puis capitaine dans les volontaires de Dauphiné, blessé dangereusement d'un coup de feu à travers les deux épaules, à la bataille d'Hastembeck, en 1757.

1298. BECDELIÈVRE (Antoine-Louis de), seigneur de Belair et de Piruit, garde de la marine, périt avec le vaisseau *le Thésée*, commandé par M. de Kersaint, dans le combat du 20 novembre 1759, entre le maréchal de Conflans et l'amiral Hawke.

Famille illustre de Bretagne dont il reste des représentants.

1299. BECEANCOURT, enseigne de vaisseau du port de Rochefort, mort au Mississipy, commandé par M. Traversier, le ..... 1704.

1300. BECHET DE BIARGE (Marie-Pierre-Célestin), chevalier de Saint-Louis, capitaine au régiment de Piémont, fut blessé à la bataille de Minden, en 1759, et ne voulut jamais abandonner sa compagnie, quoique renversé d'un boulet de canon qui lui mit son chapeau en pièces et lui causa les plus violentes douleurs à la tête.

1301. BECVAN DE LA SALLE, enseigne de vaisseau, mort en France, prest à s'embarquer, le ... 1696.

1302. BEDIGNY (le sieur de), capitaine au régiment de Picardie, blessé dangereusement à la bataille de Lens, en 1648.

1303. BEDÉ DE MAURVILLE, capitaine de brûlot du port de Rocheforf, mort sur le *Magnifique*, commandé par M. Belleisle Gérard le 18 octobre 1704.

1304. BEDIÉ (le sieur de), enseigne aux gardes françoises. mort des blessures qu'il reçut à la bataille d'Ettingen en 1743,

1305. BÉDOYÈRE (La), capitaine de vaisseau du port de Brest, tué, commandant le *Monarque*, le 25 octobre 1747.

1306. BEGEOT (Claude-Hiacinthe), chevalier de Saint-Louis, lieutenant au régiment de Lana, puis dans les chasseurs de Franche-Comté, blessé de plusieurs coups de sabre à la tête et d'un coup de feu à la main à la bataille de Seindershausen, en 1758.

1307. BÈGUE (le comte), chevalier de Saint-Louis, capitaine de vaisseau, fut blessé sur le *Magnanime*, qu'il commandoit dans le combat du comte de Grasse, près de la Martinique, contre l'amiral Rodney au mois d'avril 1782.

1308. BÈGUE (le sieur le), premier lieutenant, avec rang de capitaine au régiment de Penthièvre-Dragons, blessé à la bataille de Rosback en 1757.

1309. BEHEREL (le sieur de), lieutenant de grenadiers au régiment de Cambresis, blessé au siége de Savannah, en 1776.

1310. BEHO (le baron de), lieutenant au régiment d'Alsace, blessé à la bataille de Clostercamps, en 1760.

1311. BEILLARD DE DESPLAS (Jean-François de), chevalier de Saint-Louis, chef de bataillon avec rang de major au régiment de Vivarais, cy-devant Brissac, blessé à la bataille de Rosback en 1757, quitta le service en 1779.

1312. BEINS (le sieur de), capitaine au régiment Royal-des-Vaisseaux, blessé au siége de Namur, en 1692.

—

1313. BEL (le sieur le), capitaine au régiment de Piémont, tué au siége de Limbourg en 1675.

1314. BEL (N... le), marquis de la Boissière, capitaine aux gardes françoises, tué à la bataille de Saint-Denis, en 1678. (*Voy.* ci-après un la Boissière, aussy capitaine aux gardes, qui fut tué à celle de Cassel en 1677. Seroit-il de la même famille?)

1315. BEL DE LA BERTHONNIÈRE (le chevalier le), chevalier de Malte, tué au siége de Tournay, servant dans Royal-Artillerie.

—

1316. BELART (le sieur), lieutenant au régiment de Courten-Suisse, blessé à la bataille de Fontenoy, en 1745.

1317. BELCASTEL (les sieurs de), frères, tous deux capitaines au régiment de la Ferté, tué à la prise de Montmédy, en 1657.

1318. BELCASTEL DE SAINT-ETIENNE (le sieur de), leur frère, lieutenant de vaisseau, tué aussy au service.

1319. BELCASTEL (Jean-Louis de), autre frère, seigneur de Ferrière, connu sous le nom de *Montsabés*, lieutenant au régiment de Louvigny, tué pareillement au service le 11 septembre 1681.

1320. BELCIER DE MATECOULON (Jean de), ayde major et capitaine aux régiments de Briqueville et de Soissonois, et chevalier de Saint-Louis, blessé à la bataille de Clostercamps en 1760.

1321. BELDI (le sieur), enseigne de la compagnie Colonelle du régiment des gardes suisses, tué au siége de Dunkerque en 1658.

1322. BELESBAT (le sieur de), capitaine au régiment de Champagne, tué au combat de Steinkerque en 1692. (*Voyez* de BELLEBAT et BERTHELOT.

1323. BELESTA (le sieur de), chevalier de Saint-Louis, capitaine de grenadiers du bataillon d'Artois, tué à l'attaque du 8 juin 1758, du côté de la Cormorandière, dans la baye de Gabarus.

1324. BELESTA (le chevalier de), capitaine au régiment de Champagne, tué à la bataille de Steinkerque en 1692.

—

1325. BELGIOJOSO (Louis, comte de), conseiller, chambellan ordinaire du roy et capitaine d'une compagnie d'hommes d'armes de ses ordonnances, fut blessé en deux endroits au visage à la bataille de Pavie, en 1525, où il commandoit 3,000 hommes d'infanterie et deux escadrons. Il quitta depuis le service de France et fut fait gouverneur général de l'État de Milan, puis vice-roy de Sicile; il mourut de poison à Milan, âgé de trente-six ans. Il étoit de l'ancienne famille italienne de ce nom.

—

1326. BELHADE (le sieur de), fut blessé en 1746 dans un combat contre le général Trips.

1327. BELHADE (Charles de), chevalier de Saint-Louis, capitaine au régiment de Piémont, blessé aux batailles de Berghen et de Minden, en 1759.

—

1328. BELHUMEUR (le sieur de), officier au régiment de Normandie, tué au siége de Berg-op-Zoom en 1747.

1329. BELI (le capitaine Martin), officier suisse, tué au combat de Marcianno en 1554.

1330. BELIN DE LA GARENTIÈRE, enseigne de vaisseau du port de Brest, mort à Saint-Domingue sur l'*Emporté*, le ... 1791.

chevalier de Saint-Louis, lieutenant-colonel du régiment d'Orléans-Infanterie, blessé à la bataille de Raucoux en 1746. Il quitta le service en 1772.

1332. Bellimont (de), enseigne de vaisseau du port de Toulon, tué à la coste de Gennes sur le..., le ... décembre 1684.

—

1333. Bellay (Giraut du), seigneur de Montreuil-Bellay, fut tué à Angers en 1066.

1334. Bellay (du), Hue ou Hugues du Bellay, seigneur du Bellay, chevalier, tué à la bataille d'Azincourt en 1415.

1335. Bellay (Bertrand du), fils du précédent, tué comme lui à la bataille d'Azincourt.

1336. Bellay (Jean du), seigneur du Bellay, conseiller chambellan ordinaire du roy, tué à la bataille de Crevant en 1423.

1337. Bellay (Pierre du), son frère, tué à la bataille de Verneuil en 1424.

1338. Bellay (Nicolas du), tué au siége de Naples en 1528.

1339. Bellay (Jacques du), colonel de 1,000 hommes de pied, tué au siége de Sassari, en Sicile.

1340. Bellay (du), enseigne de la compagnie des gendarmes du duc de Guise, tué à la bataille de Dreux, en 1562.

1341. Bellay (Pierre du), baron de Thouarcé, chevalier de l'ordre du roy et capitaine de 50 hommes d'armes de ses ordonnances, mort le 24 février 1592 des blessures qu'il reçut au siége de Rouen.

—

1342. Belle (le sieur du), chevau-léger de la garde du roy, blessé à la bataille d'Ettingen en 1743.

1343. Bellebat (le sieur de), capitaine au régiment de

Guienne, tué en 1711 à l'attaque du chemin couvert de Douay. (*Voyez* de Belesbat et Berthelot.)

1344. Belle-Épine (le sieur de), capitaine au régiment de Picardie, blessé en 1647 dans une escarmouche.

1345. Bellefonds (Henry de), chevalier de Saint-Louis, lieutenant-colonel, réformé à la suite de colonel-général de dragons, brigadier des armées du roy, lieutenant de roy, de Gravelines, puis du Château-Trompette, à Bordeaux, blessé aux batailles de Cassel et de Saint-Denis en 1677 et 1678; mourut en 1717.

1346. Bellefont (le sieur de), lieutenant au régiment de Champagne, blessé à la bataille de Guastalla en 1734, et au siége de Namur en 1746.

—

1347. Belleforière (Ponthus de), seigneur de Belleforière, chevalier de l'ordre du roy, gentilhomme ordinaire de sa chambre, guidon de la compagnie de 100 hommes d'armes du marquis d'Elbœuf, chambellan du duc d'Alençon et gouverneur de Corbie, tué, en 1580, à la surprise de cette ville par M. d'Humières.

1348. Belleforière (Robert de), seigneur d'Olizy, gouverneur de Bohain et capitaine d'une compagnie de chevau-légers tué au siége de Cambray en 1594.

1349. Belleforière (Maximilien de), seigneur de Thun Saint-Martin, aussi capitaine d'une compagnie de chevau-légers, tué au siége de Cambray, comme le précédent, en 1594.

1350. Belleforière (Thibaud de), mort à la bataille de Rocroy en 1643.

1351. Belleforière (Charles de), comte de Tupigny, tué au siége de Bar-le-Duc en 1649.

1352. Belleforière (Jean-Maximilien de), marquis de Soyecourt, colonel du régiment de Vermandois, tué à la bataille de Fleurus en 1690.

1353. Belleforière (Adolphe de), son frère, chevalier de Soyecourt, capitaine-lieutenant des gendarmes-dauphins, fut très-grièvement blessé à la bataille de Fleurus en 1690. Ce fut là où les ennemis, sans avoir égard à l'état pitoyable où l'avoit réduit sa blessure, après l'avoir entièrement dépouillé, lui lièrent les mains derrière le dos et le forcèrent, en le frappant, de faire six lieues à pied sans que sa blessure pût être étanchée d'un linge, ce qui lui fit perdre son sang et l'affoiblit au point qu'il en mourut le lendemain.

—

1354. Bellegarde (le seigneur de), capitaine d'une compagnie de cavallerie, tué au combat d'Arnay-le-Duc en 1570 (de Thou).

1355. Bellegarde (le sieur de), capitaine au régiment de Bretagne, blessé en 1756, au siége du fort Saint-Philippe.

1356. Bellegarde (Pierre-Joseph de), sous-ayde major au régiment d'Enghien, fut grièvement blessé à la bataille de Berghen en 1759. C'est probabl ment luy qui fut depuis sous-ayde major de Nancy et chevalier de Saint-Louis.

1357. Belle-Isle-Peron (de), capitaine de vaisseau du port de Toulon, mort au service, sur l'*Isle-de-France*, le 19 octobre 1670.

—

1358. Bellejoyeuse (de). (*Voyez* de Belgiojoso.)

1359. Bellemare (le sieur de), tué à la bataille de Malplaquet en 1709.

1360. Bellemare (Nicolas de), chevalier de Saint-Louis, capitaine au régiment des Genssins, mort de plusieurs blessures qu'il reçut à la bataille de Laufeldt en 1747.

—

1361. BELLEFUCHE (le sieur de), capitaine au régiment de Picardie, blessé au bras dans une attaque en 1647.

1362. BELLÈRE DE BONNEVEAU (Joseph-Charles), chevalier de Saint-Louis, lieutenant-colonel et ancien chef de brigade au corps royal d'artillerie, reçut une blessure à la bataille de Sundershausen en 1758.

1363. BELLEROY (le sieur de), lieutenant de la mestre de camp du régiment de Picardie, tué à l'expédition de Gigery en 1664.

—

1364. BELLEVAL (Hémond de), chevalier, tué à la bataille de Poitiers, le 19 septembre 1356. (Bouchet, *Annales d'Aquitaine*, 4e partie, fol. 15. *Note mss. de Villers de Rousseville.*)

1365. BELLEVAL (Baudoin de), chevalier, chambellan du duc de Bourgogne, tué à la bataille d'Azincourt, le 25 octobre 1415. (Monstrelet.)

1366. BELLEVAL (Pierre de), chevalier, dit le chevalier de Belleval, capitaine de chevau-légers au régiment de Fienne-cavalerie, tué à la bataille de Fontenoy, le 11 mai 1745. (Archives de la famille de Belleval.)

1367. BELLEVAL (Louis-Antoine de), chevalier, seigneur de Teuffles, Angerville, Raimesnil, Emonville et Franqueville, capitaine au régiment de Toulouse-cavalerie, eut la moitié de la main droite emportée à la bataille de Malplaquet, le 11 septembre 1709. (Etats de service aux Archives du ministère de la guerre.)

1368. BELLEVAL (Etienne de), chevalier, capitaine au régiment du roi, infanterie, chevalier de Saint-Louis, tué à la bataille de Parme, en 1734. (Etats de service aux Archives du ministère de la guerre.)

1369. BELLEVAL (Hugues de), écuyer, seigneur de Floriville,

hommes d'armes des ordonnances du roi dans la compagnie de Rubempré, tué à la bataille de Jarnac, le 13 mars 1569. (Archives de la famille.)

1370. BELLEVILLE (Claude de), seigneur de Fumel, tué à la bataille de Coutras en 1587.

De Thou le nomme *Charles* : mais n'auroit-il pas confondu ici cet officier avec le baron de Fumel, de la maison de ce nom, qui, en effet, fut tué à cette bataille?

1371. BELLEVILLE (le sieur de), capitaine au régiment de Normandie, fut emporté d'un boulet de canon au siége de Grave en 1674.

1372. BELLEVILLE LA PROUSSIÈRE, lieutenant de vaisseau du port de Port-Louis, pery sur le *Fendant,* commandé par M. de la Verune avec M. de Roquemador le 18 avril 1713.

—

1373. BELLI (Charles de), seigneur des Eschelles, mort en Piémont d'une blessure qu'il reçut en 1638 au siége de Verceil.

1374. BELLI DES ESCHELLES (François de), son neveu, seigneur de Gerlan, mourut sous les armes, servant dans la compagnie de Briord-la-Serra.

1375. BELLI (Claude de), eut les jambes emportées d'un coup de canon en Flandres; il avoit un frère qui mourut dans les guerres de Piémont.

Famille originaire du Dauphiné.

—

1376. BELLIARD (François), seigneur de Durond, chevalier de Saint-Louis, capitaine avec rang de major au régiment de Picardie, eut deux contusions à une jambe à la bataille d'Hastembeck en 1757, et quitta le service en 1777.

1377. BELLIÈRE (le vicomte de la), tué à la bataille d'Azincourt en 1415.

1378. Bellis (Joseph-Jean-Baptiste-Thomas de), mort des blessures qu'il reçut au siége de Fribourg en 1713.

—

1379. Bellisle (le sieur de), capitaine au régiment de Piémont, tué au combat d'Oudenarde en 1708.

1380. Bellisle (le sieur de), lieutenant au régiment de Mailly, blessé à l'affaire de l'Assiette en 1747.

—

1381. Bellissen (le chevalier de), lieutenant au régiment de Normandie, tué à la bataille de Clostercamps en 1760.

—

1382. Belloc (le sieur de), lieutenant au régiment de Brissac, blessé en 1757 à la bataille de Rosbach.

1383. Belloc (le sieur de), capitaine au régiment de Vatan, reçut un coup de feu à la tête à la bataille de Minden en 1759.

Famille originaire du Béarn.

—

1384. Bellodier (le sieur), lieutenant au régiment de Picardie, blessé au combat de Senef en 1674.

—

1385. Bellon (le sieur de), mousquetaire de la garde du roy, tué au siége de Mastrick en 1673.

1386. Bellon (le sieur de), capitaine au régiment de Mailly, depuis Talaru, blessé au siége du fort Saint-Philippe en 1756.

—

1387. Bellonière (le sieur de la), chevalier de Saint-Louis, chef de bataillon au régiment de Champagne, fut blessé en 1744 à l'attaque des retranchements de Suffelsheim et et à celle des lignes de Veissembourg.

—

1388. Bellot (le sieur de), lieutenant au régiment de Normandie, tué au siége de Grave en 1674.

1389. BELLOT DE CHAMPAUX (le sieur de), capitaine au régiment de Beauvoisis, blessé à la bataille de Rosback en 1757.

—

1390. BELLOY (le *Baudrain* de), chevalier de l'ancienne noblesse de Picardie, tué à la bataille d'Azincourt en 1415.

1391. BELLOY (Guyot de), seigneur pe Belloy et d'Amy, tué à la bataille de Verneuil en 1424. On lit, en effet, dans les chroniques d'Enguerrand de Monstrelet, que le seigneur de Belloy et son frère périrent dans cette bataille.

1392. BELLOY (Theseus de), seigneur de Saint-Martin, capitaine au régiment de Navarre, gouverneur du Crotoy, chevalier de l'ordre du roy, gentilhomme ordinaire de sa chambre et l'un de ses maîtres d'hôtel, mourut des blessures qu'il reçut au siége de Montpellier en 1622.

1393. BELLOY (Hercule, comte de), capitaine au régiment de la Lande-Dragons, tué en 1688 dans le détachement qui se fit dans le Palatinat.

1394. BELLOY (N.... de), chevalier de Saint-Louis, capitaine de grenadiers au régiment de Navarre, mourut des suites d'une blessure qu'il reçut à la bataille de Raucoux en 1746 (?).

—

1395. BELLOYER (le sieur de), sergent-major au régiment de Navarre, tué au siége d'Aire en 1641.

1396. BELLY (le sieur du), ayde major du régiment de Condé (cavalerie), blessé à la bataille de Minden en 1759.

1397. BELOT (Jean), lieutenant au régiment de Poitou, tué au siége de Mons, sous Louis XIV.

1398. BELOT (le sieur), lieutenant des grenadiers au régiment de Surbeck, fut grièvement blessé à la jambe à l'assaut du château d'Arleux en 1711.

—

1399. BELOUSES (Philibert des), seigneur des Belouses, enseigne au régiment d'Engbien, mort d'une mousquetade qu'il reçut à la tête, à la prise d'Elne, en Roussillon, en 1641.

—

1400. BELSUNCE (Antoine de), de l'ancienne et illustre maison de la province de Navarre, mestre de camp d'un régiment d'infanterie et gouverneur de Puymirol en Agenois, tué au siége de Rouen en 1592 (?).

1401. BELSUNCE (N... de), son frère, colonel du régiment de Belsunce dans les troupes hollandoises alliées à la France, et gouverneur d'Ostende, fut tué dans une action, commandant l'avant-garde de l'armée du prince d'Orange.

1402. Trois frères de cette maison, successivement colonels du régiment de Belsunce, furent tués au service sous Louis XIII, ou au commencement du règne de Louis XIV.

1403. BELSUNCE (Elie de), (qui paroît être l'un des trois précédents), capitaine au régiment de Montpouillan, puis colonel de celuy de Belsunce en 1653, depuis uny à celuy du duc de Modène, en eut toujours le commandemant sous ce prince et fut tué à la tête de ce régiment.

1404. BELSUNCE (N... de), capitaine au régiment de Belsunce, fut tué dans le party du roy en 1652 au combat de la porte Saint-Antoine, où il commandoit les enfants perdus.

1405. BELSUNCE (Jacob de), son frère, capitaine au régiment de Turenne, tué au combat de Sintzim en 1674.

1406. BELSUNCE (N... de), autre frère, lieutenant-colonel des cuirassiers du roy, tué au combat de Sénef en 1674.

1407. BELSUNCE (Armand de), marquis de Castelmoron, chevalier de Saint-Louis, colonel du régiment de Nivernois, puis capitaine-lieutenant des gendarmes de Bourgogne, ensuite de Bretagne, brigadier des armées du roy et commandant la gendarmerie en Flandres pendant la campagne de 1712, mourut de ses blessures le 18 ou le 28 juillet de cette année.

1408. Belsunce (Antoine-Louis, marquis de), chevalier de Saint-Louis, gouverneur et grand sénéchal d'Agenois et de Condomois, mestre de camp du régiment de Belsunce-Dragons en 1764, puis lieutenant-général des armées du roy et menin de monseigneur le dauphin, eut le bras percé d'une balle à la bataille d'Hastembeck en 1757.

1409. Belsunce (le chevalier de), capitaine de frégate du port de Rochefort, mort commandant l'*Aurore*, le 28 octobre 1712.

1410. Belsunce (Dominique, chevalier de), son frère, chevalier de Saint-Louis, capitaine ayde-major au régiment de Flandres, puis colonel d'infanterie, fut blessé à la bataille de Laufeldt en 1747.

1411. Belsunce (Armand, vicomte de), autre frère, chevalier de Saint-Louis, colonel du régiment de Belsunce en 1749, puis lieutenant-général des armées du roy, gouverneur de l'isle d'Oléron, gouverneur de Saint-Domingue et de Bellisle, blessé à la bataille de Lutzelberg en 1758, mourut à Saint-Domingue en 1763 (?).

Illustre famille du Béarn dont il reste des représentants.

—

1412. Benaud de Lubières du Breuil (le sieur de), chevalier de Saint-Louis, lieutenant de galères, eut, sous Louis XIV, le genou fracassé d'un boulet de canon dans un combat livré par six galères à un vaisseau hollandois de 55 canons.

1413. Benavent (Jérôme de), chevalier de Saint-Louis, capitaine au régiment de Champagne, blessé à la bataille de Parme en 1734.

1414. Benci (Giustiniano). On rapporte qu'au siége de Châtellerault en 1569, se voyant sur le point d'être pris, il s'enveloppa dans les plis de son drapeau et y reçut le coup mortel.

1415. Benek (le sieur), ayde-major du régiment de Soubise tué à l'armée en 1761.

1416. Bengy-d'Estrechy (Jean), seigneur du Corbet, capitaine au régiment de la marine, tué au siége de Lerida; mais l'on ne sauroit dire si ce fut à celuy de 1642, ou à celuy qui se fit sous le règne suivant.

1417. Benjamin (le sieur), enseigne aux gardes françoises, tué au siége de Mastrick en 1673.

1418. Benoise (le chevalier de), du port de Brest, capitaine de vaisseau, mort à la Havane sur ... le 7 juillet 1702.

Voy. l'Arm. génér. de Bretagne, de Guyenne, de Paris et de Picardie.

—

1419. Benoist (François), seigneur de la Verarie, brigadier des gardes du corps, blessé au combat de Leuze, en 1691.

1420. Benoist de la Cisternette (François), son neveu, capitaine de cuirassiers, tué au siége de Landau en 1702.

—

1421. Bentivoglio (Valere), colonel général de l'infanterie françoise, tué à la bataille de Marciano en 1554.

1422. Beny (le sieur du), garde de la marine, blessé sur le *Content*, dans l'escadre de M. de la Galissonnière, à l'affaire du 20 may 1756.

1423. Beolon (le cadet de), tué en 1638 au combat des 15 galères de France contre pareil nombre de celles d'Espagne. (*Mercure* de 1638).

—

1424. Béon (Bernard de), baron du Massey, vicomte de Machault, chevalier des ordres du roy, lieutenant-général de ses armées, gentilhomme ordinaire de sa chambre, conseiller en son conseil privé, capitaine de 100 hommes d'armes de ses ordonnances, lieutenant-colonel du régiment des gardes françoises, gouverneur de la Carmagnolle, lieutenant-général au gouvernement d'Angoumois, de Saintonge, de Limousin, de La Rochelle et du pays d'Aunis, fut blessé dans une affaire en Guyenne, ce qui est constaté par un brevet de gratification de mille écus que le roy luy accorda le 12 janvier 1578; il mourut le 13 août 1607.

1425. Béon (Emery-François de), seigneur du Massey et de Lamezan, capitaine-enseigne des gendarmes de la garde, et maréchal de camp, fut tué dans la campagne de 1667, où il servoit comme volontaire. — Un autre du même nom de Massey, capitaine au régiment de Normandie, fut blessé au siége de Coni en 1641, et à celuy d'Orbitello en 1646. — Peut-être est-ce le même?

1426. Béon (François-Augustin, chevalier de), chevalier de Saint-Louis, commandant à Andaye, reçut plusieurs blessures à la bataille de Plaisance.

1427. Berail (le sieur de), lieutenant au régiment de Médoc, blessé d'un coup de fusil au bras au siége du fort Saint-Philippes en 1756.

Armes : parti émanché d'argent et de gueules.

—

1428. Bérard (François), baron de la Croix, lieutenant-colonel du régiment de Normandie et maréchal de camp, blessé au siége de Coni en 1641.

1429. Bérard-Lavaly (le chevalier de), chevalier de Saint-Louis, capitaine au régiment de Béarn, reçut, à la défense du pont de l'isle de Reignac, un coup de sabre qui lui fendit le sourcil gauche, et fut encore blessé à une jambe, à l'affaire du 28 avril sous Zarbec. Il avoit eu un oncle tué à la bataille de Parme, en 1734.

D'azur au lion d'or, à la bande de même, brochant sur le tout, et chargée d'un lion du champ.

—

1430. BÉRARD DE MONTALET DE VESTRIE (Hercules-François de), blessé en 1632 au combat de Castelnaudari, où il commandoit un corps d'infanterie, mourut de ses blessures.

1431. BÉRARD (Jean de), baron de Clairac.

1432. BÉRARD (Jaques-Marcellin de), chevalier de Montalet.

1433. BÉRARD (N... de), baron de Saint-Paul.

Tous trois colonels du régiment de Gâtinois, furent tués au service.

1434. BÉRARD (Christophe de), marquis de Montalet, chevalier de Saint-Louis, major et commandant à Alais, reçut plusieurs blessures et eut deux chevaux tués sous lui dans les guerres de Louis XIV. Il mourut le 11 novembre 1762.

Les Bérard de Villebreuil, de Montalet, en Languedoc, avoient pour armes d'azur à un cor de chasse d'or, lié de même, à la bordure crénelée d'argent.

1435. BÉRARD (Antoine de), baron de Claiene, tué au service sous le règne de Louis XIV.

1436. BÉRARD DU ROURE (Jean-Baptiste de), chevalier de Saint-Louis, capitaine au régiment d'Auvergne et lieutenant pour le roy de Ziegenheim, puis de Collioure, en Roussillon, reçut huit coups de sabre à la retraite de l'électeur d'Hanovre, et fut encore blessé à la tête au combat de Corback, en 1760.

1437. BÉRARD DU ROURE (Jean de), son frère, chevalier de Saint-Louis, enseigne aux gardes françoises, lieutenant des maréchaux de France et gouverneur de Cueuron, en Provence, fut blessé d'un éclat de bombe au siége de Tournay ; il mourut le 18 février 1785.

Illustre famille de Provence, qui tire son origine d'Alphonse de Bérard, de Vaudemont en Lorraine. *Armes :* de gueule à la bande d'argent, accompagnée d'une étoile en chef et d'une rose d'argent en pointe.

1438. BÉRARD (le sieur du), capitaine au régiment de Bretagne, tué à l'expédition de Gibraltar, en 1782.

1439. BÉRAUD (François), seigneur de Puissart, gendarme depuis 1633 jusqu'en 1645, exposa au roy dans une requête qu'il avoit été contraint d'abandonner son service à raison du grand nombre de ses blessures.

Famille du Languedoc établie dans l'Isle de France, le Luxembourg françois et l'Alsace. — D'azur à une bande d'or.

1440. BÉRAUD (François), fils du précédent, seigneur de Choisy, chevalier de Saint-Louis, et lieutenant-colonel du régiment de Brassac, obtint du roy le 12 février 1691 une pension de 500 fr. motivée sur les blessures qu'il avoit reçues à son service.

1441. BÉRAUD DE COURVILLE (Charles-François), chevalier de Saint-Louis, capitaine de grenadiers au régiment de Champagne à la bataille de Parme en 1734.

1442. BÉRAUD-DE-SANNOIS (François-Michel), chevalier de Saint-Louis, aussi capitaine de grenadiers au même régiment, blessé à la bataille de Guastalla en 1734.

1443. BÉRAUD-D'HÔTEL (François-Joseph), ayde-major et capitaine au régiment de Champagne, mort de ses blessures en Bavière en 1735.

1444. BÉRAUD-D'HÔTEL capitaine au même régiment, blessé en 1743 près de Deckendorff, mourut à Straubing peu de jours après.

Même famille.

1445. BÉRAULT-DES-BILLIERS (Claude-François), chevalier de Saint-Louis, capitaine, puis major du régiment de Hainaut, fut blessé deux fois à Coni en 1744, mort en 1745.

D'azur semé de chaussetrappes d'or, au léopard lionné de même, brochant sur le tout.

1446. BERBIER-DU-METZ (Pierre-Claude), seigneur de Chalette, chevalier de l'ordre du roy et de celui de Saint-Lazare, lieutenant général des armées du roy et de l'artillerie de France, gouverneur de la citadelle de Lille et de Gravelines, reçut un coup de canon en plein visage en 1657, et fut plus de dix-huit mois à guérir. Il fut encore blessé au combat de Senef en 1674, et de deux coups de mousquet à la cuisse à la bataille de Saint-Denis en 1678 ; il fut tué d'un pareil coup à celle de Fleurus en 1690. Louis XIV ayant témoigné beaucoup de douleur de sa mort, dit à son frère, garde du trésor royal : *Vous perdés beaucoup, mais je perds encore davantage par la difficulté que j'auray de remplir sa place.* Un jour madame la dauphine l'ayant aperçu au dîner du roy, lui dit tout bas : *Voilà un homme qui est bien laid. — Et moy,* dit le roy, *je le trouve bien beau, car c'est un des plus braves hommes de mon royaume.*

Famille de Champagne ou du moins qui acquit vers la fin du XVIIe siècle le comté de Rosnay, élection de Troyes, seigneur de Rance, de Chalerte, de Corbeil. — *Armes* : d'azur à trois colombes d'argent, 2 et 1.

1447. Berbis (Clément), marquis de Rancy, baron des Barres, capitaine de cavallerie, blessé le 23 juin (ne seroit-ce pas plutôt le 23 juillet?) à la bataille de Sundershausen, près Cassel, 1758, mourut des suites de sa blessure au mois d'août suivant.

1448. Barceau (le sieur de), capitaine au régiment de Piémont, blessé d'un coup de feu au siége de Douay en 1710.

1449. Bercheny (Nicolas-François, comte de), colonel du régiment de Bercheny-hussards, chevalier d'honneur de la cour souveraine de Lorraine et Barrois, grand écuyer et premier gentilhomme de la chambre du roy Stanislas, fut tué au service de Mulhausen, en Allemagne, le 9 février 1762.

Ancienne famille originaire de Transilvanie, où elle s'est alliée aux plus brillantes maisons, — qui vint s'établir en Hongrie en 1633, puis en France en 1712. — Porte : parti au 1er de gueules à la croix pattée d'argent, couronnée de quatre croisettes de même, au 2e d'azur, à une licorne d'argent, issante d'une couronne trefflée d'or, posée sur deux montagnes en figures de cœur entrelassées d'argent, et mouvante de la pointe de l'écu.

1450. BERCOURT (le sieur de), mousquetaire de la garde du roy, blessé au siége de Maestrick en 1673.

1451. BERCOURT (le sieur de), chevalier de Saint-Louis, mestre de camp d'un régiment de cavallerie et brigadier des armées du roy qui fut blessé dans un combat après la prise de Barcelonne par le duc de Vendôme, et mourut de ses blessures en cette ville en 1697.

—

1452. BERENGER (François de), seigneur de Morges, tué à la bataille de Pavie en 1525.

Ancienne maison du Dauphiné qui prétend descendre des anciens rois d'Arles. — Gironné d'or et de gueules de huit pièces.

1453. BERENGER-DU-GUA (N... de), colonel du régiment de Bugey, fut tué au siége de Saint-Venant en 1710.

1454. BERENGER (Louis de), seigneur du Gua, mestre de camp d'un régiment d'infanterie, chambellan et gentilhomme ordinaire de la chambre du roy et l'un des principaux favoris d'Henri III, blessé au siége de La Rochelle en 1573, fut assassiné le 31 octobre 1575.

1455. BERENGER-DU-GUA (Pierre, comte de), chevalier des ordres du roy, lieutenant général de ses armées et chevalier d'honneur de madame la dauphine, blessé à la bataille de Laufeldt en 1747, mourut le 24 juillet 1751.

Mêmes armes.

—

1456. BERGENGREAN (le sieur de), officier suédois au service de France, mourut des suites des blessures qu'il reçut au combat où la frégate *la Sensible* s'empara d'un corsaire anglois en 1779.

1457. BERGER (Immer), officier de Berne, fut tué dans l'armée du roy au combat de la Bicoque en 1522.

1458. BERGERAC (le sieur de), ayde-major du régiment de Navarre, blessé à la bataille de Malplaquet en 1709.

1459. BERGERAC (le sieur de), lieutenant au même régiment tué à la bataille de Parme en 1734.

1460. BERGERIE (le sieur), lieutenant au régiment de Courten Suisse, tué à la bataille de Fontenoy en 1745.

1461. BERGERIES (le sieur des), capitaine au régiment de Persan, tué au siége de Fribourg en 1644.

Mercure de 1644.

—

1462. BERGH (Charles-Eugène, baron de), chevalier de Saint-Louis, colonel du régiment de Bergh, puis colonel à la suite de celuy d'Alsace, maréchal de camp et chambellan du roy Stanislas, eut deux contusions à la jambe à la bataille de Minden en 1759, et mourut en 1774.

1463. BERGH (le chevalier de), chevalier de Saint-Louis et major du régiment de Bergh, eut une forte contusion aux reins à la même bataille.

—

1464. BERGHES (Adrien de), capitaine au régiment de Rambures depuis Béarn, tué à la bataille de Rocroy en 1643.

D'or au lion de gueule, orné, lampassé d'azur.

1465. BERGIER (le sieur), lieutenant de grenadiers au régiment de Bettens-Suisse, fut dangereusement blessé au siége de Namur en 1746.

1466. BERGIER (le sieur), chevalier de Saint-Louis, brigadier des gardes du corps et capitaine de cavalerie, fut blessé d'un coup de feu à une jambe à la bataille de Fontenoy en 1745, et y eut aussi un cheval tué sous lui.

1467. BERGOÉ ou BERGOUÉ (le sieur), chevalier de Saint-Louis et capitaine au régiment de Navarre, blessé en 1719 à la prise du château d'Urgel, mourut à Lintz, en Autriche, au mois de septembre 1743.

1468. BERINGHEN (Henry, marquis de), colonel du régiment

Dauphin-Infanterie et premier écuyer du roy, fut tué en 1674 au siége de Besançon d'une vollée de canon qui lui emporta le crâne.

Originaire du duché de Gueldres. — D'argent à trois pals de gueules, au chef d'azur, chargé de deux quintes feuilles d'argent.

1469. Berme (le sieur), officier au régiment de Normandie, blessé au siége de Grave en 1674.

—

1470. Berment (Jean de), seigneur de Grainville, chevau-léger de la garde du roy, tué sous Louis XIII, après trente-cinq ans de services.

D'une famille noble et ancienne qu'on croit originaire d'Écosse et qui s'est établi à la Ferté-Vidame, en Normandie, vers la fin du xive siècle. — *Armes :* d'azur au chevron brisé d'or, accompagné de trois étoiles de même, deux en chef et une en pointe.

1471. Berment (François de), seigneur de Sémilly, d'abord mousquetaire, puis cornette dans le régiment des cuirassiers, ensuite lieutenant au régiment du Roy-Dragons, fut dangereusement blessé en diverses actions dans les guerres de Louis XIV. Il mourut en 1737 âgé de 80 ans.

1472. Berment (Charles de), seigneur d'Infreville, chevalier de Saint-Louis, premier maréchal-des-logis de la compagnie des chevau-légers de la garde et maistre de camp de cavallerie, reçut plusieurs blessures au combat de Senef en 1674, et mourut le 9 mars 1704.

1473. Berment (Jean), son frère, seigneur de la Martinière, capitaine au régiment de Gèvres-Cavallerie, puis exempt des gardes du corps et maréchal de bataille, fut très-dangereusement blessé à la bataille de Nortlingue en 1645 d'une mousquetade à la cuisse et eut un cheval tué sous lui au secours d'Arras en 1654.

1474. Berment (Charles, chevalier de), son fils, capitaine au régiment royal des Vaisseaux, tué au passage du Rhin en 1672.

1475. BERMENT (Armand-Léon de), son autre fils, capitaine au régiment de Navarre, fut tué devant Bruch aux Pays-Bas en 1674.

1476. BERMENT (Chrétien-François), seigneur de la Martinière, capitaine au même régiment, blessé à la bataille de Steinkerque en 1692, mourut à Châteaudun le 8 mars 1759, âgé de 84 ans au moins.

1477. BERMENT (François-Gabriel de), chevalier de la Martinière, lieutenant au régiment de Ruffec, puis chevalier de Saint-Louis et capitaine détaché d'Invalides, fut blessé au siége du fort de Kell en 1733.

—

1478. BERMOND (Henry de), capitaine de cavalerie, fut tué à un siége sous Louis XIV.

1479. BERMONT DU CAYLAR (Jacques-François de), marquis de Toiras, comte d'Aubigeoux, brigadier des armées du roy et capitaine-lieutenant des chevau-légers-Dauphin, tué au combat de Leuze, en 1691.

1480. BERMOND DU CAYLAR (Charles de), marquis de Toiras, sous-lieutenant de la même compagnie et précédemment chevalier de Malte, eut deux chevaux tués sous lui à la bataille de la Marsaille, en 1693, où il reçut aussi une légère blessure à la jambe, et fut tué à celle de Spire, en 1703.

1481. BERMOND DU CAYLAR (N. de), chevalier de Saint-Louis et capitaine de grenadiers au régiment de Normandie, tué à la bataille de Clostercamps, en 1760.

Le véritable nom de cette ancienne maison du Languedoc est *Saint-Bonnet de Caylar*, seigneurs de Toiras. — Caylar étoit une baronie, depuis vendue aux évesques de Lodève. Le personnage le plus important de cette famille, Jean de Saint-Bonnet, fut maréchal de France sous Louis XIII. *Voy.* SAINT-BONNET.

1482. BERN (le sieur), lieutenant au régiment de Champagne, blessé à la bataille de Fleurus, en 1690.

1483. BERNARD (Joseph), tué à la bataille de Saint-Quentin, en 1557.

1484. BERNARD (Jacques), seigneur de Marandé, échevin d'Issoudun et zélé serviteur du roi, fut blessé d'un coup de hallebarde, au mois de juillet 1589, dans un parti contre les ligueurs.

1485. BERNARD (le sieur), capitaine de grenadiers au régiment d'Auvergne, tué au combat de Chiari, en 1701.

1486. BERNARD (Pierre), seigneur de la Maisonneuve et de Beaulieu, maréchal général des logis de l'armée du roy, reçut plusieurs blessures aux siéges de Montauban, de Montpellier, de Privas, de Sainte-Foy, de la Rochelle et de Carbie, et mourut en 1636.

1487. BERNARD (Julien), seigneur de Courville, chevalier de Saint-Louis, capitaine de grenadiers au régiment de Laval, fut tué à la prise de Fribourg, à l'attaque du chemin couvert.

1488. BERNARD DE MARIGNY (N...), chevalier de Saint-Louis, capitaine de vaisseau, périt dans le combat naval du 12 avril 1702, sur le vaisseau *le César*, de 74 canons, qu'il commandoit. Après six heures d'action contre cinq vaisseaux ennemis de même force, son vaisseau étant entièrement désemparé et haché par le feu des ennemis, et y ayant eu une cuisse emportée, il ne soutint pas moins l'engagement avec la même intrépidité; enfin ne se rendit qu'à l'approche d'un bien plus grand nombre, et après la plus glorieuse résistance; noyé dans son sang, il s'étoit étendu dans sa chambre, sur un matelas, lorsque les matelots anglois amarineurs mirent le feu à la calle du vaisseau qui ayant bientôt communiqué des soutes aux poutres, un lieutenant de son vaisseau le pressa alors de se laisser transporter sur le vaisseau anglois et lui avoua enfin que *le César* alloit sauter. — *Tant mieux, mon ami, tant mieux*, s'écrie-t-il, *je mourrai à mon poste. Fermez ma porte et retirez-vous.* Un moment après *le César* sauta.

1489. BERNARD DE MARIGNY, capitaine de vaisseau, tué dans la guerre de l'Indépendance d'Amérique.

Il nous est assez difficile de distinguer toutes les familles du nom de Bernard et même de les ranger dans l'ordre qui leur appartient : D'Hozier ne s'en est pas donné le souci. — Les Bernard de Marigny, famille de Normandie et de Bretagne, portoient : d'azur à trois fasces ondées d'or — ou fascé — ondé d'or et d'azur.

1490. BERNARD DE LA TURMELIÈRE (le sieur), garde de la marine, tué dans le combat du comte d'Estaing contre l'amiral Byron, près de la Gornade, le 6 juillet 1779.

1491. BERNARD DE VIGIER (le sieur), garde de la marine, eut une forte contusion au bras droit dans le combat du comte de Guischen, en 1780, près de la Martinique, contre l'amiral Rodney.

1492. DE BERNARD (le sieur), chevalier de Saint-Louis, lieutenant colonel du régiment Dauphin-dragons, grièvement blessé au combat de Steinkerque, en 1692.

1493. BERNARD (André-Christophe de), chevalier de Saint-Louis, capitaine au régiment de Fischer, blessé à l'attaque de Namur.

—

1494. BERNARD DE MONTESSUS (Jacques de), tué au siége de Privas, en 1629.

1395. BERNARD DE MONTESSUS (Philibert), seigneur et baron de Rully, gentilhomme ordinaire de la chambre du roy, mestre de camp d'un régiment d'infanterie et gouverneur de Beaune, mort au siége de Montmeillan en Savoye, en 163...

1496. BERNARD DE MONTESSUS (Jacques de), dit de Bellefond, capitaine au régiment d'Angers, cavalerie, avec rang de colonel, fut tué dans les guerres de Louis XIV.

1497. BERNARD DE MONTESSUS (Claude de), son frère, capitaine de carabiniers, tué au service en 1704.

1498. BERNARD DE MONTESSUS (Réné de), tué en Flandres, sous Louis XIV, portant l'enseigne du régiment d'Enghien.

Voy. de Builly, au cas que cette citation concerne cette famille.

Les BERNARD DE MONTESSUS, en Bourgogne, portoient : d'azur au chevron d'or, accompagné de trois étoiles d'argent.

1499. BERNARDY (le sieur), lieutenant au régiment de Picardie, blessé à la bataille de Parme, en 1734.

1500. BERNAY (Pierre-François de), chevalier de Favancourt, chevalier de Saint-Louis, lieutenant-colonel du régiment de Custine-dragons et brigadier des armées du roy, fut blessé de deux coups de feu au siége de Fribourg, en 1744, et mourut en 1790 ou 1791.

1501. BERNAY (le sieur de), sous-brigadier de chevau-légers de la garde, tué au siége de Mons, en 1691.

On trouve en France cinq familles de ce nom qui portent : 1° d'azur à la bande d'argent chargée de trois quintefeuilles de gueules ; — 2° d'or à la fasce de gueule chargée de trois croissants tournés du champ ; — 3° d'azur à la fasce de gueule chargée de trois croissants d'or et accompagnés d'une étoile du même au chef et d'un lion de sable en pointe ; — 4° d'azur au casque fermé d'argent ; — 5° de gueule au lion d'argent, la patte dextre levée et posée sur un trône écoté d'or.

1502. BERNE (le sieur de), lieutenant au régiment de Béarn, blessé en 1752, à la bataille de Johansberg.

1503. BERNIER DE PIERREVERT (Antoine Melchior de), chevalier de Malte et lieutenant de vaisseau, commandant la frégate *la Bellone*, lorsqu'un boulet de canon lui emporta la tête en attaquant sur la côte de Ceylan la frégate angloise *le Conwentry*, bien supérieur en force à la sienne.

1504. BERNIÈRES (le sieur de), mousquetaire de la garde du roy, blessé au siége de Mons, en 1691.

1505. BERRON (le sieur de), capitaine au régiment de Normandie, tué au combat de Chiari, en 1701.

1506. BERRIER (le), lieutenant de grenadiers au régiment de Belsunce, blessé à la bataille de Minden, en 1759.

1507. BERRUYER (Le), lieutenant au régiment de Touraine, blessé pareillement à Minden, en 1759.

1508. BERSTEL (le sieur de), capitaine au régiment de Picardie, blessé à la bataille de Guastalla, en 1734.

1509. BERT (Antoine de), lieutenant au régiment royal Roussillon, tué à la bataille de Nervinde, en 1693.

1510. BERT (Bertrand-Jacques de), seigneur de Majan, chevalier de Saint-Louis, capitaine au régiment de Talart, reçut en 1691, à la défense d'un moulin en Allemagne, un coup de mousquet qui lui perça la poitrine et un pareil coup qui lui perça l'épaule gauche au siége de Castel-Follit. Il eut encore le bras droit traversé de part en part d'un autre coup de mousquet à l'attaque du château de Sainstanne.

1511. BERT (N. de), son frère, capitaine au régiment de Picardie, fut tué au service en Allemagne.

1512. BERT (N. de), autre frère, lieutenant au régiment de Piémont, tué à la bataille de Nervinde, en 1693.

1513. BERT (N. de), autre frère, lieutenant de grenadiers au régiment de Coëtquen, tué à la bataille d'Hochtel, en 1704.

1514. BERTENGLES (Charles de), chevau-léger de la garde du roi, tué à la bataille de Ramillies, en 1706.

1515. BERTENGLES (N. de), chevalier de Saint-Louis, maréchal des logis de la même compagnie, tué à la bataille de Ettingen, en 1743.

Les Bertengles étoient seigneurs de Vauroux et de Boujou, en Normandie. — Jacq. Bertengle, brigadier de chevau-légers de la garde, et Michel de Bertengle, son frère, seigneur de Boujou, tous deux chevaliers de Saint-Louis, furent anoblis au mois de mai 1735. *Armes :* d'argent à trois fusées et deux demies, de gueules, posées en fasce.

1516. BERTENS (de) frères, l'un lieutenant-colonel du régiment de Castella (Suisse), l'autre aide-major du même régiment, furent blessés à la bataille de Ramillies, en 1706.

1517. BERTENSCHALG, capitaine au régiment de Planta (Suisse), blessé à la bataille de Rosback, en 1757.

—

1518. BERTET (Philibert de), seigneur de Gorze, capitaine au régiment d'Uxelles, reçut plusieurs blessures dans les guerres de Louis XIV, et en resta estropié du bras droit et de la cuisse.

1519. BERTET DE LA CLUE (Guillaume de), premier lieutenant au régiment d'Ollonne, tué d'un coup de feu à la tête au siége de Fontarabie, en 1719.

Ancienne famille de Provence, diocèse de Riez : d'or à trois roses de gueules, 2 et 1; au chef cousu d'azur, chargé d'une étoile d'or.

—

1520. BERTHE (de la), gentilhomme du maréchal d'Estrées, fut tué en 1629, au siége de Privas.

1521. BERTHEL (Charles-Jean de), capitaine aide-major au régiment de Saint-Germain, blessé à une jambe à la bataille de Minden, en 1759.

1522. BERTHELOT (Nicolas-François), seigneur de Bellébat, sous-lieutenant aux gardes françoises, tué à la bataille de Ettingen, en 1743.

Famille ancienne de Bretagne, où elle a formé plusieurs branches, l'une desquelles s'est établie en Picardie. Ce fut en faveur de celle-ci que l'île d'Orléans fut érigée en comté, sous le titre de Saint-Laurent. *Armes :* d'azur au chevron d'or, accompagné de trois besans de même, deux en chef et un en pointe.

1523. BERTHEY, lieutenant au régiment de Diesbach (Suisse), blessé à la bataille de Rosback, en 1757.

1524. BERTIÈRE (de), mousquetaire de la garde du roi, tué au siége de Mastricht, en 1673.

1525. BERTIÈRE (de la), sous-gouverneur du duc de Chartres, fut blessé à la bataille de Nerwinde, en 1693.

1526. BERTIN DE REAUCOURT (Francois de), chevalier de Saint-Louis, ancien lieutenant au régiment d'Austrasie, puis capitaine dans celui de royal-dragons, reçut une blessure dans le combat naval livré à la flotte angloise par le bailli de Suffren, sous Saint-Iago.

1527. BERTINET, capitaine de grenadiers au régiment suisse d'Eptingen, tué le 24 août 1762, à la journée de Grebenstein.

1528. BERTON, lieutenant au régiment de Rohan, blessé à la bataille de Rosback, en 1757.

1529. BERTON (Claude de), baron de Crillon, chevalier de l'ordre du roi, capitaine de cent hommes d'armes des ordonnances de S. M., et commandant l'infanterie et les gendarmes de Sa Sainteté, fut tué le 14 juin 1574, dans un combat qu'il soutint en allant secourir Menerbe contre d'Estoublon, l'un des chefs des huguenots.

1530. BERTON DE CRILLON (Aristide de), chevalier de Malte, tué à la journée des barricades, en 1588.

1531. BERTON (Louis de), dit *le brave Crillon*, seigneur de Crillon, baron de Saint-Jean de Vassols, chevalier des ordres du roi, gentilhomme ordinaire de sa chambre, mestre de camp du régiment des gardes françoises, et gouverneur du Saint-Esprit de Rue, en Picardie, blessé au siége de la Rochelle, en 1573, et d'un coup de mousquet au pied à celui de la Brioulle, en 1586, reçut plusieurs autres blessures à l'attaque du faubourg de Tours, en 1589, et fut encore grièvement blessé de deux balles au-dessous du coude, au siége de Rouen, en 1592. Il mourut le 2 décembre 1615.

1532. BERTON (Pierre de), baron de Crillon, capitaine aux

gardes françoises, gouverneur du Saint-Esprit de Rue en Picardie, et du Pont Saint-Esprit, en Languedoc, reçut deux coups d'épée au côté gauche, et une mousquetade à travers le corps, à l'attaque du faubourg de Tours, en 1589, en parant de son corps un coup de pertuisane porté au roi Henri III, et mourut de ses blessures.

1533. BERTON (Louis de), duc de Crillon et de Mahon, grand d'Espagne, chevalier de Saint-Louis, de l'ordre de Charles III et de celui de la Toison d'or, ci-devant colonel du régiment de Crillon, puis lieutenant-général des armées du roi et capitaine-général de celles du roi d'Espagne, fut blessé d'un coup de canon à la cuisse, et eut un cheval tué sous lui à la bataille de Rosback, en 1757. Il mourut à Madrid au mois de mai 1796.

Les Balb ou Balbe, Balbis ou Balbis-Berton, maison illustre d'Avignon, connue sous le nom des seigneurs de Crillon, des plus grandes d'Italie par son ancienneté, ses alliances, ses honneurs et ses services militaires. Les substitutions et les anciens titres de cette maison ont donné lieu à un grand procès entre les Balb-Bertons d'Avignon et ceux de Turin. On a vu dans ce procès cette maison prouver par les actes les plus authentiques, devant le sénat de Turin, une filiation suivie depuis l'an 1000, qui se lit à la fin *de la Vie du brave Crillon*, t. II.

Les armes : d'or à cinq cottices d'azur.

1534. BERTRAND ou BERTRANS (Guillaume), vicomte de Boncheville, tué en 1357, dans un combat contre les Anglois, près de Mauron, en Bretagne.

Ancienne famille de Normandie qui possédoit la terre de Briquebec, dans le Cotentin. *Armes :* d'or, au lion de Sinople, armé et lampassé de gueules et couronné d'argent.

1535. BERTRAND, cornette de carabiniers, eut le bras cassé d'un coup de feu à la bataille de Minden, en 1759.

1536. BERTRAND, chevalier de Saint-Louis, capitaine de grenadiers, avec rang de lieutenant-colonel dans la légion royale, blessé en 1758 à l'affaire de Lutzelberg, quitta le service en 1776.

1537. BERTRAND (sieur de Marimont). *Resté en blanc.*

1538. BERTRANDI (de), capitaine au régiment d'Anjou, blessé à la bataille de Minden en 1759.

1539. BERTRIX (de), chevalier de Saint-Louis, capitaine de grenadiers au régiment de la Sarre, puis lieutenant-colonel de celui du Perche, fut blessé au combat du 5 septembre 1781 devant la baie de Chesapeak entre le comte de Grasse et l'amiral Howe.

1540. BERVAY (de), sous-lieutenant au régiment de Navarre, blessé au combat de Senef en 1674.

1541. BÉRULLE (de), capitaine de vaisseau du port de Brest, noyé sur *le Conquérant*, commandé par M. de Tourville, en octobre 1679.

1542. BÉRULLE (le chevalier de), chevalier de Malte, lieutenant de vaisseau, fut grièvement blessé à la jambe droite, en 1780, dans le combat du comte de Guichen contre l'amiral Ridney.

De gueules, au chevron d'or, accompagné de 3 molettes de même.

1543. BERZIAU (Théodore), seigneur de Saint-Val, capitaine aux gardes françoises, tué à la bataille de Lens en 1648.

Ancienne famille de Normandie. *Armes :* d'azur, à 3 trèfles d'or, posés 2 et 1.

1544. BÉSANCOURT (de), tué au combat d'Aumale, en 1592.

1545. BÉSENVAL (Jean-Martin de), capitaine aux gardes suisses, fut tué à l'âge de 20 ans à la tête des Enfants perdus de ce régiment, qu'il commandoit à l'attaque des retranchements d'Arras, en 1654.

La famille de Bésenval, originaire d'Aoste, en Piémont, s'établit à Soleure, en Suisse, vers 1629. Elle a formé plusieurs branches. *Armes :* d'azur, à la bande d'argent.

1546. BESMÊME (de), lieutenant au régiment de Dampierre, eut la cuisse fracassée d'un coup de canon à la bataille de

Crewelt, en 1758, et mourut de cette blessure. Son père, chevalier de Saint-Louis et major d'Aire, étoit mort aussi de la suite de ses blessures.

1547. BESOMBES (de), gentilhomme du Rouergue, fut blessé à la bataille d'Hochstedt, en 1704. Le roi lui accorda une pension de 300 livres, le 9 janvier 1782. Il étoit alors âgé de 101 ans.

1548. BESSAY DE LA VOUTE (le chevalier de), chevalier de Saint-Louis, capitaine de vaisseau, fut tué, en 1778, au combat d'Oüessant, où il commandoit le vaisseau *la Couronne*.

1549. BESSE (de), chevalier de Saint-Louis, lieutenant de grenadiers au régiment de Brie, blessé, en 1748, d'un coup de feu au pied droit au siége du fort d'Asti, le fut aussi dans la guerre de 1757, et reçut encore une autre blessure au combat de Saint-Cast, en 1758.

1550. BESSEY (de), lieutenant au régiment de Piémont, blessé au siége de Luxembourg en 1684.

Armes : d'azur, à 3 quintefeuilles d'argent.

1551. BESSON (Honoré de), chevalier de Saint-Louis, capitaine au régiment d'Aumont, depuis Beauce, grièvement blessé à la bataille de Minden en 1759, quitta le service en 1768.

1552. BESSON (Jean de), chevalier de Saint-Louis, capitaine au régiment de Saluces, puis capitaine commandant de chasseurs à pied au régiment des chasseurs des Pyrénées, blessé à la bataille de Rosback en 1757, obtint, en 1686, une pension de 1350 livres en considération de ses services et de ses blessures.

1553. BESSONIES DE LA MOTHE (Louis de), chevalier de Saint-Louis, capitaine au régiment de Soissonnois, blessé à la tête au siége du fort Saint-Philippe en 1756, obtint, en 1777, une pension de retraite de 1000 livres.

1554. BESSUEJOLS (Jacques de), marquis de Roquelaure, capitaine-lieutenant des gendarmes de Berry, chevalier de Saint-Louis et brigadier des armées du roi, tué à la bataille d'Oudenarde en 1708.

1555. BETAGH (Thomas, comte de), chevalier de Saint-Louis, commandant du régiment de Fitz-James, puis colonel de celui de Betagh, colonel en second de celui de Clare-Plaudais, et maréchal de camp en 1770, fut blessé à la bataille de Rosback, en 1757, et mourut en 1785.

1556. BÉTANCOURT (vicomte de), eut le bras cassé d'un coup de pique au combat du Pont-de-Cé, en 1620, où il se signala.

Il y a encore des Bettancourt, mais sont-ils de cette famille?

1557. BÉTHENCOURT (le sire de), tué au combat de Cocherel en 1364.

1558. BÉTHENCOURT (Adrien de), ayant été établi gouverneur de Tortose après la prise de cette place par le duc d'Orléans, en 1708, fut blessé en défendant la ville contre les Allemands sur la fin de la même année, et mourut de ses blessures.

Ancienne maison de Normandie, dont étoit Jean de Béthencourt, qui s'empara des îles Canaries sous Charles VI. *Armes :* d'argent, au lion léopardé de sable.

1559. BÉTHIZY (Eugène-Marie de), marquis de Mézières, chevalier de Saint-Louis, lieutenant-général des armées du roi, gouverneur de Corbie, gouverneur et bailli d'Amiens, et précédemment capitaine-lieutenant des gendarmes anglois, reçut un coup de mousquet dans la hanche, et eut un bras cassé à la bataille de la Marsaille en 1693. Il eut aussi trois chevaux tués sous lui, en 1712, dans une action particulière contre les hussards. Il mourut le 24 avril 1721.

1560. Béthizy (Charles-Théophile de), marquis de Mezières, d'abord chevalier de Malte, puis chevalier de Saint-Louis, ancien capitaine au régiment de Bauffremont-Dragons, ensuite lieutenant-général des armées du roi et gouverneur de Longwy, fut blessé à la bataille de Fontenoy, en 1745, et mourut le 17 novembre 1781.

1561. Béthizy (Eugène-Eustache, comte de), de Mezières, grand'croix de l'ordre royal et militaire de Saint-Louis, d'abord colonel aux grenadiers de France, puis colonel des régiments de Cambrésis et de Poitou, et maréchal de camp, fut dangereusement blessé au combat de Wurbourg en 1760.

1562. Béthizy (Jules-Jacques-Eléonor, vicomte de), chevalier de Saint-Louis, de la Société militaire de Cincinnatus, colonel en second du régiment de Gâtinois, puis mestre de camp commandant des grenadiers royaux de Picardie, reçut six blessures, dont deux considérables dans l'expédition en Géorgie, à l'attaque des retranchements où il commandoit l'avant-garde, et fut encore grièvement blessé d'un biscayen à l'estomac et d'un coup de feu à la main gauche au siége de Savannah, en 1779.

Grande et illustre famille de Picardie, qui remonte à 1060. *Armes :* d'azur, fretté d'or de 6 pièces.

1563. Béthune (Jean de), dit de Locres, chevalier, seigneur d'Autrèches, fut tué à la bataille d'Azincourt en 1415.

1564. Béthune (Maximilien de), duc de Sully, pair, maréchal et grand maître de l'artillerie de France, marquis de Rosny et de Nogent-le-Rotrou, prince d'Henrichemont, gentilhomme ordinaire de la chambre du roy, surintendant des finances et des fortifications du royaume, ambassadeur en Angleterre, gouverneur de Mantes et de la Bastille, depuis premier ministre du roy Henri IV, fut dangereusement blessé, en 1590, de six coups de lance, d'épée et de feu à la bataille d'Ivry, après laquelle ce monarque étant allé le voir, et l'ayant embrassé en présence de plusieurs princes, capitaines et chevaliers : « Je veux vous embrasser des deux bras, lui dit-il, et vous déclarer à leur vue vrai et franc chevalier, non tant de l'accolade, tel que je vous fais à présent, ni de Saint-Michel, ni du Saint-Esprit, que de mon entière et sincère affection. » Le duc de Sully mourut à Villebon, en Beauce, le 21 décembre 1641.

1565. BÉTHUNE (Maximilien-Léonor, marquis de), tué à la prise de Piombino en 1646.

1566. BÉTHUNE (Armand, duc de), chevalier des ordres du roi, capitaine des gardes du corps, gouverneur de Calais et du fort Nieulay, et lieutenant-général au gouvernement de Picardie, de Boulonois, de Hainaut et de Gravelines, reçut un coup de mousquet à travers le corps au siége d'Ypres, et mourut le 1er avril 1717.

1567. BÉTHUNE (Louis, marquis de), mestre de camp à la suite du régiment du Roi-Cavalerie, et gouverneur de Romorantin, tué à la bataille d'Hochstedt en 1704.

1568. BÉTHUNE (Louis-Joseph de), marquis de Charot, et brigadier des armées du roi, tué à la bataille de Malplaquet en 1709.

1569. BÉTHUNE (Louis-Pierre-Maximilien de), comte de Nogent, marquis de Courville et de Villebon, puis duc de Sully, pair de France, chevalier de l'ordre de la Toison d'or, colonel du régiment de la reine et premier gentilhomme de la Chambre du duc de Berry, fut blessé à la bataille de Malplaquet en 1709.

1570. BÉTHUNE (le chevalier de), enseigne de vaisseau, du

port de Rochefort, tué aux Isles, sur le *Mercure*, le 18 janvier 1741.

1571. Béthune (César de), mestre de camp du régiment de Béthune-Cavalerie, mort sur le Rhin, en 1736, à la tête de son régiment.

1572. Béthune (Armand-Louis de), son frère, tué sur un vaisseau du roi en 1741.

1573. Béthune (Armand-Louis de), marquis de Charot, colonel du régiment de la Couronne, mort, le 23 octobre 1735, des blessures qu'il reçut à la mousquetade d'Erch, en Allemagne.

1574 Béthune (N... de), mousquetaire du roi de la seconde compagnie, blessé à la bataille d'Ettingen en 1745.

1575. Béthune (le chevalier de), capitaine au régiment d'Henrichemont-Cavalerie, blessé à la bataille de Minden, en 1759.

Cette ancienne et puissante maison, originaire d'Artois, est partagée en beaucoup de branches, qui toutes ont produit des seigneurs de la plus haute illustration. *Armes :* d'argent, à la fasce de gueules.

1576. Betons (de), mousquetaire de la garde du roi, blessé au siége de Mastricht en 1673.

1577. Betouzet (Germain de), chevalier de Saint-Louis, d'abord aide-major au régiment de Bourbonnois, puis major de celui de Royal-Vaisseau avec rang de lieutenant-colonel, et lieutenant de roi de Navarreins, blessé à l'affaire d'Eviles, en 1747.

1578. Bettainvillet (Jean de), d'abord chanoine de Saint-Diez, puis lieutenant au régiment de la reine, mort à la levée du siége de Turin, sous Louis XIV.

1579. BEUF (Robinet le), chevalier normand, tué à la bataille de Saint-Aubin du Cormier en 1488.

1580. BEUGER, capitaine de flûte, du port de Rochefort, pris par les Anglois, commandant le *Dromadaire*, mort à la Barbade, le ... 1692.

1581. BEUGNY (de), capitaine au régiment de Pons, depuis Guienne, blessé au siége de Philisbourg en 1734.

1582. BEUGNY (de), lieutenant au régiment de Mailly, depuis Guienne, blessé à la bataille de Rosback en 1757.

1583. BEUNET (de), capitaine de vaisseau, du port de Rochefort, mort à Malaga de ses blessures, sur l'*Intrépide*, commandé par M. du Casse, le 3 octobre 1704.

1584. BEVILLIERS (de), lieutenant au régiment de Navarre, blessé au siége de Luxembourg en 1684.

1585. BEURGES (Jean de), seigneur de Bruslevert, gentilhomme ordinaire du roi, et chef du vol pour corneille de la grande fauconnerie de France, tué au siége de Royan, le 9 mai 1622.

1586. BEURVILLE (François-Louis de), chevalier de Saint-Louis et major du régiment, mestre de camp général, blessé à la bataille de Minden en 1759.

1587. BEUVRAND (de), capitaine au régiment de Talaru, depuis Guienne, tué en 1759, dans le combat naval de M. de Conflans, à la hauteur de Belle-Isle.

1588. BEUVRIÈRE (Boughois et Gamart de la), frères, tués à la bataille d'Azincourt, en 1415.

1589. BEUZEVAL, enseigne de vaisseau du port de Brest, mort à la Grenade, le 31 mars 1752.

1590. BEYERMEN (de), l'aîné, enseigne au régiment d'Anhalt, blessé au genou à la bataille de Minden, en 1759.

1591. BEZANÇON (Jean-François de), chevalier de Saint-Louis, capitaine de grenadiers au régiment de Piémont, blessé à la bataille de Rosbach, en 1757.

—

1592. BEZANNES (Jean de), seigneur du Ménil, capitaine de cavalerie, tué en Allemagne au service du roi Louis XIII.

1593. BEZANNES (Louis de), cadet dans le régiment royal, tué au service avant l'an 1677.

1594. BEZANNES (Antoine de), capitaine au régiment du Roi-Infanterie, tué à la bataille de Nervinde, en 1693.

1595. BEZANNES. Trois frères de ce nom et de cette même famille, lieutenant au même régiment du roi, furent tués à la bataille de Ramillies, en 1706.

Famille de Champagne, du pays de Reims, qui porte pour *armes :* d'azur, semé de besans d'or, au lion d'argent, armé et lampassé de gueules brochant sur le tout.

—

1596. BEZIADE-D'AVARAY (Jean-Théophile de), chevalier de Saint-Louis, colonel du régiment de Nivernois, ex-brigadier des armées du roi, mourut d'une blessure qu'il reçut au genou à la bataille de Guastalla, en 1734.

La famille de Beziade, originaire du Béarn, étoit connue dès le XIIe siècle. Le premier marquis d'Avaray fut Théophile de Beziade, qui vivoit sous Louis XIV. *Armes :* d'azur, à la fasce d'or, chargée de 2 étoiles de gueules, et accompagnée en pointe d'une coquille d'or.

1597. BÉZIS (Jacques de), capitaine au régiment de Navarre, fut tué à Montpellier, vraisemblablement au siége de cette ville, en 1622.

(ARM. GÉN. *Toul-Mont.*, f° 496.)

1598. Bezolles (le seigneur de) fut blessé dangereusement au bras au siége de Rabastens, en 1570, servant dans le parti du roi.

(Arm. gén. *Guyenne*, f°s 176, 855, 1152.)

1599. Bezons (le chevalier de), lieutenant de vaisseau du port de Toulon, noyé sur le *Conquérant*, le ... octobre 1679.

1600. Biarnes (de), chevalier de Saint-Louis, chef de bataillon au régiment de Champagne, blessé à la bataille de Parme, en 1734, le fut encore, en 1743, d'une canonnade que le prince Charles fit contre la redoute de Thinvilliers.

1601. Biaudos (Jean de), seigneur de Castéja, fut blessé à la bataille d'Aire (on présume que ce fut celle de 1641).

1602. Biaudos (Jean de), dit le marquis de Castéja, commandeur de l'ordre de Saint-Louis, d'abord guidon de gendarmerie, puis colonel d'un régiment d'infanterie, maréchal de camp, gouverneur de Toul et de Toulois, blessé à la bataille de Malplaquet, en 1709, eut une jambe emportée d'un boulet de canon au siége de Landrecies.

1603. Biaudos (Fiacre de), de Castéja, son frère, aussi commandeur de Saint-Louis, brigadier des armées du roi, lieutenant de roi de l'île de Rhé, et gouverneur de Toul, blessé d'un coup de feu à travers le corps à la bataille de Fleurus, en 1690, mourut en 1721.

1604. Biaudos (François-César de), de Castéja, fils du précédent, chevalier de Saint-Louis, brigadier des armées du roi, lieutenant du roi de Philippeville, puis de Maubeuge, fut blessé à la bataille d'Hochstedt d'un coup de feu à travers le corps.

1605. Biaudos (René-François de), dit le marquis de Castéja, chevalier de Saint-Louis, capitaine au régiment de Bourbonnois, puis gouverneur de Mariembourg, blessé au siége d'Ypres, en 1744.

1606. BIAUDOS (Charles-Louis de), dit le comte de Castéja, colonel du régiment de Tournaisis, mort d'une blessure qu'il reçut à la bataille de Plaisance.

La maison de Biaudos tire son nom de la terre de Biaudos, près de Dax. Elle étoit, dès le XIVe siècle, alliée à l'illustre maison de Gramont. *Armes :* écartelé, au 1er et au 4e d'or, au lion de gueules; au 2e et 3e d'argent, à 3 merlettes de sable. (ARM. GÉN., *Guyen.*, f° 468, 1107.)

1607. BIAUVAL (Yvain de), chevalier, tué à la bataille d'Azincourt, en 1415.

1608. BICHE-REGNEFORT (la), chef de brigade, enseigne de vaisseau du port de Rochefort, mort des suites de ses blessures à la Martinique, le ... 1734.

1609. BICHER, officier auxiliaire, eut trois contusions au combat du comte de Grasse contre l'amiral Rodney, au mois d'avril 1782.

(ARM. GÉN. *Champ.*, f° 750.)

1610. BICHOT, chevalier de Saint-Louis, capitaine de grenadiers au régiment de Navarre, blessé au siége de Landau, en 1713, le fut encore à celui de Fribourg, en 1744

(ARM. GÉN. *Bourg.*, I, f°s 71, 321, 334, 532. — *Bourg.*, II, f° 78. — *Poit.*, 1367.)

1611. BIGLKE, officier suédois au service de la France, tué dans le combat du bailly de Suffren, aux Indes, près de Provedierne, contre l'amiral Hugues, le 12 avril 1782.

—

1612. BIDAL (Alexis), baron d'Asfeld, maréchal de camp et commandant à Bonn, en soutint le siége avec beaucoup de valeur et fut blessé à la cuisse au premier assaut qui y fut donné en 1689. Il mourut de ses blessures peu de temps après à Aix-la-Chapelle, où il s'étoit rendu pour prendre les eaux.

1613. BIDAL (Claude-François), son frère, marquis d'Asfeld, maréchal de France, commandeur de Saint-Louis et chevalier de la Toison d'or, eut l'épaule cassée à la bataille de Nerwinde, en 1693. Il mourut à Paris, le 7 mars 1743, âgé de 78 ans.

Le titre de baron fut conféré à cette famille en 1653, par Christine, reine de Suède, et celui de marquis en 1715, par Philippe V, roi d'Espagne. — Asfeld est un bourg, chef-lieu de canton de l'arrondissement de Rethel (Ardennes), dont la seigneurie fut acquise en 1728 par Claude-François Bidal, maréchal de France, qui obtint en 1770 l'érection de la terre et seigneurie d'Avaux-la-Ville en marquisat pairie, avec commutation de son ancien nom en celui d'Asfeld. — *Armes :* écartelé, au 1er et 4e de gueules, à une bande d'azur, chargée de 3 couronnes d'or; au 2e et 3e d'azur, à un lion naissant d'argent couronné; sur le tout, d'argent, à une ancre d'azur, posée en pal, surmontée de 2 flèches de même, passée en sautoir, les pointes en haut. (ARM. GÉN., *Guyen.*, 1024. — *Orl.*, 18, 19. — *Par.*, II, 176. — *Par.*, III, 19.)

1614. BIDAULT (le petit) de la Roche-Dragon, écuyer (ainsi nommé dans les annales d'Aquitaine), fut tué à la bataille de Poitiers, en 1356.

1615. BIDAULT (Mathurin-Louis), de la Touche de Glatignies, chevalier de Saint-Louis, capitaine au régiment de Piémont, blessé à la bataille de Rosback, en 1757.

Il y a plusieurs familles nobles de ce nom. (*Voir* pour le blason l'ARM. GÉN., *Bourg.*, I, f° 748. — *Bourg.*, II, 365. — *Bret.*, I, 923. — *Bret.*, II, 88, 479, 901. — *Orl.*, 527. — *Par.*, II, 1172. — *Par.*, III, 311. — *Par.*, IV, 87, 689, 807. — *Poit.*, 143, 169, 437, 486, 821. — *Vers.*, 179.)

1616. BIDET, officier au service du roi, fut blessé au siége de Marvéges, en 1586 (de Thou).

(ARM. GÉN., *Champ.*, 94. — *Dauph.*, 483. — *Caen*, 607.)

1617. BIDOUX (Prégent de), chevalier commandeur de l'ordre de Malte, grand prieur de Saint-Gilles et général des galères de France, perdit un œil d'un coup de feu, en voulant faire une descente en Angleterre en 1513. Il mourut à Nice au mois d'août 1528, de plusieurs blessures considérables qu'il reçut dans un combat qu'il livra à une galiote des Turcs, dont il s'empara.

—

1618. Biencourt (Louis de), page de la chambre du roi Henri II, fut tué à la bataille de Dreux, en 1562.

1619. Biencourt (Charles de), de Poutrincourt, son frère, seigneur de Guiberménil, fut tué à la bataille de Montcontour, en 1569.

1620. Biencourt (Jean de), seigneur de Poutrincourt, baron de Saint-Just, vice-roy du Canada, mestre de camp d'un régiment d'infanterie, chevalier de l'ordre du roi et gentilhomme ordinaire de sa chambre, tué au siége de Méry-sur-Seine, en 1615.

1621. Biencourt (Charles de), de Poutrincourt, chevalier de Saint-Louis, capitaine au régiment de Navarre, blessé à la bataille de Raucourt, en 1746.

La famille de Biencourt est une des plus anciennes du pays de Vimeu, en Picardie. Elle a formé plusieurs branches. *Armes :* de sable, au lion d'argent, couronné, armé et lampassé d'or. (*Voir* aussi l'Arm. gén., *Bourb.*, f° 132, 538. — *Par.*, i, 116. — *Par.*, iv, 27, 29, 33, 452 et 463.)

—

1622. Bierredant (de), mousquetaire du roi de la 2e compagnie, blessé à la bataille d'Ettingen en 1743.

1623. Biet (André de), seigneur de Cassinel, tué à la guerre. (*Hist. du Berry.*)

Armes : de gueules, au bâton d'azur, becqué d'or, accompagné de 3 montjoyes d'argent, 2 col.

1624. BIET (Jean-François de), seigneur de Turel, lieute- de bombardière, tué au siége de Saint-Sébastien en 1719.

(ARM. GÉN., *Bourg.*, 13. — *Par.*, II, 895.)

—

1625. BIEZ (Jean du), seigneur du Biez, chevalier de l'ordre du roi d'Arragon, tué à Azincour en 1415.

1626. BIEZ (Claude-François du), seigneur d'Ignancourt, marquis de Savignies, commandant du régiment de Chapes, se signala aux batailles de Lens et de Rethel, où il fut grièvement blessé.

La famille du Biez, originaire de l'Artois, y étoit connue dès le XIIIe siècle. Elle a donné, sous François Ier, un maréchal de France. — *Armes* : d'or, à fasces de sables, surmontées en chef de 3 merlettes de même. — (ARM. GÉN., *Fland.*, 855. — *Orl.*, 228. — *Par.*, II, 279.)

—

1627. BIGARS (François de), marquis de la Londe, chevalier de Malte, lieutenant de la compagnie des gendarmes du duc d'Orléans, tué au combat d'Etampes en 1652.

Maison ancienne du Roumois, en Normandie. — *Armes* : d'argent, à 2 fasces de gueules. — (*Voir* aussi l'ARM. GÉN., *Alenç.*, 310, 828, 884, 1267.)

1628. BIGEARD (Joseph de), comte de S. Maurice de Murinais, chevalier de Saint-Louis, capitaine de dragons au régiment de la Morlière, puis colonel de celui de l'île de France au service de la marine, ensuite commandant par intérim à l'île Bourbon, major de Bergues et brigadier de l'armée du roi, fut blessé à une jambe à la bataille de Parme, en 1734, et à une épaule à celle de Laufeldt en 1747.

(*Voir* l'ARM. GÉN., *Dauph.*, 305.)

1629. BIGNON-GERRIER, lieutenant de grenadiers au régiment de Navarre, blessé, en 1703, au siége du fort de Kehl.

On trouve des Bignon en plusieurs provinces. (*Voir* pour le blason de chacune d'elle : ARM. GÉN., *Alenç.*, 799, 1188, 1192, 1233. — *Orl.*, 67. — *Par.*, I, 795, 1268. — *Par.*, II, 516, 621. — *Tours*, 600, 756, 1180, 1191, 1279 et 1445.)

1630. Bigny (les sieurs de) frères, capitaine au régiment de Normandie, furent blessés au combat de Chiari en 1701.

(Arm. gén., *Bourb.*, 123. — *Orl.*, 857.

1631. Bigot (Abel), seigneur d'Ormoy, chevalier de Saint-Louis, major de la gendarmerie et brigadier des armées du roy, gouverneur de Seissel, tué à la bataille d'Hochstet en 1704.

Les Bigot sont nombreux en France. On en trouve avec des prétentions à la noblesse dans toutes nos provinces. — L'Arm. gén. donne le blason des Bigot de *Pic.*, *Poit.*, *La Roch.*, *Alenç.*, *Auv.*, *Bourg.*, *Bret.*, *Caen*, *Fland.*, *Guy.*, *Lyon*, *Orl.*, *Paris*, *Rouen*, *Toul.*, *Montaub.*, *Tours et Versailles.*

1632. Billard (le baron de), lieutenant au régiment d'Alsace, blessé à la bataille de Clostercamps en 1760.

Voir pour les Billard d'Alsace, l'Arm. gén., *Als.*, 492. — On en trouve également à l'Armorial *en Norm.*, *Bourg.*, *Champ.*, *Lorr.*, *Lang.*, *Par.*, *Tourraine*, etc.

1633. Billardière (le chevalier de la), exempt des gardes du corps, et mestre de camp de cavalerie, tué à la bataille de Malplaquet en 1709.

1634. Billault (François de), tué à la bataille de Pavie en 1525.

Arm. gén., *Poit.*, 625, 983, 1675, 1477. — *Lorr.*, 32, 33, 101, 102, 162.

1635. Billault (Gaspard de), chevalier de Saint-Louis, capitaine de grenadiers au régiment de Royal-Barrois, blessé au siége de Fribourg en 1744, et à la bataille de Raucoux en 1746.

—

1736. Billeheuts de Saint-Georges (Charles-Alexande de), chevalier de Saint-Louis, colonel d'infanterie, tuée au siége de...

où il se distingua tellement, qu'un fort qu'il avoit emporté a conservé le nom de S. Georges.

(On compte huit officiers de ce nom tués au service dans l'avant-dernier siècle; mais l'on n'a pu recueillir aucun détail.

—

1637. Billy (de), officier au régiment de..., fut blessé dans la guerre d'Amérique en 1781.

1638. Billy (de), capitaine au régiment royal des vaisseaux, tué au combat de Senef en 1674.

1639. Billy (François de), tué à la bataille de Dreux, en 1562, où il reçut 17 blessures.

1640. Billy (Raoul ou Roux de), son frère, homme d'armes de la compagnie d'ordonnance du seigneur de Gurcy-Brichanteau, son oncle maternel, périt aussi à la même bataille.

1641. Billy (Louis de), seigneur de Prunay et de Vertrou, autre frère, capitaine des vieilles bandes de Piémont, sous le comte de Brissac, aussi illustre par son courage que par sa noblesse (de Thou), fut tué au siège de Poitiers en 1569, ou du moins mourut sept jours après la blessure qu'il y reçut, ayant eu la jambe emportée d'un coup de canon.

Il est plus probable que les deux frères qui précèdent étoient d'une autre branche.

1642. Billy (Claude de), autre frère, seigneur de Prunay le Gillon, chevalier de l'ordre du roi, écuyer de son écurie, gentilhomme ordinaire de sa chambre et capitaine de 50 hommes d'armes de ses ordonnances, fut tué par les religionnaires, en 1572, après la bataille de Jarnac.

1643. Billy (Jean de), fut tué au siége de Laon, en 1598.

1644. Billy (Bertrand de), seigneur de Belaire, maréchal de camp, tué au siége de Montauban, en 1621.

1645. BILLY (Pierre de), gentilhomme ordinaire de la chambre du roi, capitaine de cavalerie et gouverneur de Laon, fut tué le 28 mars 1622, d'après le livre des *Grands officiers de la couronne*, t. II, p. 128; mais il n'y est pas dit dans quelle occasion.

La famille de Billy tire son origine de Billy-sur-Ourcq, en Soissonnais, et remonte à l'an 1214. Elle a formé quatre branches.

Les armes de la branche aînée sont : vairé d'or et d'azur, à 2 fasces de gueules. — On trouve également des Billy *en Bourg.*, *en Bret.*, *à Lyon. Paris*, *en Normandie et en Picardie*. *Voir* l'ARM. GÉN.

1646. BILOUART DE KERLEREC (Louis), chevalier de Saint-Louis, capitaine de vaisseau et gouverneur de la Louisiane; blessé à la cheville du pied dans le célèbre combat de M. de l'Etendaeré du 27 octobre 1747 contre les Anglois, dans le moment où il rendit son vaisseau, *le Neptune*, qu'il avoit défendu avec tant de valeur : le fut encore à la cuisse dans le combat que le chevalier de l'Epinay, commandant trois vaisseaux, livra à une escadre angloise de six vaisseaux qu'il battit.

1647. BILOUART DE KERVASEGAN-DES-SALLES (N.), son neveu, commandant le détachement des gardes du Pavillon, eut le bras emporté dans le même combat de M. de l'Etendaeré : les chirurgiens s'étant hâtés de le panser, il leur échappa et tout sanglant, sans habit, s'élança sur le pont, voulant encore sacrifier à la nation le bras qui lui restoit, mais il tomba mort aux pieds de M. de Kerlerec, son oncle.

1648. BILOUART-DES-SALLES (N.), chevalier de Saint-Louis, commandant l'artillerie à la Louisiane, puis colonel d'infanterie à la suite des troupes de Saint-Domingue, obtint en 1772 une pension de 500 fr. en considération de plusieurs blessures qu'il avoit reçues.

1649. Bilthener (le sieur), capitaine au régiment de Reding-Suisse, blessé d'un coup de feu à travers la cuisse à la bataille d'Hastembeck, en 1757.

1650. Bimar (Frédéric-Henri de), lieutenant au régiment du Roy-Infanterie, tué à la baille d'Oudenarde.

1651. Binanville (le sieur de), sous-lieutenant aux gardes françoises, tué au combat de Valcourt, en 1689, où le maréchal d'Humières fut battu par le prince de Waleck, de l'armée de Marlborough.

1652. Binna (le sieur), capitaine, lieutenant et ayde-major au régiment de Diebbach-Suisse, tué à la bataille de Laufeldt, en 1747.

1653. Binos (le sieur de), capitaine au régiment royal des Vaisseaux, blessé au combat de Senef, en 1674.

—

1654. Binot (Antoine), seigneur de Villiers, lieutenant de cavalerie, puis commissaire ordinaire des guerres, tué au siége de Tournay, en 1745.

D'une bonne famille originaire de Bretagne, passée dans le Poitou, établie à Paris au commencement du XVIIIe siècle, maintenue par jugement des commissaires du Roi, du 21 avril 1701. — Armes : *D'azur à la bisse d'argent, languée de gueules, tortillée en* 8 *de chiffre, et posée en pal.*

1655. Binth (le sieur), chevalier de Saint-Louis et lieutenant-colonel, tué devant Goudelour le 13 juin 1783.

1656. Bintinaye (le chevalier de la), chevalier de Saint-Louis, major des vaisseaux, obtint, en 1779, une pension du roy en considération de ce qu'il avoit eu le bras droit emporté dans le combat de *la Surveillante,* à la hauteur d'Ouëssant, contre une frégate angloise le 7 octobre de la même année : il étoit alors enseigne de vaisseau et commandant en second de M. du Couëdic.

—

1657. Biolès (Antoine de), mort au service du roy en 1572, dans les guerres contre les religionnaires.

1658. Biord (Honoré de), chevalier de Malte en 1635, reçut plusieurs blessures au service du roy.

Famille de Provence, établie à Arles à la fin du xve siècle, originaire d'Italie, maintenue en 1667. — Porte : *D'azur à trois pals d'or, à la fasce de gueules, brochante sur le tout et chargée de trois molettes d'éperon d'or.*

—

1659. Biotière (Charles de), marquis de Chassincourt et de Tilly, chevalier de Saint-Louis : d'abord cornette de carabiniers, puis officier aux gardes françoises, et colonel du régiment de Médoc ; blessé à la bataille d'Ettingen, en 1743.

1660. Biotière (Claude de), de Chassincourt, chevalier de Malte, lieutenant de grenadiers au régiment du Perche, tué au siége de Fribourg, en 1744.

Famille du Bourbonnois, dont la généalogie a été dressée en décembre 1754, sur l'expédition de titres extraits de la chambre d'élection de Moulins. — Porte : *D'azur à une rose d'or, feuillée de Sinople, posée au milieu de l'écu, accompagnée en pointe d'une croix ancrée d'argent, au chef de même chargé d'un lion d'azur, armé et lampassé de gueules.*

—

1661. Birabin (le sieur de), capitaine au régiment de Leuville, depuis Béarn, tué au siége de Vérua, prise en 1705 par le duc de Vendôme.

—

1662. Birague (Jean-Jacques, dit le marquis de), baron d'Entrames, lieutenant d'artillerie, tué au siége de Dunkerque, en 1658.

1663. Biragüe (le sieur de), lieutenant au régiment de Navarre, blessé au siége de Prague, en 1742.

De l'ancienne maison du Milanois, d'où est sorti le célèbre René de Birague, chancelier de France après Lhospital, et, dit-on, l'un des promoteurs de la Saint-Barthélemy. — Armes : *D'or à trois fasces, bretessées et contrebretessées de gueules, de cinq pièces, chargées chacune d'un trèfle d'or.*

—

1664. Biran (Jean de), comte de Gohas, chevalier de l'ordre du roy, l'un de ses chambellans, capitaine de cinquante hommes d'armes de ses ordonnances et capitaine aux gardes françoises, fut massacré, en 1569, par le comte de Montgommery, chef des protestants, contre la foi de la capitulation d'Orthès.

1665. Biran (Antoine de), seigneur de Gohas, chevalier de l'ordre du roy, capitaine de cinquante hommes d'armes, de ses ordonnances, mestre de camp d'un régiment d'infanterie, maréchal de camp et chambellan du duc d'Anjou, fut tué au siége de la Rochelle, en 1573, d'un coup d'arquebuse qu'il reçut à la jambe.

1666. Biran (Jean-Bernard de), de Gohas, capitaine aux gardes françoises, mestre de camp d'un régiment entretenu, capitaine de cinquante hommes d'armes des ordonnances du roy, et gouverneur d'Antibes, eut l'épaule percée d'un coup de mousquet au siége de Montauban, en 1621.

1667. Biran (Blaise de), comte de Gohas, chevalier de Saint-Louis, maréchal de camp et gouverneur de Vérüa, eut plusieurs chevaux tués sous lui à Santa-Vittoria et à Luzara, en 1702, puis au combat de Castelnovo de Bormé, et mourut en 1705, le lendemain de la bataille de Cassano de la blessure qu'il y avoit reçue.

1668. Biran (Louis de), comte de Gohas, chevalier de Saint-Louis, brigadier des armées du roy et colonel du régiment de Berry, puis de celui de Bourbonnois, tué à l'affaire de l'Assieta, en 1747.

L'ancienne baronie de Biran, dans le bas Armagnac, étoit sortie de la maison de ce nom pour entrer dans celle de MM. de Roquelaure, puis dans celle de MM. de Rohan Chabot, qui la revendirent, en 1756, à Jean-Antoine de Riquetty, marquis de Mirabeau.

—

1669. Bircher (le capitaine d'Ost), de Lucerne, capitaine

suisse au service du roy, fut blessé à la bataille de Dreux, en 1562.

1670. BIRENGUEVILLE (Robert de), chevalier, blessé à l'entreprise du château de Mercq, près Calais, en 1405, en montant à l'assaut, mourut de cette blessure peu de temps après.

1671. BIRON (le sieur de), mousquetaire de la garde du roy, fut tué au siége de Mons, en 1691. (*Voy.* GONTAUT.)

1672. BISCARAS (le sieur de), officier de distinction, blessé au siége de Saint-Omer, en 1638. (*Mercure* de l'année.)

1673. BISE (le sieur de la), lieutenant de la compagnie des gendarmes de M. le Prince, fut tué commandant la gendarmerie à la bataille de Rocroy, en 1643, dès le commencement de l'action.

1674. BISS (le sieur), de Soleure, enseigne au régiment de Wictmer, mort de la blessure qu'il reçut à l'attaque du village de Perwis, en 1746. (*Voy.* BIZE, qui paroît être le même nom différemment orthographié.)

1675. BISTON (le sieur), capitaine au régiment d'Aquitaine, eut l'index de la main droite emporté d'un coup de feu à la bataille de... sous Louis XV.

1676. BITESSON (le sieur), écuyer du grand prieur de France, tué à la bataille de Dreux, en 1562.

1677. BITREMONT (le sieur), lieutenant au régiment de Saint-Germain, blessé à la bataille de Rosback, en 1757.

1678. BIZANNES (le capitaine), dangereusement blessé dans une affaire en 1562, se fit transporter à Narbonne, où il mourut de sa blessure. (De Thou.)

1679. BIZE (le sieur), capitaine au régiment de Wictmer,

blessé à la bataille de Rosback, en 1757. (*Voy.* Biss qui paroît être le même nom différemment orthographié.)

—

1680. Bizouard de Verrey (Claude), porte-étendard des gendarmes de Bourgogne, tué à la bataille d'Hochstet, en 1704.

1681. Bizouard de Verrey (Denis), chevalier de Saint-Louis, capitaine au régiment du Médoc, blessé au siége de Landau, sous Louis XIV.

1682. Bizouard de Verrey (Bénigne), gendarme des chevau-légers d'Anjou, tué à la bataille de Fontenoy, en 1745.

1683. Bizouard de Verrey (Jean-Baptiste), frère du précédent, chevalier de Saint-Louis, premier sous-aide-major de la gendarmerie et mestre de camp de cavalerie, grièvement blessé à la bataille de Fontenoy, en 1745, le fut encore considérablement aux lignes du village des Picards. Il mourut à Lunéville, le 12 avril 1790, âgé d'environ 72 ans.

—

1684. Blachères (Jean-Luc de), chevalier de Saint-Louis, capitaine de grenadiers au régiment de Talart, depuis Flandres, avec rang de lieutenant-colonel, blessé en 1746 à la bataille de Raucoux, puis d'un boulet de canon aux jambes à celle de Minden, en 1759, le fut encore à celle de Filling-Hausen, en 1761.

1685. Blaignis (le sieur), lieutenant dans les volontaires de Clermont, fut dangereusement blessé à l'affaire de Tziremberg en Allemagne, le 21 juin 1762.

1686. Blaignac (le sieur de), capitaine au régiment de Piémont, blessé d'une mousquetade et de deux coups de pique au siége de Nérac, où il se signala, en 1621.

1687. Blaignac (le sieur de), capitaine au régiment de Champagne, tué au siége de La Rochelle en 1573.

1688. BLAINCOURT (le sieur de), capitaine au régiment de la marine, blessé à l'épaule à la bataille d'Hartembeck en 1757.

1689. BLAINVILLE (le seigneur de), tué à la bataille d'Azincourt en 1415.

—

1690. BLAISEL (Barthélemy, baron du), maréchal de bataille et maître d'hôtel ordinaire du roy, mourut à Saint-Germain-en-Laye, au mois de may 1652, des blessures qu'il reçut au combat d'Etampes. (Deux frères et deux neveux de son nom furent tués aussy dans les guerres de Louis XIV.)

1691. BLAISEL (Antoine, baron du), chevalier de Saint-Louis, lieutenant-colonel du régiment de Picardie et gouverneur d'Ardelot, tué à la bataille de Guastalla en 1734.

1692. BLAISEL (le chevalier du), capitaine au même régiment, blessé aux batailles de Parme et de Guastalla en 1734, mourut à Boulogne-sur-Mer en 1737.

1693. BLAISEL DE MARCHEVILLE (le sieur du), son frère, capitaine au même régiment, fut blessé aussy à la bataille de Parme.

1694. BLAISEL (Antoine-Joseph-Auguste-Louis, marquis du), chevalier de Saint-Louis, lieutenant chef de brigade des gardes du corps et maréchal de camp en 1788, fut décoré de la croix de Saint-Louis dès l'âge de 19 ans pour une belle action qu'il fit en refusant de céder à l'ennemi ; il eut dans cette affaire deux doigts de la main droite coupés.

Cette famille, qui tient une grande place dans nos fastes militaire, est encore aujourd'hui représentée.

—

1695. BLAMONT (le comte de), tué à la bataille d'Azincourt en 1415.

1696. BLANC DE PRUNIER (Jean-Philippe de), seigneur de

Connespanet et de La Morandière au Maine, chevalier de Saint-Louis et lieutenant-colonel du régiment de Toustain cavalerie; reçut à la bataille de Guastalla, en 1734, trois coups de sabre sur la tête dont un luy emporta l'oreille gauche; il y reçut aussy deux coups de feu dont un aussy l'estropia du bras gauche; il mourut en 1763, ayant servi 40 ans.

1697. Blanc (Dominique-Louis du), capitaine au régiment Royal comtois, tué près d'Uzès, dans une action contre les habitants des Cévennes en 1703.

1698. Blanc (le sieur du), chevalier de Saint-Louis, capitaine de grenadiers au régiment Dauphin, puis dans celuy du Perche, blessé à la bataille de Berghen, en 1759, et au siége de Dillombourg en 1760.

1699. Blanc (Jacques-Etienne le), sire de Cloys, seigneur de Maisons, chevalier de Saint-Louis, mestre de camp des carabiniers et brigadier des armées du roy, reçut deux blessures dangereuses à la guerre, et mourut le 11 octobre 1703, âgé de 92 ans. Son fils, chevalier de Saint-Louis et major de cavalerie, fut tué à la bataille de Creweldt, en 1758.

1700. Blanc (le sieur le), capitaine au régiment de Brissac depuis Vivarais, blessé à la bataille de Kosback en 1757.

1701. Blanc (le chevalier le), mousquetaire du roy de la 2e compagnie, blessé à la bataille d'Eltingen en 1743.

1702. Blanc (le sieur le), lieutenant au régiment de Condé, blessé à la tête à la bataille de Minden en 1759.

1703. Blanc (Charles le), capitaine au régiment royal des Vaisseaux, blessé au siége de Tournay et à la bataille de Fontenoy en 1745.

1704. Blanc (Anne le), seigneur de Rolet, baron d'Acquigny, capitaine aux gardes françoises, maître d'hôtel ordinaire du roy, chevalier de son ordre, conseiller d'Etat d'Epée, maréchal de camp, gouverneur de Louviers, bailly et gouverneur de Caen, fut tué au siége de Valenciennes en 1656.

1705. Blanc (Louis le), capitaine au régiment de Normandie, blessé au combat de Chiari en 1701.

1706. Blanc (Esprit le), seigneur de Boisvert, capitaine de dragons, fut tué à la tête de sa compagnie à la bataille de la Boine, en Irlande, en 1690.

1707. Blanc (Jacques le), son frère, seigneur de Castillon, lieutenant de vaisseau, fut tué au siége de Barcelonne où il commandoit les batteries, au mois de septembre 1714.

—

1708. Blanchard (le sieur), lieutenant de frégates auxiliaire, commandant la gabare du roy la *Dorade*, fut tué dans un combat qu'il soutint le 4 may 1779 contre un corsaire anglois.

1709. Blanchard (le sieur), capitaine au régiment de Languedoc, blessé en 1758, à l'affaire de Carillon en Canada.

1710. Blanchard de Tallangouet (Jean), capitaine au régiment de Sault, blessé en différentes actions, mourut à Prade, en Roussillon, au mois de mars 1698, d'un éclat de grenade au menton qu'il avoit reçu l'année précédente au siége de Barcelonne.

1711. Blanchard de Tallangouet de Changy (Philippes-Louis de), chevalier de Saint-Louis et capitaine appointé dans la compagnie des gendarmes de la garde, mourut en 1744 des blessures qu'il avoit reçues l'année précédente à la bataille d'Eltingen.

1712. Blanchefort (le sire de), gentilhomme du Berry, fut tué devant Honfleur en 1450.

1713. Blanchefort (Jean de), seigneur de Fondelin, commandant deux compagnies de gens de pied, tué à l'entrepris d'Anvers en 1583.

1714. BLANCHEFORT (Roger de), sire et baron d'Asnois, lieutenant-colonel du régiment de Navarre, blessé en plusieurs rencontres, notamment à l'affaire de Gigeri, en 1664, où il perdit un œil, mourut le 12 avril 16.4.

1715. BLANCHEFORT (N.... de), mousquetaire de la garde du roy, blessé au siége de Mastrick en 1673.

1716. BLANCHEFORT (François-Joseph de), marquis de Créquy, chevalier de Saint-Louis, lieutenant général des armées du roy eut un cheval tué sous luy, un autre blessé, et reçut plus de 30 coups sur ses habits dans une affaire contre les impériaux en 1691, et fut tué à la bataille de Luzara en 1702.

Voir, sous le nom de Créquy, un article qui concerne cette maison.

1717. BLANCHER DE PIERREBUFFIÈRE (Claude de), marquis de Lostanges, enseigne des gendarmes écossois, brigadier des armées du roy et lieutenant de roy de la province de la Marche, fut tué au siége de Mons, en 1691, en portant la fascine à la tête de sa brigade.

1718. BLANCHET DU PUIS (Charles), chevalier de Saint-Louis et capitaine au régiment de Mailly depuis Guyenne, blessé à la bataille de Rosback, en 1757, quitta le service en 1777.

1719. BLANCOURT (le sieur de), lieutenant au régiment de Champagne, blessé à la bataille de Guastalla en 1734.

Voir d'Ablancourt, au cas que ce soit le même nom mal orthographié.

1720. BLANDAT (le sieur), lieutenant de grenadiers au régiment d'Agénois, tué au siége de Savannah en 1779.

1721. BLANDI (le seigneur de), officier au service du roy, fut tué au siége de Metz en 1552, (de Thou).

1722. BLANQUEFORT (le sieur de), lieutenant au régiment de

Picardie et depuis capitaine, blessé au siége de Dolle, en 1636, le fut encore à celuy de Dunkerque, en 1646.

1723. Blanville (le sieur de), chevalier de Saint-Louis, lieutenant-colonel du régiment de Bretagne, tué dans l'armée de Soubise en 1761.

1724. Blaru (le sieur le), capitaine au régiment de Feuquières, blessé au siége de Philisbourg en 1688.

1725. Blausel (Jean de), tué à la bataille d'Azincourt en 1415.

—

1726. Blé-d'Huxelles (N.... du), fut tué dans une rencontre près d'Arnay-le-Duc, sous le règne de Charles IX.

1727. Blé (Jacques du), marquis d'Huxelles, chevalier des ordres du roy, conseiller d'Etat d'Epée, maréchal de camp, capitaine de 50 hommes d'armes des ordonnances de S. M., mestre de camp d'un régiment d'infanterie, gouverneur de Châlons sur Saône, lieutenant-général au bailliage de Chalonois et au gouvernement de Bourgogne, mourut d'une mousquetade qu'il reçut à l'épaule au siége de Privas, en 1629, et 4 ou 5 jours après sa blessure.

1728. Blé (Louis-Châlon du), marquis d'Huxelles, comte de Bussy et de Tenarre, maréchal de France, chevalier des ordres du roy, lieutenant-général au gouvernement de Bourgogne et gouverneur de Châlons-sur-Saône, mourut le quatrième jour d'une blessure qu'il reçut au siége de Gravelines où il commandoit une attaque la nuit du 8 au 9 août 1658.

1729. Blé (Nicolas du), marquis d'Huxelles, maréchal de France, chevalier des ordres du roy, gouverneur d'Alsace, de Strasbourg et de Châlons-sur-Saône, lieutenant-général au duché de Bourgogne, ministre du conseil de régence et président des affaires étrangères, blessé au siége de Philisbourg en 1688, mourut le 10 avril 1730.

1730. Bled (le sieur du), gendarme de la garde du roy, blessé au combat de Leuze, en 1692.

1731. Blegier (le sieur de), mousquetaire du roy de la 2e compagnie, fut blessé au siége d'Ipres en 1678.

1732. Blegiers (Charles de), seigneur de Lairac, capitaine au régiment de Noailles cavalerie, mort des blessures qu'il reçut à la bataille de Fleurus, en 1690.

1733. Blenac, père, (le comte de), capitaine de vaisseau, mort le 10 juin 1696.

1734. Blénicourt (le sieur de), capitaine au régiment de Piémont, tué au combat d'Oudenarde, en 1708.

1735. Blese (Guillaume de), chevalier, tué à la bataille de Poitiers en 1356.

1736. Blessinga (le sieur de), lieutenant de vaisseaux, blessé au bras et à la cuisse gauche sur le *Conquérant*, dans le combat du comte de Gonsse, au mois d'avril 1782, contre l'amiral Rodney.

1737. Blesy (Simon de), chevalier, tué à la bataille de Poitiers en 1356.

1738. Blignières (le sieur de), tué au siége de Gravelines en 1644. (*Mercure* de 1644.)

1739. Block (le sieur), sous-lieutenant au régiment de la Princesse Royale au corps des Saxons, blessé à la bataille de Minden en 1759.

1740. Bloi (Joseph le), capitaine au régiment de Royal-Infanterie, tué à la bataille de Steinkerque en 1692.

—

1741. Blois (Thibaud, comte de), de la maison de Champagne, tué au siége d'Acre, en 1191.

1742. Blois (Louis, comte de Chartres et de), tué par les Bulgares à la bataille d'Andrinople, en 1205.

1743. BLOIS (Charles de Chatillon ou de), dit le *saint*, duc de Bretagne, comte de Penthièvre, vicomte de Limoges, tué à la bataille d'Auray en 1364.

1744. BLOIS (Bertrand de), tué à la bataille d'Azincourt en 1415.

1745. BLOIS (le sieur de), l'*aîné*, lieutenant de vaisseau, blessé dans le combat de M. l'Etenduere contre les Anglois, le 27 octobre 1747, mourut à son retour en France des suites de ses blessures.

1746. BLOIS (le sieur de), aussy lieutenant de vaisseau, blessé dans le combat du comte de Guichen, près de la Martinique, contre l'amiral Rodney en 1780.

1747. BLOIS DE LA CALANDRE, lieutenant de vaisseau de port de Brest, mort aux îles sur *le Mars*, commandé par M. dn Roquefeuille, le 8 octobre 1719.

1748. BLOIS DE LA CALANDRE, lieutenant de vaisseau du port de Brest, mort sur la *Favorite*, le 26 novembre 1751.

1749. BLONAC (le sieur de), officier de vaisseaux, tué sur le *Zodiaque*, dans un des combats du comte d'Aché, aux Indes, en 1758.

1750. BLOND (Charles de), tué au siége de Pignerol, sous Louis XIII.

1751. BLOND (Louis de), capitaine au régiment Dauphin, tué à la bataille de Parme en 1734.

1752. BLOND (Pierre), sieur du Vallot, premier porte-étendard des Chevaux Légers de la garde, se trouva aux batailles de Kokesberg et de Steinkerque en 1692, de Nerwinde en 1693, et aux siéges de Condé, de Bouchain, d'Aire, de Fribourg, de Mons, de Namur, de Charleroy, d'Ath et autres occasions de guerre où il reçut des blessures considérables d'après des lettres patentes du roy, du mois de février 1703, dans lesquelles il est dit aussy que...

1753. BLOND (Guillaume le), son neveu, avoit été tué sur la brèche de la citadelle de Liége où il faisoit les fonctions d'ayde-major au régiment de Charot.

1754. BLOND (François-Léonor le), garde du corps du roy, mort d'une blessure qu'il reçut à la guerre d'après des lettres patentes du roy, du mois de novembre 1761.

1755. BLOND (Charles-Nicolas le), son frère, aussy garde du corps, fut tué d'un coup de canon à la bataille de Fontenoy en 1745.

—

1756, BLONDEL (Jean), baron de Longvilliers, sieur de Douriers, de Mery et de Marquise, tué à la bataille d'Azincourt en 1415.

1757. BLONDEL (Charles), son fils, baron de Longvilliers, tué à la bataille d'Azincourt en 1415.

1758. BLONDEL (Henry *dit* de Joigny), seigneur de Bellebrune, capitaine aux Gardes Françoises, maréchal de camp, conseiller d'Etat d'Epée et gentilhomme ordinaire de la chambre du roy, tué à la bataille de Lens en 1648.

1759. BLONDELOT (Jean de), chevalier de Saint-Louis, commandeur de l'ordre de Saint-Lazare, et lieutenant au régiment de la Rablière cavalerie, fut blessé au combat de Saint-Godart en 1664.

1760. BLOQUEVILLE (le sieur de), lieutenant au Régiment Royal des vaisseaux, blessé à la bataille de Fontenoy en 1745.

1761. BLOT (le sire de), chevalier, tué au siége de Carthage en 1390.

1762. BLOTTIERES (des), capitaine de vaisseau du port de

Toulon, mort à Toulon d'un bras coupé au combat de 1704, le 26 décembre 1704.

1763. Blou (François), seigneur de Laval d'Ardeche, chevalier de l'ordre du roy, gentilhomme ordinaire de sa chambre, lieutenant-colonel du régiment des Gardes Françoises et mestre de camp des Bandes de Languedoc, reçut plusieurs blessures au service du roy, ce qui fut le motif d'une gratification de 18,000 l. qu'Henry III lui accorda au mois de novembre 1575, et il fut encore blessé en 1577 dans une affaire au Pont de Chissargues.

1764. Bloyal Saujeon (le chevalier de), enseigne de vaisseau du port de Toulon, tué sur *le Prudent*, commandé par M. de Beaulieu, le... 1687.

1765. Bocard (le sieur), blessé d'un coup de pique à travers la cuisse dans un combat en 1543.

1766. Boccage (du), lieutenant de frégate, flûte du port de Dunkerque. Noyé sur la barque la *Sauvage*, en janvier 1696.

1767. Boccage (le sieur du), lieutenant au régiment de Trassy cavalerie, blessé en 1644 au siége de Fribourg. (Mercure de 1644.)

1768. Bochart (Charles), seigneur de la Borde, capitaine d'une compagnie de chevau-légers au régiment du cardinal de Richelieu et gouverneur de Riblemont, tué au siége de Saint-Omer en 1638.

1769. Bochart de Meuillet (N....), lieutenant-colonel du régiment de Picardie, tué en Allemagne au service du roy.

1770. Bochart de Saron (Honoré), chevalier de Malte, tué à l'expédition de Gigery en 1664.

1771. Bochart de Champigny (Guy), aussy chevalier de Malte, tué au siége de Nimégue en 1672.

1772. BOCHART DE CHAMPIGNY, chevalier de Saint-Louis et capitaine de vaisseau, fut blessé à la cuisse puis au bras au combat de Tabago en 1677, le fut encore au pied à la prise d'un corsaire algérien, et à une autre entreprise d'un vaisseau hollandois, il eut une blessure à la poitrine, à la tête et à la jambe sans qu'on pût le déterminer à se faire panser : Non, non, disoit-il avec un courage héroïque, les chirurgiens sont occupés à d'autres plus blessés que moy.

1773. BOCK (le baron de), chevalier de Saint-Louis, capitaine au régiment d'Alsace et lieutenant des maréchaux de France à Boulay, fut blessé à la bataille de Clostercamps en 1760.

1774. BODET DE LA VALADE (Charles), chevalier de Saint-Louis et chef de bataillon au régiment de Champagne, blessé en 1743 à l'attaque de la redoute de Rhinvillers.

1775. BODET DE LA FENESTRE (Marie-Joseph), capitaine au même régiment, tué à la bataille de Fillinghausen en 1761.

1776. BODIN (Nicolas), chevalier de l'ordre du Roy, écuyer tranchant et gentilhomme de la chambre du duc de Bavière, mort en 1621 des blessures qu'il avoit reçues l'année précédente à la journée de Prague.

1777. BODIN DE BOISRENARD (François), chevalier de Saint-Louis, lieutenant-colonel du régiment de Mailly depuis Talara et brigadier des armées du Roy, fut blessé à la bataille de Rosback en 1757.

1778. BODIN (Jacques de), seigneur de la Corbillière, mort des blessures qu'il reçut au siége de Mayence.

1779. BODIN (Ange de), son neveu, capitaine d'infanterie, tué au siége de Landau, en 1713.

1780. BODIN (Joseph de), tué à l'affaire de l'Assiette en 1747.

1781. Boeschel (Frédéric), maréchal-des-logis dans la légion de Flandres, puis sous-lieutenant dans le régiment de Conflans, fut blessé à la retraite de Hirschfeldd en 1760 et à la découverte de Baderboran en 1761.

1782. Boetillier (le sieur de), capitaine au régiment de Navarre, blessé au combat de Salsay et au siége de Prague en 1742.

1783. Bogillot (le sieur), chevalier de Saint-Louis, lieutenant de grenadiers au régiment de Champagne, blessé en 1761 à la bataille de Fillinghausen.

1784. Boham (Jean-Antoine-François de), seigneur de Soise, chevalier de Saint-Louis, lieutenant-colonel du régiment du Maine, depuis lieutenant-général des armées du Roy et gouverneur de Longwy, blessé au combat d'Eckeren en 1703, mourut en 1722.

1785. Bohlem (le sieur de), mestre de camp du régiment royal Allemand et brigadier des armées du Roy, tué à la bataille de Nervinde en 1693.

1786. Boileau (Claude), capitaine au régiment de Montpezat, tué au siége de Cerisolles.

1787. Boileau (Daniel), son frère, tué à la bataille de Prague en 1620.

1788. Boileau (Henry-Camille), chevalier de Castelnau, chevalier de Saint-Louis, capitaine de grenadiers au régiment de Normandie, avec rang de lieutenant-colonel, blessé à la bataille de Clostercamps en 1760, obtint en 1763 une pension de retraite de 1500 francs.

1789. Boileau (le sieur), chevau-léger de la garde du Roy, eut le bras cassé et fut blessé à mort au siége de Mons en 1691.

1790. Boileve (François), capitaine au régiment de Vérac-Dragons, tué dans les guerres d'Italie en 1704.

1791. BOIN (Charles de), chevalier, tué à la bataille de Verneuil en 1424.

1792. BOINET (le sieur), lieutenant au régiment royal des vaisseaux, blessé au siége de Mons en 1691.

1793. BOIRIE (le sieur de), lieutenant au régiment de Champagne, blessé au combat de Steinkerque en 1692.

1794. BOIS DE BRESY (le sieur), lieutenant au régiment d'Enghien, blessé de coups de feu à la tête et au bas ventre à la bataille d'Hastembeck en 1747.

1795. BOIS (le sieur le), capitaine au régiment de Touraine, tué au siége de Trin en 1643. (Mercure de 1643.)

1796. BOIS (le sieur des), chevalier de Saint-Louis, capitaine au régiment de Picardie, blessé à la bataille de Parme en 1734 et au siége de Fribourg en 1744.

—

1797. BOIS (Gabriel du), tué au combat de Vinon en Provence contre le duc de Savoye, le 15 décembre 1591.

1798. BOIS (Aimon du), capitaine de 200 hommes de pied au service du roy, mort en 1573 d'une arquebusade qu'il reçut au siége de la Rochelle.

1799. BOIS (Guillaume du), tué au siége de Verceil en 1617.

1800. BOIS (le sieur du), capitaine au régiment de Normandie, blessé au siége de Coni en 1641.

1801. BOIS (le sieur du), capitaine au régiment de Conty, tué au siége de Fribourg en 1644. (Mercure de 1644.)

1802. BOIS (le sieur du), sous-lieutenant au régiment de Picardie, blessé au combat de Senef en 1674.

1803. BOIS (du), l'aisné, enseigne de vaisseau, du port de Toulon, noyé sur le *Conquérant*, en octobre 1679.

1804. Bois (le sieur du), brigadier des gardes du corps, blessé au combat de Leuze en 1691.

1805. Bois (le sieur du), garde de la marine, tué dans un combat naval en 1758, d'un coup de canon.

1806. Bois (François du), premier capitaine au régiment de Béarn et chevalier de Saint-Louis, tué à la bataille de Parme en 1734.

1807. Bois (Gabriel du), son frère, seigneur de Saint-Vincent, chevalier de Saint-Louis, capitaine de grenadiers, puis major du même régiment et major de Landrecies, mort à Apt en 1753 de la suite des blessures qu'il avoit reçues à la bataille de Raucoux en 1746.

1808. Bois (André-Antoine-Joseph du), seigneur de Bergueneuse, chevalier de Saint-Louis et capitaine au régiment de la Reine-Infanterie, tué à la bataille de Plaisance en 1746.

1809. Bois (Louis-Thomas du), marquis de Leuville, de Vandenesse et de Givry, baron d'Anisy et de Neuvy, comte de Fontaines-Morant, chevalier de Saint-Louis, lieutenant-général des armées du roy, gouverneur de Charlemont et grand bailly de Touraine, mourut le 3 avril 1742 devant Egra en Bohême où il commandoit.

1810. Bois (Thomas-Alexandre du), son frère, seigneur de Fiennes, dit *le bailly de Givry*, chevalier, commandeur et bailly de l'ordre de Malte, lieutenant-général des armées du roy, eut une rotule emportée au siége de Château-Dauphin à l'attaque des retranchements en 1744 et mourut peu de jours après à Embrun des suites de cette blessure ; il en avoit encore reçu une considérable à l'attaque de Pierrelongue en la même année.

1811. Bois de la Clairaye (le sieur du), capitaine au régiment de Picardie, tué au siége de Saint-Sébastien en 1719.

1812. BOIS DU FRÊNE (Pierre du), chevalier de Libersac, chevalier de Saint-Louis, chef de bataillon au régiment de Normandie, blessé à la bataille de Clostercamps en 1760.

1813. BOIS-GUEHENNEUC (le sieur du), lieutenant de vaisseau, fut grièvement blessé au combat d'Ouëssant en 1778.

—

1814. BOISBERTRAND (le seigneur du), tué à la bataille de Dreux en 1562.

1815. BOISBILLY (Julien-François du), chevalier de Saint-Louis, capitaine de vaisseaux du roy appelé le chevalier de Beaumanoir, fut blessé au combat d'Ouëssant en 1778.

1816. BOISBOREL (Thibaud de), tué en 1347 au combat de la Roche-de-Rien contre les Anglois.

1817. BOISBOSSEL (Pierre *sire* de), tué à la bataille d'Auray en 1364.

1818. BOISCHANDON (le sieur de), mousquetaire de la garde du roi, blessé au siége de Maestrick en 1673.

1819. BOISCHARENDE (le sieur de), lieutenant au régiment de Poly cavalerie, blessé à la bataille de Minden en 1759.

1820. BOISCONTEAU (le sieur de), gendarme de la garde du roy, tué au combat de Leuze en 1691.

1821. BOISDAUPHIN (le sieur de), officier au régiment de Champagne, blessé en 1637 à l'attaque de Soorle. (Ne seroit-il pas le même que M. de Sablé? cet article en ce cas pourroit se rapporter à Gilles, marquis de Laval et de Sablé, mort maréchal de camp en 1646.)

1822. BOISFERMÉ (le sieur de), Franc-Comtois, colonel d'un régiment, tué à la défense de Landau en 1704.

1823. BOIS DE LA MOTTE (comte du), vice-amiral le 13 octobre 1762. Son frère, âgé de 19 ans, ayant été blessé de 2 coups de fusil à travers du corps et passant auprès de luy, fut coupé en deux d'un coup de canon.

1824. Bois de Villiers, lieutenant de galliote d'artillerie du port de Brest, mort à Leogane sur *l'Argonaute*, M. Boutteville, capitaine, le 1er juillet 1720.

1825. Boisfeuillet (le seigneur de), fut blessé dangereusement à la cuisse en 1591 et mourut quelques jours après fort regretté de l'armée, dit M. de Thou.

1826. Boisgamard (le sieur de), mousquetaire de la garde du roi, blessé au siége de Maestrick en 1673.

1827. Boisgelin (le sieur de), capitaine des volontaires de Flandres, eut un doigt emporté à la bataille d'Hastembeck en 1757.

1828. Boisgelin (N... de), dit *le marquis de Cucé*, enseigne de la première compagnie des mousquetaires, mort de la blessure qu'il reçut en 1758 à l'affaire de Saint-Crot.

1829. Boisgelin de Kergomar (Jean-Baptiste dit le vicomte de), chevalier de Saint-Louis, capitaine de vaisseaux, gentilhomme de la manche du roy, brigadier de ses armées et premier chambellan de Monsica, eut un bras emporté sur le *Raisonnable* dans un combat naval en 1758.

1830. Boisgueret de la Vallière (Claude de), chevalier de Saint-Louis, capitaine au régiment de Viennois, obtint en 1788 une pension de 900 francs, motivée sur ses services et plusieurs de ses blessures, notamment sur un coup de feu qu'il reçut dans la guerre d'Amérique.

1831. Boisguerin (le sieur de), commissaire d'artillerie, tué au siége de Thionville en 1643. (Mercure de 1643.)

1832. Boisguyon (Louis de), seigneur de la Rozaye, premier

capitaine au régiment de Granery, tué au siége d'Arras en 1640.

Cinq frères de cette famille furent tués dans les guerres de Louis XIV.

1833. BOISHERPIN (le seigneur de), tué au siége de Metz en 1552.

1834. BOISJARIC (le sieur de), lieutenant au régiment de Champagne, fut blessé au combat de Valcour en 1689.

1835. BOISLEVÊQUE (le sieur de), capitaine au régiment de Roüergue, blessé à la bataille de Minden en 1759.

1836. BOISLORÉE (ou BOISLOZÉ?) (Marin de), chevalier de l'ordre du Roy, gentilhomme ordinaire de sa chambre et l'un de ses maîtres d'hôtel, écuyer du corps du roy Jacques d'Angleterre, servit dignement le roy Henri IV, qui, dans des lettres du 7 juin 1604 dit expressément qu'il *luy avoit veu recevoir plusieurs playes et blessures en son corps dont il ressentoit encore les incommoditez et en avoir peu de santé pour sa personne ;* il mourut après l'an 1657, dans un âge fort avancé.

1837. BOISMAYARD (le sieur de), capitaine au régiment de Navarre, blessé à la bataille d'Ettingen en 1743 et dans l'armée du Rhin en 1745.

Voir de Beaumaillard que l'on présume être le même que celui-ci.

1838. BOISMOREL (le sieur de), lieutenant de carabiniers, tué à la bataille de Minden en 1759.

1839. BOISNEMORT (le sieur de), enseigne au régiment d'Aumont, blessé à la bataille de Minden en 1759.

1840. BOISNEUF (le sieur de), sous-lieutenant au régiment du Port-au-Prince, tué au siége de Savannah en 1779.

1841. BOISNEUF DE LA POTERIE (le chevalier de), lieutenant de vaisseau, blessé sur la *Sybille*, dans le combat du comte de Kergariou, du 2 janvier 1783.

1842. BOISORÉ (le sieur de), chevau-léger de la garde du roy, tué à la bataille de Nervinde en 1693.

1843. BOISOUGE-MAGUEREL, lieutenant du port de Toulon, périt sur le *Magnanime*, le 22 janvier 1712.

1844. BOISOUGE-MAGUEREL, lieutenant du port de Brest, noyé sur le *Magnanime*, le 22 janvier 1720.

1845. BOISREMONT (le sieur de), chevalier de Saint-Louis capitaine de grenadiers au régiment de Navarre, blessé au siége de Prague en 1742.

1846. BOISROGER (le sieur de), mousquetaire de la garde du roy, blessé au siége de Mastrick en 1673.

1847. BOISROGER (le capitaine de), Normand, tué au siége de Bois-le-duc en 1629 (*Mercure de France* de 1629.)

1848. BOISRONDET (le sieur de), gendarme de la garde du roy, blessé au combat de Leuze en 1691.

1849. BOISSAC (le chevalier de), officier aux gardes françoises, tué à l'attaque de Karickfergus, en Irlande, le 21 février 1760.

1850. BOISSAY (le seigneur de), tué à la bataille d'Azincourt en 1415.

1851. BOISSE (le sieur de), capitaine au régiment de Bourbonnois, tué à la bataille de Steinkerque en 1692.

1852. BOISSEAU (le sieur), chevalier de Saint-Louis, capitaine aux gardes françoises, tué à la bataille d'Ettingen en 1743.

1853. BOISSELEAU (le chevalier de), capitaine au régiment de la Reine-Dragons, tué à l'affaire de Gramshussen, en Allemagne, en 1675.

1854. BOISSELET (le sieur de), capitaine au régiment de

Talaru, tué, en 1759, sur le *Thésée* dans le combat du maréchal de Conflans contre les Anglois, à la hauteur de Bellisle.

1855. Boisselier-Cornotte (Pierre-Nicolas), chevalier de Saint-Louis, d'abord sergent, puis quartier-maître trésorier au régiment de Touraine, ensuite de Savoye-Carignan et d'Angoulême, avec rang de capitaine, fut blessé et estropié à la main à la bataille de Minden en 1759.

1856. Boisset de Gautier (le sieur de), chevalier de Saint-Louis, lieutenant-colonel du régiment de Picardie et lieutenant de Roy de Schlestatt, eut le bras cassé d'un éclat de bombe au siége de Fribourg, en 1744, et mourut des suites de cette blessure.

1857. Boisseuil (le chevalier de), sous-ayde-major des carabiniers, tué à la bataille de Minden en 1759.

1858. Boissière (le sieur de), capitaine au régiment royal des vaisseaux, blessé à la bataille de Cassel en 1677.

—

1859. Boissière (le sieur de la), chevalier de Saint-Louis, capitaine de grenadiers au régiment de Normandie, tué au siége de Berg-op-Zoom en 1747.

1860. Boissière (le sieur de la), capitaine aux gardes françoises, tué à la bataille de Cassel en 1677.

1861. Boissière de Chambors (N... de la), chevalier de Malte et capitaine au régiment de Navarre, fut tué au siége d'Amiens en 1597. (Il avoit eu deux frères officiers dans les gendarmes de la garde, tués à la bataille d'Ivry en 1590.

1862. Boissière de Chambors (Jean de la), enseigne aux gardes françoises, tué à l'attaque des barricades de Suze en 1629.

1863. Boissière (Guillaume de la), dit le *comte de Cham-*

bors, maître d'hôtel ordinaire du roy, mestre de camp commandant le régiment de cavalerie du cardinal Mazarin, maréchal de camp et commandant à Ipres, l'un des meilleurs hommes de guerre de son temps, fut blessé à l'épaule gauche au combat de Saint-Laurent de la Roche, en 1637, où il prit plusieurs étendards et un drapeau que le roy luy permit de déposer dans le chœur de l'église de Chambors, et le fut encore à l'épaule droite, à la tête du régiment de Mazarin qu'il commandoit à la bataille de Nortlingue en 1645. Il fut tué d'un coup de mousquet à celle de Lens en 1648.

1864. Boissière de Chambors (Louis de la), son fils, capitaine au régiment de Picardie, tué à Arleux, en 1651, à l'âge de 16 ans.

1865. Boissière (Guillaume de la), son autre fils, dit le *comte de Chambors*, enseigne aux gardes françoises, puis capitaine de cavalerie et lieutenant des cent Suisses de la garde du roy, fut blessé à la bataille de Rethel, en 1650, et au combat de la porte Saint-Antoine, en 1652.

1866. Boissière (le sieur de la), capitaine de grenadiers au régiment de Guyenne, blessé aux siéges de Luxembourg et de Philisbourg, en 1684 et 1688, fut tué à la bataille de la Marsaille en 1693.

Cette famille a encore des représentants. — *Voir* ci-devant M. le Bel de la Boissière, capitaine aux gardes, qui fut tué à la bataille de Saint-Denis. Seroit-il de la même famille ?

1867. Boissieu (Henry-Louis-Augustin de), chevalier de Saint-Louis, capitaine ayde-major au régiment de Champagne, puis lieutenant-colonel de celuy d'Austrasie et maréchal de camp, fut tué à la bataille de Fillinghausen en 1761.

1868. Boissinot (le sieur), officier auxiliaire, tué dans le combat du bailly de Suffren, aux Indes, près de Provedierne, contre l'amiral Hugues, le 12 avril 1782.

1869. Boissondain (le sieur de), capitaine au régiment de Piémont, blessé à la bataille de Rosback en 1757.

1870. Boissonnade (Antoine de), seigneur d'Orthies, capitaine aux gardes françoises et précédemment au régiment de Picardie, gouverneur de Bapaume et maréchal de camp, blessé au siége de Sainte-Menehould en 1658 et à celuy de Condé en 1655, mourut à Bapaume en 1692.

1871. Boissonnade (N... de), chevalier de Saint-Louis, major du régiment royal des vaisseaux, fut blessé en plusieurs actions, entr'autres à l'attaque des ennemis à Quircon, en 1746, et à la bataille de Lanfeldt, le 2 juillet 1747. Il mourut le 16 du même mois.

1872. Boissonnière (le sieur de la), capitaine au régiment de Champagne, tué en 1627 à la descente des Anglois dans l'isle de Rhé.

1873. Boissy (Henry de), seigneur de Caule ou de Chaule, chevalier, tué à la bataille d'Azincourt en 1415.

1874. Boissy (le sieur de), excellent homme de guerre (dit M. de Thou), soutint huit jours de suite le siége de Florac; ayant été blessé dans une attaque, il eut assez de force et de courage pour cacher sa blessure pour pouvoir combattre avec plus de liberté; mais sa bravoure luy coûta la vie et il mourut peu de jours après pour ne s'être pas fait panser à temps.

1875. Boistel (le sieur de), lieutenant au régiment de Navarre, blessé à l'attaque des retranchements des ennemis devant Woërden en 1678.

1876. Boistinaut (de), enseigne de vaisseau du port de Rochefort, noyé sur la *Diligente*, commandée par le comte d'Aulnay, 1691.

1877. Boistirou (le sieur de), capitaine au régiment de

Navarre, blessé à la bataille de Cassel en 1677, fut tué au siége d'Ipres en 1673.

1878. BOISVIGNEAU (le sieur de), gendarme de la garde du roy, blessé au combat de Leuze en 1691.

1879. BOLANDRE (le sieur de), officier au service du roy, tué en 1589 dans un combat que soutint le comte de Joyeuse-Grandpré contre le capitaine Saint-Paul (de Thou).

1880. BOLLEHOUTE (le sieur de), enseigne au régiment de Champagne, tué au siége de la Rochelle en 1573.

1881. BOLLIOUD (le sieur de), chevalier de Saint-Louis, commandant de bataillon au régiment de Normandie, blessé au siége de Tournay en 1745, à celui de Berg-op-Zoom en 1747, et à la bataille de Clostercamps en 1760.

1882. BOLMER (le sieur), capitaine au régiment de Navarre, tué à la bataille de Nervinde en 1693.

1883. BOMBEL (le sieur de) *fils*, tué à la bataille d'Eltingen en 1743.

1884. BOMPAR (François de), seigneur de Saint-Pierre, chevalier de Saint-Louis, capitaine au régiment royal des vaisseaux, avec rang de lieutenant-colonel, blessé, en 1776, à l'attaque des ennemis à Quircon.

1885. BOMPART (le sieur de), officier auxiliaire, tué le 20 avril 1782 dans le combat du *Pegaze* contre le vaisseau anglois le *Foudroyant*.

1886. BOMPRÉ (le sieur de), capitaine au régiment de Courten Suisse, blessé, en 1746, au siége de la citadelle d'Anvers.

1887. BON (le sieur), capitaine au régiment de Normandie, blessé au siége de Turin en 1706 et probablement le même que le sieur *le Bon*, capitaine au même régiment qui l'avoit été aussy au combat de Chiari en 1701.

1888. BON DE SAINS (le), tué à la bataille d'Azincourt en 1415.

1889. BON (le sieur du), chevau-léger de la garde du roy, blessé à la bataille d'Ettingen en 1743.

—

1890. BONAFOS (Pierre de), seigneur de Bellinais, dabord page de la grande écurie, puis lieutenant de cavalerie au régiment Cardinal, fut blessé en différentes actions, particulièrement au siége d'Ipres, où il reçut dans une sortie quatre coups de mousquet dans le corps, d'après une attestation de M. de Turenne de l'an 1665.

1891. BONAFOS (Jaques-Germain de), son fils, seigneur de Bellinais, cornette de cavalerie, ayant été blessé dans les guerres de Louis XIV, fut obligé de quitter le service.

1892. BONAFOS DE LA TOUR (Paul chevalier de), chevalier de Saint-Louis, capitaine au régiment de Vexin, fut blessé à la jambe à la bataille de Minden en 1759, étant dès lors lieutenant dans le régiment de Vatau.

1893. BONAFOS (Joseph de), chevalier de Saint-Louis, capitaine au régiment royal Roussillon infanterie, obtint une pension du roy, en 1783, en considération de ce qu'il avait perdu une jambe dans un combat naval.

—

1894. BONAFOUS (le sieur de), capitaine au régiment de Navarre, tué à la bataille de Raucoux en 1746.

1895. BONAISENT (le sieur de), capitaine au régiment d'Aquitaine, blessé à la jambe droite à la bataille de Minden en 1759.

1896. BONAMOUR DE VIGOUROUX (Henry de), chevalier de Saint-Louis, maréchal-des-logis de la gendarmerie, reçut une blessure à la bataille de Minden en 1759.

1897. BONAMY DE LA PRINCERIE (Jacques-Joseph), seigneur

de Coignac, chevalier de Saint-Louis, commandant une compagnie à l'hôtel royal des Invalides, et cy-devant capitaine d'infanterie, se trouva aux batailles de Ramillies et de Malplaquet, en 1706 et 1709, où il fut blessé, servant alors dans la 2e compagnie des mousquetaires; il mourut en 1776, âgé de 87 ans.

Son père et deux de ses frères y avoient été aussi dangereusement blessés.

1898. BONAUD DE MONTARET (Julien), chevalier de Saint-Louis, capitaine au régiment de Savoie-Carignan, blessé à la bataille de Minden, en 1759, étant alors lieutenant au régiment de Touraine.

1899. BONCE (le sieur de), mousquetaire de la garde du roy, blessé à mort à la bataille d'Ettingen en 1743.

1900. BONCE (le chevalier de), chevalier de Saint-Louis capitaine, puis lieutenant-colonel du régiment de Navarre et lieutenant de roy de la citadelle d'Arras, fut blessé d'un coup de feu à la poitrine à la bataille d'Hastembeck en 1757.

1901. BONCHAMPS (le sieur de), officier, blessé sur le *Comte d'Artois*, dans le combat que ce vaisseau soutint le 13 août 1780 contre deux vaisseaux de guerre ennemis à la vue de la côte d'Irlande.

1902. BONCOUR (le sieur), capitaine au régiment de Piémont, blessé au siége de Dunkerque en 1646.

1903. BONET DE LA GROUSELIÈRE (le sieur de), commandant de bataillon au régiment de la Couronne, tué en Espagne à la tête de ce régiment, qu'il commandoit en chef, dans une action vive qui se passa devant le siége de Cardonne en 1711.

1904. BONET (N... de), lieutenant au régiment du Maine, tué dans les guerres de Louis XIV.

1905. BONET (Louis de), seigneur d'Honières, chevalier de Saint-Louis, capitaine de grenadiers au régiment de Nice, blessé d'un coup de feu à la retraite d'Etain en Bohême, eut la jambe froissée par le jeu d'une mine sous laquelle il fut enterré avec toute la tête de sa compagnie, au siége du fort Saint-Philippes, en 1756.

1906. Bonfontan (le sieur de), capitaine au régiment de Navarre, blessé à la bataille de Raucoux (Belgique), en 1746.

1907. Bongards (le sieur de), gendarme de la garde du Roy, blessé au combat de Leuze (Belgique), en 1691.

1908. Bonier (le sieur), aussy gendarme de la garde du Roy, blessé pareillement au même combat de Leuze, en 1691.

—

1909. Boniface (Joseph de), seigneur de la Molle, officier distingué par ses services, tué à la bataille de Cerisolles, en 1544.

1910. Boniface (Hélie de), gentilhomme ordinaire de la maison du Roy, puis de la reine Catherine de Médicis, tué d'un coup de mousquet au combat de Voréas, en 1562.

1911. Boniface (Joseph de), seigneur de la Molle, tué à la bataille de Saint-Quentin, en 1557.

1912. Boniface (Jacques de), tué au siége de Saint-Jean d'Angély, en 1569.

1913. Boniface de la Molle (Joseph de), gentilhomme ordinaire de la chambre du roy, maître de la garde-robe et confident intime du duc d'Alençon, blessé au siége de la Rochelle en 1573, eut la tête tranchée le 30 avril 1574.

1914. Boniface (Jean de), fut massacré par les ligueurs le 9 avril 1584, comme zélé et fidèle serviteur du roy.

1915. Boniface (François-Gabriel-Sibille de), mousquetaire du roy de la 1re compagnie, tué à la bataille d'Ettingen, en 1743.

—

1916. BONIN (Jacques de), seigneur du Cluseau, tué au service du roy sous Louis XIII.

1917. BONIN (Louis de), seigneur du Cluseau, capitaine, puis major du régiment de Langeron-Infanterie, blessé à la bataille de Rocroy en 1643, fut tué au service, lui et son fils, avant l'an 1655.

1918. BONLOUVARD (le sieur de), officier auxiliaire, blessé le 6 juillet 1779, dans le combat du comte d'Estaing contre l'amiral Byron, près de la Grenade.

1919. BONNAFOUS (le sieur de), lieutenant au régiment de Normandie, tué d'un boulet de canon au camp devant Saint-Sébastien, au mois de juillet 1719.

(*Voir* BONAFOS, BONAFOUS.)

1920. BONNE (Marin de), mort dans les guerres de Lombardie au service de Louis XII.

1921. BONNE DE CROS (Jean de), commandant trois mille Italiens à la bataille de Cérisolles, y fut tué en 1544.

1922. BONNE (le baron de), capitaine au régiment de..., fut grièvement blessé d'un coup de pierrier à une épaule au siége de Fribourg, en 1744.

1923. BONNE (le sieur de), capitaine au régiment de Saint-Chamond, blessé à la bataille de Rosback, en 1757.

1924. BONNE DE LESDIGUIÈRES (Honoré, chevalier de), chevalier de Saint-Louis, capitaine au régiment de Navarre, blessé à la bataille d'Hastembeck, en 1757, quitta le service en 1783.

1925. BONNEAU (Henry de), seigneur de Tracy, capitaine au gardes françoises, maréchal de camp et gouverneur de Bergues Saint-Vinox, près de Tournay, eut une jambe cassée au siége de Condé en 1655, et fut encore blessé au bras d'un coup de fauconneau, au château de Lichtemberg.

1926. Bonneau (le chevalier de), capitaine au régiment de Bourbonnois, tué à la retraite de Deckendorf, en 1743.

1927. Bonnebault (Jean de), chevalier, tué à la bataille d'Azincourt, eu 1415.

1928. Bonnechose (Charles de), chevalier de Saint-Louis, maréchal-des-logis des chevau-légers de Bretagne et lieutenant-colonel de cavalerie, blessé aux batailles de la Marsaille et de Malplaquet, en 1693 et 1709, mourut le 17 novembre 1739.

1929. Bonnechose (Nicolas-Louis-Gaston de), lieutenant au régiment de Poitou, blessé à la bataille de Rosback en 1757, mourut le 23 avril 1758.

1930. Bonnefond (de), enseigne de vaisseau, du port de Toulon, tué sur le *Magnifique* au combat d'Agouste, le 21 avril 1676.

1931. Bonnefons (le sieur de), lieutenant aux grenadiers de France, blessé au bras à la bataille de Minden, en 1759.

1932. Bonnefoy (Jean et Antoine de), frères, furent tués à la bataille de Pavie, en 1525.

Dictionnaire de la noblesse, Paris, 1772, t. IV, art. de cette famille.

1933. Bonnefoy de Brethauville (René de), enseigne de vaisseau, tué au combat de Morbian, le 22 novembre 1759, sous les ordres du maréchal de Conflans.

1934. Bonnegarde (le sieur de), mousquetaire de la garde du roi, blessé au siége de Mastrick, en 1673.

1935. Bonnemie (le chevalier de), lieutenant de vaisseau du port de Rochefort, tué à La Hogue, sur le *Maure*, M. des Augiers, capitaine, le 29 mai 1692.

1936. Bonnessan (le sieur de), capitaine des grenadiers royaux de l'Espinasse, blessé à la journée de Grebenstein, le 24 août 1762.

1937. BONNEST (le sieur), lieutenant au régiment de Diesbach-Suisse, blessé à la bataille de Rosback en 1757, le même probablement que le *sieur Bonnet*, lieutenant au même régiment, qui le fut depuis à la bataille de Rosback, en 1757.

1938. BONNET (Pierre de), chevalier de Saint-Louis, lieutenant-colonel du régiment de Besançon et commandant à Joinville, blessé en 1704 à la bataille d'Hochtet, étant alors cornette au régiment d'Halauzy-Dragons, mourut à Besançon le 20 décembre 1754, couvert de cicatrices et gardant depuis trente ans trois balles dans les chairs, que tout l'art de la chirurgie n'avoit pu retirer.

1939. BONNEVAL (Germain, baron de), conseiller, chambellan ordinaire du roy, sénéchal et gouverneur de Limosin, tué à la bataille de Pavie, en 1525.

1940. BONNEVAL (Horace de), seigneur de Montnigat et de Salagnac, gentilhomme ordinaire de la chambre du roy, chambellan du duc d'Alençon et lieutenant de la compagnie de cent hommes d'armes du maréchal d'Aumont, fut tué en 1587 aux barricades de Tours, servant contre les religionnaires.

3941. BONNEVAL (le baron de), neveu du marquis de Courtomes, fut tué au siége de Bois-le-Duc, en 1629. (*Mercure* de 1629.)

1942. BONNEVAL (le sieur de), enseigne du capitaine Bautelo, fut blessé au même siége. (*Mercure* de 1629.)

1943. BONNEVAL (César-Phœbus, marquis de), chevalier de Saint-Louis, brigadier des armées du roi, eut son cheval emporté sous lui d'un coup de canon au siége de Chivas, en 1705, et eut encore trois chevaux tués sous lui à l'attaque des lignes de Turin, en 1706, où il fut lui-même percé de plusieurs coups.

1944. BONNEVAL (André, comte de), chevalier de Saint-Louis, major du régiment de Poitou, puis maréchal de camp, reçut plusieurs blessures à la bataille de Rosback, en 1757. (*Voir* Deshières.)

—

1945. BONNEVAU (le sieur de), lieutenant de la compagnie de cavalerie du maréchal d'Aumont, fut tué en 1589, à l'attaque du faubourg de Tours. (De Thou.)

1946. BONNIEC (le sieur de), officier auxiliaire, tué au combat de la *Surveillante* contre le vaisseau anglois l'*Ulysse*, le 5 juin 1781.

1947. BONNIÈRE (le sieur de), capitaine au régiment de Rambures, tué au combat de Senef en 1674.

1948. BONNIET (le sieur), capitaine au régiment d'Armagnac, blessé au siége de Savannah, en 1779.

1949. BONNÍN (Hugues), chevalier, tué à la bataille de Poitiers, en 1356.

1950. BONNINIÈRE (Jean-Claude de la), marquis de Beaumont-la-Ronce, officier au régiment du roy, blessé d'un coup de fusil à la cuisse à la bataille de Parme, en 1734.

1951. BONNIVET (le marquis de), capitaine de frégate du port du Havre, mort commandant l'*Heureux retour*, armé pour la Guinée, enterré à Salsmouth le 14 septembre 1717.

—

1952. BONNOT (le sieur), lieutenant au régiment de Champagne, mort des blessures qu'il reçut à la bataille de Parme, en 1734.

1953. BONNOT (le sieur), lieutenant au régiment de Hainault, blessé d'un coup de fusil à la jambe au siége du fort Saint-Philippes, en 1756.

1954. BONOT (Claude de), gentilhomme volontaire au régiment des Gardes-Françoises, tué à la bataille de Fleurus, en 1690.

1955. BONOT (Jean-Antoine de), lieutenant au régiment Royal des vaisseaux, tué au siége de Mons.

1956. BONOT (Pierre de), lieutenant au régiment de Maulevrier-Infanterie, tué au siége de Barcelone.

1957. BONOT (Guillaume de), chevalier de Saint-Louis, brigadier des gardes du corps et capitaine de cavalerie, blessé à la cuisse gauche à la bataille d'Ettingen, en 1743.

1958. BONOT DE JOURDEAU (Gabriel de), chevalier de Saint-Louis, capitaine au régiment de Béarn, mort de la suite de ses blessures sous Louis XV.

1959. BONOUVRIER (le sieur de), lieutenant servant dans le parti catholique, fut blessé au siége d'Issoire, en 1577. (On le présume le même que le sieur *Crépin de Bonouvrier*, qui fut depuis commandant et gouverneur de la citadelle de Metz, et mourut le 1er octobre 1617.)

1960. BONREPAUX (le sieur de), lieutenant au régiment de Soissonois, blessé en 1756, au siége du fort Saint-Philippes.

1961. BONS (le sieur de), lieutenant au régiment de Diesbach-Suisse, blessé à la bataille de Laufeldt, en 1747.

1962. BONSENS (le sieur de), chevalier de Saint-Louis, sous-brigadier des chevau-légers de la garde, blessé à la bataille d'Ettingen, en 1743.

1963. BONSSOL (le sieur de), capitaine au régiment de Navarre, blessé au siége de Fribourg, en 1744.

1964. BONSTETTEN (Beat-Guillaume de), capitaine suisse au service de France, tué au combat de la Bicoque, en 1522.

1965. BONVISY (le sieur de), capitaine aux Gardes-Françoises, puis colonel du régiment du Roy-Dragons, en 1668, fut tué six semaines après dans une action.

1966. BONY (le sieur), capitaine au régiment de Piémont, tué au combat d'Oudenarde, en 1708.

1967. BONY DE LA VERGNE (le sieur), capitaine au régiment de Piémont, puis commissaire des guerres, blessé au combat d'Oudenarde, en 1708.

L'on présume ces deux militaires les mêmes que le sieur Bony, sous-lieutenant blessé à la prise d'Yvrée, en 1704, et le sieur Bony, lieutenant au même régiment, blessé au siége de Turin, en 1706.

1968. BONY DE LA VERGNE (René), dit le *chevalier de Bony* chevalier de Saint-Louis, capitaine de grenadiers au même régiment, fut froissé et presque enterré par le jeu d'une mine au siége de Mastrick, en 1748, sa cuirasse luy ayant causé de fortes contusions. Il fut tué à la bataille de Berghen, en 1759.

1969. BONY DE LA VERGNE (Pierre-Louis-Benjamin), lieutenant au régiment de Poitou, tué dans une sortie au siége de Minden.

—

1970. BOPPEL (le sieur), lieutenant au régiment d'Alsace, blessé à la bataille de Clostercamps, en 1760.

1971. BORAN (Geoffroy de), capitaine de Cherbourg, tué à la bataille d'Auray, entre Jean de Montfort et Charles de Blois, en 1364.

1972. BORD (le sieur de), capitaine au régiment d'Aumont, blessé à la bataille de Minden, en Westphalie, en 1759.

—

1973. BORDE (le sieur de la), enseigne aux gardes françoises, tué au siége de Fribourg en 1713.

1974. BORDE (le sieur de la), capitaine au régiment de Moutier-Cavalerie, tué à la bataille de Minden en 1759.

1975. BORDE (le sieur de la), chevalier de Saint-Louis, lieutenant-colonel des volontaires d'Austrasie, blessé en 1761 dans l'armée de Broglie.

1976. BORDE (le sieur de la), chevalier de Saint-Louis, capitaine de grenadiers au régiment de Normandie, tué à la bataille de Fontenoy en 1745.

1977. BORDE (Armand de la), chevalier de Saint-Louis, capitaine au régiment Royal-des-Vaisseaux, blessé aux batailles de Fontenoy et de Laufeldt en 1745 et 1747.

1978. BORDE (le sieur de la), chevalier de Saint-Louis, lieutenant-colonel du régiment de Condé, eut plusieurs contusions au ventre à la bataille de Minden en 1759.

1979. BORDE (le sieur de la), lieutenant au régiment de Bourbonnois, fut blessé en 1743 à la retraite de Dekendorff, et y reçut 7 coups de feu dans ses habits. (Il est possible qu'il soit le même que le *sieur de la Borde Moignos,* lieutenant au même régiment, tué au combat de Warbourg en 1760.)

1980. BORDE-ALBUSE (le sieur de la), lieutenant au régiment d'Auvergne, blessé d'un coup de canon au jarret à la bataille de Minden en 1759

—

1981. BORDENAU (le sieur de), lieutenant au régiment d'Auvergne, blessé à la bataille de Clostercamps en 1760.

1982. BORDENAVE (Antoine de), chevalier de Saint-Louis, lieutenant-colonel du régiment de Bourbonnois, puis maréchal de camp, blessé au siége d'Ypres en 1744 et au combat de Warbourg en 1760.

1983. BORDENAVE (le sieur de), garde de la marine, fut dangereusement blessé sur le *Raisonnable,* dans un combat naval en 1758.

—

1984. BORDES (Philippes de), mort au siége de Montpellier en 1622.

1985. BORDES (Guillaume des), seigneur des Bordes, chevalier, porte-oriflamme de France, conseiller chambellan ordinaire du roy, lieutenant général en basse Normandie, gouverneur de Montereau-Faut-Yonne, de Montebourg et du Clos-Cotentin, chef de 120 hommes d'armes sous le gouvernement du duc de Bourgogne et capitaine général des gendarmes pour le passage de la Mer en 1369, l'un des plus intimes favoris du roy Charles VI : tué à la bataille de Nicopolis en 1396.

1986. BORDES (le sieur des), capitaine au régiment de Navarre, blessé à l'attaque des retranchements des ennemis devant Woërden en 1672, le fut encore au combat de Senef en 1674.

1987. BORDES (le sieur des), capitaine au régiment de Piémont, blessé au combat de Luzara en 1702, et au siége de Turin en 1706 : tué au combat d'Oudenarde en 1708.

1988. BORDES (le sieur des), capitaine au régiment de Rochefort, tué au siége du fort Saint-Philippes en 1756.

1989. BORDES (le sieur des), chevalier de Saint-Louis, capitaine de grenadiers au régiment de Penthièvre, blessé à la bataille de Rosback en 1757.

BORDES-D'ESPOCY (des). V. D'ESPOCY DES BORDES.

—

1990. BORDET (le sieur le), capitaine au régiment de Navarre, tué au siége de Montpellier en 1622.

1991. BORDEZIÈRE (le capitaine la), tué au siége de Thionville en 1558. (Ne seroit-il pas de la maison de Babou de la Bourdaisière ?)

1992. BORENOULT (le sieur de), chevau-léger de la garde du roy, blessé à la bataille d'Ettingen en 1743.

1993. BORIE (Joseph de), chevalier de Saint-Louis, capitaine au régiment de Bourbonnois, blessé à l'affaire d'Exiles en 1747, et au combat de Warbourg en 1760.

1994. BORIE (le sieur de la), capitaine au régiment d'Eu, blessé d'un coup de feu à la tête à la bataille d'Hastembeck en 1757.

1995. BORIES (le chevalier des), lieutenant du capitaine Odet, fut tué à la bataille de Ravenne en 1512.

1996. BORIES (le seigneur des), homme de courage (dit M. DE THOU), fut tué en 1548 à la reprise de l'isle de Keith sur les Anglois, de la main même du capitaine du fort.

—

1997. BORNE (Annet de), seigneur de Logères, de Lauzère ou de Leuzière (écrit ainsy de ces trois manières), de Balezu et de Ribes, gentilhomme ordinaire de la chambre du roy, tué en 1587 à la reprise de Montélimart.

1998. BORNE DE SAINT-ÉTIENNE (François de), dit le *chevalier de Saint-Sernin*, chevalier de Saint-Louis, capitaine au régiment de Normandie, blessé d'un coup de feu à la bataille de Clostercamps en 1760.

1999. BORNE DE SAINT-ÉTIENNE DE SAINT-SERNIN (Pierre-Louis de), chevalier de Saint-Louis, capitaine de grenadiers au régiment de Gâtinois, puis lieutenant-colonel dans celuy d'Aquitaine, et brigadier des armées du roy, blessé à la jambe d'un boulet de canon dans une affaire, eut encore trois fortes contusions dans les guerres de l'Inde.

—

2000. BORNICOURT (le sieur de), chevau-léger de la garde du roy, blessé à la bataille d'Ettingen en 1743.

2001. BORRER (le sieur), lieutenant au régiment de Diesbach-Suisse, blessé à la bataille de Rosback en 1757.

2002. BORSÉE (le sieur de), cornette de carabiniers, blessé à la bataille de Minden en 1759.

2003. BORSTEL (Gabriel, comte de), chevalier de Saint-Louis, maréchal de camp, fut grièvement blessé au siége de Landau en 1703 et à celui de Lérida en 1707. Il mourut à Plaisance le 24 juin 1746 de la blessure qu'il reçut à la bataille du 16, où il commandoit dans l'armée d'Italie comme premier lieutenant-général de l'artillerie.

2004. BOS D'ANEQUIN (le seigneur du), tué à la bataille d'Azincourt en 1415.

—

2005. BOSC (Charles du), seigneur de Rebetz, enseigne-colonel du régiment de Picardie, tué à la bataille de Saint-Denis en 1567.

2006. BOSC (Jean du), son frère, seigneur de Saint-Martin, capitaine d'infanterie, tué à la bataille de Montcontour en 1569.

2007. BOSC (Nicolas du), seigneur d'Esmandreville, Gentilhomme ordinaire de la chambre du roy, fut déchargé du service à l'arrière-ban le 24 décembre 1635, à raison des blessures qu'il avoit reçües.

2008. BOSC (Jean du), tué dans un combat naval.

2009. BOSC (Alexandre du), seigneur de Vitermont, commandant le régiment des gardes françoises et maréchal de camp, tué au siége de Valenciennes en 1656.

2010. BOSC (Geffein ou Guieffin du), seigneur de Vitermont, aussy capitaine aux gardes françoises, tué au siége de Valenciennes en 1656.

2011. BOSC (François du), dit le *chevalier de Fleury*, lieutenant au même régiment, tué au siége d'Aire en 1676.

2012. Bosc (Adrien du), seigneur de Vitermont, baron de Garencières, lieutenant au même régiment, fut obligé de quitter le service en 1676, à raison de ses blessures, et mourut en 1728.

2013. Bosc (Paul-Étienne du), chevalier de Vitermont, chevalier de Saint-Louis, capitaine de carabiniers, puis major du régiment royal des cuirassiers, fut blessé à la bataille de Creweldt en 1758.

2014. Bosc (le sieur du), lieutenant au régiment de Bretagne, blessé au siége du fort Saint-Philippes en 1756.

2015. Bosc (le chevalier du), chevalier de Saint-Louis, capitaine, puis major du régiment du Bourbonnois, ensuite de celuy de Forez, blessé à l'affaire d'Exiles, en 1747, le fut encore au combat de Warbourg en 1760.

2016. Bosc (le sieur du), capitaine au même régiment de Bourbonnois, fut aussy blessé au même combat de Warbourg.

2017. Bosc-d'Aigrebers (Nicolas du), chevalier de Saint-Louis, brigadier des armées du roy et enseigne de la 1re compagnie des mousquetaires, eut les deux jambes emportées d'un boulet de canon à la bataille de Malplaquet en 1709, après avoir soutenu pendant bien du tems le feu de 30 pièces de canon avec une valeur incroyable.

—

2018. Boschet (le sieur du), chevalier de Saint-Louis, capitaine de grenadiers au régiment de Rohan, tué dans une sortie à Lintz le 16 janvier 1742.

2019. Boschitky (le sieur de), officier au régiment du prince de Gotha, au corps des Saxons, blessé à la bataille de Minden en 1759.

2020. Bosel (le sieur du), gendarme de la garde du roy, blessé au combat de Leuze en 1691.

2021. Boslé (le sieur de la), capitaine au régiment de Champagne, blessé à la bataille de Fleurus en 1690.

2022. Bosniack (François de), chevalier de Saint-Louis, capitaine au régiment d'Esterhasy-Hussards, obtint du roy Louis XV une pension de 1800 livres, en considération de deux blessures qu'il reçut au service.

—

2023. Bosredon (Jean-François de), chevalier de la Garenie, chevalier de Saint-Louis, capitaine de grenadiers au régiment de Toulouse, puis major de la ville et citadelle de Saint-Hippolite en Languedoc, fut blessé à la bataille d'Hochstett en 1704.

2024. Bosredon (Jean-Louis de), chevalier de Saint-Louis, commandant de bataillon au régiment de Normandie, se retira du service criblé de blessures qu'il avoit reçües dans les guerres de Louis XIV. (Il eut aussi un frère tué au service étant lieutenant au même régiment.)

—

2025. Bosse (Louis-Antoine de), capitaine au régiment de Rambures, tué au siége de Saint-Jean-d'Angely en 1621.

2026. Bosse (le sieur du), capitaine au régiment de Mailly, blessé au côté à la bataille d'Hastembeck en 1757.

—

2027. Bossost (Guy de), dit *de Campels*, ayant été blessé à la bataille de Coutras en 1587, il s'enveloppa (dit Dupleix) dans son drapeau qui luy servit d'un honorable suaire.

2028. Bossost (Arnaud de), dit *de Campels*, tué au siége d'Amiens en 1597.

2029. Bossost (Jean de), dit *de Campels*, capitaine au régiment de Navarre, eut le 26 may 1638 l'os du bras rompu d'une mousquetade à l'attaque d'un fort en Artois, étant alors ayde de camp dans l'armée du maréchal de Châtillon, et fut tué à la défense de Turin en 1640.

2030. Bossost (Guillaume de), son frère, seigneur de Campels, lieutenant de roy de Leucate, fut blessé devant la Mothe, mais on ne sauroit dire si ce fut au siége de 1634 ou à celuy de 1645.

2031. Bossu (le sieur), capitaine d'une compagnie franche des troupes détachées de la marine à la Louisiane : grièvement blessé à l'affaire de Pierre-Longue, dans les Alpes, sous Louis XV.

2032. Bossu (Albert-Maximilien comte de), capitaine d'une compagnie de gendarmes, tué au siége d'Arras en 1640.

2033. Bossu (le comte de), colonel de cavallerie, tué en 1652, au combat de la Porte-Saint-Antoine.

2034. Bossut (Charles-Emmanuel de), baron d'Escry et de Saint-Seyne, mestre de camp d'un régiment, tué au siége de Saint-Jean-d'Angely en 1621.

2035. Bossy (le sieur), capitaine au régiment de Planta-Suisse, eut la jambe effleurée à la bataille de Minden en 1759.

2036. Bot (Jérôme du), seigneur de Coüessou, capitaine d'infanterie, tué au siége de Barcelonne en 1714.

2037. Bot (le sieur du), chevalier de Saint-Louis, capitaine au régiment de Picardie, puis major de Bezançon, blessé en 1734 aux batailles de Parme et de Guastalla.

2038. Bothéon de Vertrieux (le sieur de), garde de la marine faisant les fonctions de lieutenant avec les 360 hommes du corps royal d'infanterie de la marine : tué au siége de Savannah en 1779.

2039. Bothier (le sieur du), cornette de carabiniers, tué à la bataille de Minden en 1759.

2040. Botquignen (le sieur de), chevalier de Saint-Louis, enseigne de vaisseaux : blessé d'abord en trois endroits au combat de Bevesdères, sous Louis XIV, y eut aussi la jambe emportée d'un coup de canon.

2041. Botta (Octavien-Cajetan-Marie, marquis de), chevalier de Saint-Louis, mestre de camp, commandant le régiment Royal-Italien, puis maréchal de camp, blessé au siége du fort Saint-Philippes en 1756.

2042. Bottereaux (le sieur de), capitaine au régiment de Champagne, tué à la bataille de Malplaquet en 1709.

2243. Botteron (Jean-Pierre), chevalier de l'ordre du Mérite-Militaire et lieutenant au régiment de Vigier-Suisse, blessé aux batailles de Rosback et de Berghen en 1757 et 1759.

2044. Bouard (René), mort au combat de Craon en 1591.

2045. Boubas (le sieur de), officier au service du roy, tué au siége de la Rochelle en 1573.

—

2046. Bouchard (Adrian), seigneur du Vergord, fut blessé d'un coup de mousquet en Flandres au mois d'août 1658 servant dans le régiment du marquis de Montauzier, et mourut six jours après.

2047. Bouchard (le sieur), capitaine au régiment de Navarre, tué au siége de Philisbourg en 1676.

2048. Bouchard (Joseph), lieutenant au régiment d'Orléans, puis embarqué comme volontaire sur la frégate *l'Oiseau*, y fut blessé dans le combat que le chevalier de Modène, qui la commandoit, soutint sous Louis XV.

2049. Bouchard d'Esparbès (David), vicomte d'Aubeterre,

baron de Poléon, chevalier des ordres du roy, gentilhomme ordinaire de sa chambre, conseiller en son conseil privé, capitaine de 50 hommes d'armes de ses ordonnances, gouverneur et sénéchal de Périgord, mourut le 10 août 1593 d'un coup de mousquet qu'il reçut en faisant le siége de l'Isle en Périgord; il fut, disent les historiens du tems, beaucoup regretté et méritoit de l'être par son grand courage, son esprit et ses talens pour la guerre.

2050. BOUCHARD (le sieur de), chevalier de Saint-Louis, garde du corps du roy, puis ayde-major du fort Carré, blessé d'un coup de feu à la poitrine à la bataille de Fontenoy en 1745.

—

2051. BOUCHARDIÈRE (le sieur de la), capitaine au régiment de Champagne, blessé au siége de Saverne en 1676.

2052. BOUCHEL-D'ORCEVAL (Jacques-Charles de), lieutenant au régiment de Gèvres, mort à Weissembourg en 1734 des blessures qu'il avoit reçües l'année d'avant au siége du fort de Kell.

2053. BOUCHEL (le sieur du), lieutenant de Chapt, fut très-dangereusement blessé d'un coup de feu à travers le corps, dans l'avant-garde du prince de Condé, à l'affaire du 4 juillet 1762.

—

2054. BOUCHER (le sieur), officier auxiliaire, blessé en 1779 sur le navire *la Junon*, par une explosion de poudre à laquelle un grenadier mit le feu.

2055. BOUCHER (Edme), baron de Milly, capitaine au régiment de Conty, blessé, sous Louis XIV, au siége de Courtray, d'un coup de mousquet à la tête et de cinq autres coups au corps.

2056. BOUCHER (Jean-Nicolas-Antoine), chevalier de Milly, chevalier de Saint-Louis, lieutenant-colonel du régiment de Mailly, blessé à l'affaire de l'Assiette en 1747 et à la bataille de Rosback en 1757.

2057. BOUCHER (Pierre), chevalier de Flogny, capitaine au régiment de Saluces-Cavalerie, blessé à la bataille de Rosback en 1757.

2058. BOUCHER (François-Marie le), seigneur du Bouchage, chevalier de Saint-Louis, lieutenant-colonel du régiment de la Reine-Infanterie, blessé d'un coup de sabre à l'affaire de l'Assiette en 1747, obtint sa retraite en 1760.

—

2059. BOUCHERAT (Pierre), seigneur d'Athis, guidon de la compagnie des gendarmes du vicomte d'Estoges, fut tué à la bataille d'Ivry en 1590.

2060. BOUCHEREAU DE ROCHEMORTE (Louis), brave officier (dit M. de Thou), fut tué en 1585 d'un coup qui luy perça la mâchoire.

2061. BOUCHET (Lancelot du), seigneur de Sainte-Géme, chevalier de l'ordre du roy, gouverneur de Poitiers et enseigne de la compagnie de 50 lances du maréchal de Gonnor, son beau-frère, fut blessé en 1552 à la défense de Metz, où il donna des marques de la plus grande valeur.

2062. BOUCHET (Honorat du), baron de Sourches, chevalier de l'ordre du roy et gentilhomme ordinaire de sa chambre, blessé au secours de la Capelle en 1594, mourut au mois de may 1631.

2063. BOUCHET (Louis du), marquis de Sourches et du Bellay, comte de Montsoreau, conseiller d'État d'Épée, grand prévôt de France et de l'hôtel du roy, et lieutenant-général de ses armées, blessé à la bataille de la Marsaille en 1693, mourut à Versailles le 5 may 1746.

2064. Bouchet de Sourches (Louis-Vincent du), son frère, chevalier commandeur de l'ordre de Malte et brigadier des armées du roy, blessé au combat d'Eckeren en 1703, mourut à Paris le 12 février 1751.

2065. Bouchet (Charles-Louis du), seigneur de la grande salle, capitaine de grenadiers, tué à la bataille de Cassano en 1705.

2266. Bouchet (Jean du), son frère, capitaine de grenadiers au régiment de Quercy, grièvement blessé au siége de Turin en 1706, mourut en 1739.

2067. Bouchet (Louis-Hilaire du), dit le *comte de Sourches*, chevalier de Saint-Louis, capitaine de dragons au régiment de Languedoc, fut blessé à la bataille de Coni en 1744 et à celle de Plaisance en 1746.

—

2068. Boucheville (le sieur de), officier au régiment de Normandie, fut blessé au siége de Turin en 1706.

2069. Boudeville (le sieur de), blessé au siége de Bois-le-Duc en 1629. (*Mercure* de 1629.)

2070. Boudier (Pierre), seigneur de la Godefrairie, mort de plusieurs blessures qu'il reçut à la bataille de Montcontour en 1569, où il commandoit un corps de volontaires à la tête duquel il se signala.

2071. Boudier (René), seigneur de la Jousselinière, capitaine au régiment de Grancey, tué au siége d'Arras.

2072. Boudon (le sieur), capitaine au régiment de Mailly, blessé à la bataille de Rosback en 1757.

—

2073. Bouex (Charles du), seigneur de Villemort, chevalier de l'ordre du roy, gentilhomme ordinaire de sa chambre et enseigne de 50 hommes d'armes de ses ordonnances, fut tüé au siége de Dôle par le prince de Condé en 1636, étant alors ca-d'une compagnie pitaine de chevau-légers.

2074. Bouex (François du), seigneur de Villemort, capitaine au régiment de Mazarin, fut tué au siége de Fribourg, étant encore fort jeune, en 1644.

2075. Bouex (Robert du), son frère, dit *le Brave*, seigneur de Villemort, brigadier des armées du roy, gouverneur de Blois, lieutenant de roy de l'Orléanois, du Blaisois et du Pays Chartrain, et précédemment capitaine commandant le régiment du Coudray Montpensier, obtint du duc de Chaunes, commandant l'armée de Champagne, le 19 août 1651, un passeport daté du camp d'Estre pour aller à Paris se faire panser de ses blessures. Il fut tué en 1668 au siége de Candie où il fit des prodiges de valeur : il y commandoit une des quatre brigades de 600 gentilshommes françois.

2076. Bouex de Villemort (Henry-François du), son fils, fut blessé à ce même siége.

2077. Bouex (Jean du), seigneur de Lermond et de l'Isle (grand oncle du précédent), capitaine d'une compagnie de chevau-légers, mestre de camp d'un régiment d'infanterie et gouverneur d'Ardres et du château de Guines, fut tué au siége d'Ardres, vraisemblablement à celuy de 1657.

—

2078. Bouexic de Guichen (le sieur du), capitaine au régiment de Béarn, fut blessé dans une sortie à Lintz le 16 janvier 1742.

2079. Bouexic de Guichen (le chevalier du), lieutenant de vaisseaux, blessé au combat d'Oüessant en 1778.

2080. BOUEXIC DE GUICHEN (le sieur du), aussy lieutenant de vaisseaux, fut tué dans le combat que le comte de Guichen livra à l'amiral Rodney, près de la Martinique, en 1780.

—

2081. BOUFFLERS (Jean et Colard de), frères, tués à la bataille de Nancy en 1477.

2082. BOUFFLERS (Louis de), guidon de la compagnie des gendarmes du comte d'Enghien, reçut, en 1552, une balle de mousquet auprès de l'œil à l'attaque du Pont-sur-Yonne, et mourut peu d'heures après. On l'appeloit *le Robuste*, à raison de sa force prodigieuse qui le fit comparer à Milon de Crotone. Il rompoit avec ses doigts un fer de cheval, portoit un cheval sur ses bras, et, dans une course de 200 pas, il devançoit un coursier d'Espagne.

2083. BOUFFLERS (Louis-François, duc de), pair et maréchal de France, chevalier des ordres du Roy et de la Toison d'or, capitaine des gardes du corps, colonel du régiment des gardes françoises, colonel général des dragons, gouverneur de Flandres et de Hainaut, gouverneur et souverain-bailly des ville et citadelle de Lille, grand bailly et gouverneur héréditaire de Beauvais et du Beauvoisis, blessé dangereusement au combat de Woërden en 1672, où il se signala, le fut aussy, en 1674, à la bataille d'Ensheim, au gain de laquelle il eut la plus grande part, et encore au siége de Mons en 1691. Il mourut à Fontainebleau le 22 août 1711.

2084. BOUFFLERS (N... de), brigadier des armées du roy, fut tué eu 1675 à la retraite de l'armée françoise, après la mort du maréchal de Turenne.

2085. BOUFFLERS (Léonor de), lieutenant au régiment de Picardie, tué dans les guerres de Louis XIV.

2086. BOUFFLERS (Joseph-Marie, duc de), pair de France,

chevalier des ordres du roy, lieutenant-général de ses armées, gouverneur de Flandres et du Hainaut, gouverneur et souverain bailly de Lille, gouverneur et grand bailly de Beauvais et lieutenant de roy du Beauvoisis, blessé à la bataille d'Ettingen en 1743, mourut à Gennes le 2 juillet 1747.

2087. Boufflers-Remiancourt (Vincent-Dominique-Régis, comte de), enseigne à Drapeau au régiment des gardes françoises, eut la jambe cassée d'un coup de canon à la bataille d'Ettingen en 1743, se la vit couper avec le plus grand sang-froid, et mourut peu de temps après, n'ayant encore que dix ans et demi.

2088. Boufflers-Rouverel (Édouard, comte de), chevalier de Saint-Louis, officier supérieur de gendarmerie, lieutenant-général au gouvernement de l'Isle-de-France, puis maréchal de camp, fut blessé à la bataille de Minden en 1759.

—

2089. Bougainville (Antoine de), chevalier de Saint-Louis, chef d'escadre des armées navales, d'abord colonel d'infanterie à la suite du régiment de Roüergue et maréchal de camp, reçut une blessure à l'affaire de Carillon, en Canada, en 1758.

2090. Bougard (Charles), seigneur de la Barbotière, se signala par les services qu'il rendit au roy Henri IV, à la bataille de Coutras et aux siéges de Rouen, de Paris et d'Amiens, où il reçut plusieurs blessures, d'après les lettres de noblesse que lui accorda ce monarque.

2091. Bouguière (le sieur de la), capitaine au régiment de Picardie, blessé au siége de Dolle en 1636.

2092. Bouillan (le sieur de), chevalier de Saint-Louis, sous-brigadier des mousquetaires, mort des blessures qu'il reçut à la bataille d'Ettingen en 1743.

—

2093. Bouillé (René de), seigneur de Bouillé, comte de Créance, chevalier des ordres du roy, conseiller en son conseil privé, capitaine de 50 hommes d'armes de ses ordonnances, gouverneur du Maine et de Périgueux, fut blessé mortellement au siége de Wlpian en 1555.

2094. Bouillé (1) (François-Claude-Amour, marquis de), chevalier des ordres du roy, lieutenant-général de ses armées, gouverneur général des isles du Vent de l'Amérique, puis gouverneur et commandant à Metz, dans le pays Messin, en Lorraine et en Alsace, gouverneur de Douay et ci-devant chambellan de Monsieur, fut blessé d'un coup de sabre en 1761 dans l'armée de Soubise, étant alors capitaine au régiment de la Ferronnays.

—

2095. Bouillon (le sieur), ingénieur, fut blessé au siége de Gravelines en 1644. (*Mercure* de 1644.)

2096. Boulain (le sieur), colonel du régiment de dragons à pied de la reine d'Angleterre, tué à la bataille de la Marsaille en 1693.

—

2097. Boulainvilliers (N..... de), vicomte d'Aumale (2), fut tué à la bataille de Poitiers en 1356.

2098. Boulainvilliers (Jean de), seigneur de Saint-Saire, colonel d'un régiment de cavallerie, mort d'une blessure qu'il reçut au siége d'Arras en 1654.

2099. Boulainvilliers (N..... de), capitaine au régiment de Piémont, blessé au siége de Dunkerque en 1658.

2100. Boulainvilliers (le marquis de), sous-brigadier de la

(1) C'est par corruption qu'il est connu dans le monde sous le nom de *Bouillé ;* son vray nom est *Boulier*, d'une ancienne maison de chevalerie.

(2) Les Annales d'Aquitaine, imprimées à Paris en 1644, le nomment improprement *Messire Boulenville, vicomte d'Aumalle.*

2e compagnie des mousquetaires, tué d'un coup de canon au siége de Bezançon en 1674.

2101. BOULAINVILLIERS (Henry-Étienne de), capitaine de cavallerie au régiment Royal, fut tué à la bataille de Malplaquet en 1709, étant alors mousquetaire du roy de la 1re compagnie.

2102. BOULAINVILLIERS (le marquis de), chevalier de Saint-Louis, capitaine du vaisseau *le Bourbon*, de 74 canons; se trouvant à la hauteur des isles d'Oüessant, et voyant que son vaisseau couloit à fond, retenu sur son bord par un devoir austère, ne s'occupa qu'à sauver quelques sujets à son roy, dont son fils étoit du nombre, et mourut avec la plus grande fermeté, se voyant englouti avec son vaisseau.

(*V.* d'Offignies.)

—

2103. BOULANGER DU HAMEL (Jean-Baptiste-Louis-François), chevalier de Saint-Louis, capitaine ayde-major dans les volontaires étrangers de Clermont-Prince, puis dans la légion de Condé, ensuite chef de bataillon au régiment Royal avec rang de major; blessé au passage du Veser le 16 juillet 1757, eut son cheval tué sous luy et reçut encore cinq à six blessures à l'affaire de Ceremberg, la nuit du 6 au 7 septembre 1760.

—

2104. BOULAYE (Jacques de la), seigneur de la Boulaye, capitaine de 50 hommes d'armes des ordonnances du roy, blessé à la bataille de Montcontour en 1569.

2105. BOULAYE (le marquis de la), lieutenant de la compagnie des gendarmes du duc d'Enghien, tué d'un coup de carabine au siége de Philisbourg en 1644. (*Mercure* de 1644.)

2106. BOULAYE (le sieur de la), chevalier de Saint-Louis, lieutenant aux gardes françoises, tué au siége de Philisbourg en 1734.

—

2107. BOULENC (Claude de), seigneur de Vignan, lieutenant des gardes du corps, brigadier des armées du roy et gouverneur de Mézières, blessé au genou au combat de Leuze en 1691, mourut en 1693.

2108. BOULER (le sieur de), cornette au régiment de Marcieu-Cavalerie, tué à la bataille de Minden en 1759.

2109. BOULIERS (N... de), capitaine de grenadiers au régiment de Navarre, tué au siége de Fribourg sous Louis XIV.

2110. BOULLAND (le sieur de), chevalier de Saint-Louis, ayde-major et capitaine au régiment de Navarre, puis capitaine de grenadiers dans celuy d'Armagnac, fut blessé au siége de Savannah en 1779.

2111. BOULOC DE CABANAC (Roger de), chevalier de Saint-Louis, capitaine de grenadiers au régiment de Berry, reçut une blessure considérable à la bataille de Berghen en 1759, et quitta le service en 1780.

2112. BOULON (Édouard), chevalier de Saint-Louis, major du régiment Royal-Dauphin-Infanterie, blessé dangereusement d'un éclat de grenade au siége de Mayence en 1689, le fut encore d'un coup de bayonette à la main gauche, à la bataille de Steinkerque en 1692.

2113. BOULOT (le sieur de), capitaine au régiment de Rohan, blessé à la bataille de Rosback en 1757.

2114. BOULOT (le sieur de), lieutenant de grenadiers au régiment d'Enghien, blessé à une jambe à la bataille d'Hastembeck en 1757, le fut encore d'un coup de fusil à la cuisse à celle de Minden en 1759.

2115. BOUQUETARDON (le sieur de), capitaine de grenadiers au régiment de Champagne, blessé au siége de Luxembourg en 1684, et à la bataille de Steinkerque en 1692.

2116. BOURBON (Jacques de), comte de la Marche et de Ponthieu, conétable de France, blessé à la bataille de Crécy en 1346, mourut à Lyon le 6 avril 1361 des blessures qu'il reçut à celle de Brignais.

2117. BOURBON (Pierre Ier, second duc de), fils de Louis Ier, comte de Clermont et de la Marche, pair et chambrier de France, gouverneur de Languedoc et de Gascogne, lieutenant et souverain capitaine dans la province de Bourbonnois, d'Auvergne, de Berry et de la Marche, blessé à côté du roi à la bataille de Crécy, et tué à la bataille de Poitiers le 18 septembre 1356, en s'exposant courageusement pour sauver la vie du roi Jehan.

2118. BOURBON (Jean, bâtard de), fils de Pierre Ier, duc de Bourbon, seigneur de Rochefort, etc., chambellan du roi Jean, lieutenant général en Languedoc et gouverneur du Bourbonnois, fut blessé et fait prisonnier à la journée de Poitiers, où son père perdit la vie.

2119. BOURBON (Jean de), chevalier, tué à la bataille de Poitiers en 1356.

2120. BOURBON (Jacques de), fut grièvement blessé en 1363 dans une rencontre avec les Anglois, et mourut de cette blessure peu de temps après.

2121. BOURBON (Jean Ier, 4e duc de), fils aîné de Louis II, né en 1381, célèbre par ses succès contre les compagnies de brigands qui infestoient nos provinces. Blessé au siége de Compiègne en 1414, fait prisonnier à la bataille d'Azincourt, mort à Londres en janvier 1434.

2122. BOURBON (Hector, bâtard de), né en 1391, fils de

Louis II, duc de Bourbon, renommé par ses brillantes qualités, atteint au siége de Soissons, contre les Bourguignons, d'une flèche à la gorge, blessure dont il mourut le lendemain, 11 mai 1414. Sa mort, disent les chroniqueurs, causa la plus vive douleur à l'armée, et surtout à son frère, Jean Ier, duc de Bourbon, dont il étoit tendrement aimé.

2123. BOURBON (Louis de), seigneur de Préaux, — fils de Jacques de Bourbon et de Marguerite de Préaux, petit-fils du comte de la Marche, tué en 1361, — tué à la bataille d'Azincourt en 1415.

2124. BOURBON (Jacques de), seigneur de Thury, fils du précédent, Jacques, seigneur de Préaux; tué en 1429 en Italie.

2125. BOURBON (Louis de), cinquième fils de Charles Ier, duc de Bourbon et d'Auvergne, et d'Agnès de Bourbon, évêque de Liége, tué l'an 1482 par Guillaume de la Marck, seigneur de Lumes, dit le *Sanglier des Ardennes*.

2126. BOURBON (François de), duc de Châtelleraut, pair de France, troisième fils de Gilbert de Bourbon, comte de Montpensier, et de Claire de Gonzagues, tué à la bataille de Marignan le 13 septembre 1515.

2127. BOURBON (Bertrand de), seigneur de Carency, chevalier, fils de Charles de Bourbon, prince de Carency, et de Catherine d'Alègre, tué à la bataille de Marignan en 1515.

2128. BOURBON (François de), comte de Saint-Paul, duc d'Estouteville, chevalier de l'Ordre du roy, gouverneur de l'Ile de France et de Dauphiné, reçut treize blessures à la bataille de Pavie, en 1525; il fut même laissé pour mort sur la place, et dut sa vie à un Espagnol qui, luy ayant coupé un doigt pour avoir une bague qu'il ne pouvoit luy arracher, le fit pousser un cri. Il ne mourut que le 1er septembre 1545.

2129. Bourbon (Hector de), vicomte de Lavedan, tué à la bataille de Pavie en 1525.

2130. Bourbon (Charles III, duc de), deuxième fils de Gilbert de Bourbon et de Claire de Gonzague, si connu sous le titre de connétable de Bourbon, tué au siége de Rome le 6 mai 1527.

2131. Bourbon (Jean de), comte d'Enghien et de Soissons, duc d'Estouteville, chevalier de l'ordre du Roy et capitaine de cinquante lances de ses ordonnances, fut tué d'un coup de pistolet à travers le corps à la bataille de Saint-Quentin, le 10 août 1557.

Il étoit le sixième fils de Charles, duc de Vendôme, et de Françoise d'Alençon, sœur d'Antoine de Bourbon, roi de Navarre.

2132. Bourbon (Philippe de), baron de Busset, gentilhomme ordinaire de la chambre du roy et lieutenant de la compagnie des gendarmes du prince de la Roche-sur-Yon, gouverneur de Carlat et de Murat, fut tué à la bataille de Saint-Quentin ledit jour, 10 août 1557.

2133. Bourbon (Henri de), marquis de Beaupréau, fils de Louis de Bourbon, prince de la Roche-sur-Yon, tué d'une chute de cheval dans le tournois d'Orléans de décembre 1560.

2134. Bourbon (Antoine de), roy de Navarre, chevalier de l'ordre du Roy, gouverneur et amiral de Guyenne, gouverneur de Picardie, de Boulonois et d'Artois, mourut le 17 novembre 1562, d'un coup de mousquet à l'épaule gauche qu'il reçut au siége de Rouen.

2135. Bourbon (N.... de Valency, fils naturel de Jean de), comte d'Enghien, fut tué au siége de Bourges, en 1562.

2136. Bourbon Ier (Louis de), prince de Condé, marquis de Conti, comte de Soissons, gouverneur de Picardie, le septième fils de Charles de Bourbon, duc de Vendosme, et le premier de la branche des Condé, tué à la bataille de Jarnac le 13 mars 1569.

2137. BOURBON-VENDÔME (Charles de), seigneur de Rubempré, gouverneur de Rüe, mort en 1595, doit être le même que cite le père Daniel sous le nom de *Rubembré*, *mestre de camp d'un régiment*, comme ayant été blessé aux deux jambes à l'attaque du Faubourg de Tours en 1589.

2138. BOURBON (Henri IV de), roy de France et de Navarre, reçut un coup d'arquebuze dans les reins au combat d'Aumale, en 1592. C'est la seule blessure que ce vaillant monarque ait eüe dans sa vie, malgré tous les dangers et toutes les occasions périlleuses où il se trouva.

2139. BOURBON (Henri de), duc de Montpensier, de Chatellerault et de Saint-Fargeau, prince souverain de Dombes, pair de France, chevalier des ordres du Roy, gouverneur de Dauphiné et de Normandie, blessé dangereusement d'un coup de mousquet à la mâchoire inférieure au siége de Dreux, en 1593, mourut à Paris des suites de cette blessure, le 27 février 1608.

2140. BOURBON (Louis de), comte de Soissons et de Clermont, fils de Charles de Bourbon, comte de Soissons, et petit-fils du premier des Condé, né le 11 mai 1604, tué par trahison à la bataille de la Marfée, près Sedan, le 6 juillet 1641.

2141. BOURBON (Louis de), dit le *Grand*, prince de Condé, premier prince du sang, pair et grand maître de France, chevalier des ordres du Roy, gouverneur de Bourgogne et de Bresse, reçut à bataille de Rocroy, en 1643, cinq coups de mousquet, dont deux sur sa cuirasse, deux autres dans le ventre de son cheval, et un autre qui effleura sa jambe ; eut le visage brûlé au siége de Mardick, en 1646, reçut encore, en 1648, un coup de mousquet à la reprise de Furnes, où il eut eu la cuisse cassée sans un repli qui s'étoit fait à son buffle, et fut aussi blessé en la même année d'un pareil coup dans les reins à la bataille de Lens; il eut encore le poignet gauche cassé d'un coup de pistolet au passage du Rhin, en 1672, et mourut le 11 décembre 1686.

2142. BOURBON (Henry-Jules de), son fils, prince de Condé, premier prince du sang, premier pair et grand maître de France, chevalier des ordres du Roy, lieutenant général de ses armées, gouverneur de Bourgogne et de Bresse, reçut un coup de mousquet à la jambe au combat de Senef, en 1674, et mourut le 1er avril 1709.

2143. BOURBON (Louis Ier de), comte de Busset, baron de Chalus (des bastards de Bourbon-Busset), né le 16 octobre 1648, lieutenant général de l'artillerie, tué au siége de Fribourg le 12 novembre 1677.

2144. BOURBON (Louis de), marquis de la Case (de la maison des bastards de Bourbon, marquis de Malause), enseigne des gardes de Guillaume III, roi d'Angleterre, tué à la bataille de Boine, en Irlande, en 1690.

2145. BOURBON (Louis-Alexandre de), comte de Toulouse, duc de Damville, de Penthièvre, de Châteauvilain et de Rambouillet, pair, amiral et grand veneur de France, lieutenant général des armées du roy, chevalier de ses ordres et de celuy de la Toison-d'Or, gouverneur de Guyenne, puis de Bretagne, et chef du conseil de marine, blessé à la prise de Namur, en 1692, le fut encore dans le combat qu'il livra en 1704 aux flottes angloises et hollandoises, près de Malaga, il mourut le 1er décembre 1737.

2146. BOURBON (François-Louis de), prince de Conty, pair de France, chevalier des ordres du roy et lieutenant général de ses armées, blessé à la bataille de Nerwinde, en 1693, d'un coup de sabre sur la tête, mourut le 22 février 1709.

2147. BOURBON (Louis-Auguste de), prince de Dombes, chevalier des ordres du roy, lieutenant général de ses armées et colonel général des Suisses et Grisons, blessé à la bataille d'Ettingen, en 1743, mourut le 1er octobre 1755.

2148. BOURBON (Louis-Charles de), comte d'Eu, duc d'Aumale, pair et grand maître de l'artillerie de France, chevalier des ordres du roy, lieutenant général de ses armées, colonel général des Suisses et Grisons, gouverneur de Guyenne, puis de Languedoc, blessé aussy à la bataille d'Ettingen, en 1743, mourut en 1775.

2149. BOURBON (Louis-François de), prince de Conty, pair et grand prieur de France, chevalier des ordres du roy, lieutenant général de ses armées et gouverneur de Poitou, eut deux chevaux tués sous luy, et eut sa cuirasse percée de deux coups à la bataille de Coni, en 1744, il mourut en 1776.

2150. BOURBON (Armand de), chevalier de Malause, chevalier de Saint-Louis, brigadier des armées du roy, mort à Villefranche le 20 avril 1744 des blessures qu'il reçut à l'attaque des retranchements de Montalban.

2151. BOURBON (Louis-Auguste de), marquis de Malause, vicomte de Lavedan, colonel du régiment d'Agenois, fut tué en 1744, à l'attaque des retranchements de Montalban.

N'y a-t-il pas ici confusion avec le précédent? Moreri le dit mort dans son château de la Case, près Castres, le 27 décembre 1741.

2152. BOURBON-BUSSET (François-Louis-Antoine, comte de), né au château de Vésigneux le 26 août 1722, lieutenant général des armées du roi, servit à l'armée du Bas-Rhin en mai et juin 1745, créé mestre de camp, commande au siége de Bruxelles, à la bataille de Raucoux, en 1740, à la bataille de Lawfeld, au siége de Berg-op-Zoom, au siége de Maestricht, à la bataille d'Hastemberg, à la prise de Minden et d'Hanovre, au camp de

Closterveveern, 1757, blessé à la bataille de Rosbach et en plusieurs autres rencontres, mort le 16 janvier 1795.

2153. BOURBON (le s[r] de), capitaine au régiment de Normandie, fut blessé à la bataille de Clostercamps, en 1760.

—

2154. BOURCARD (le s[r]), capitaine, lieutenant des grenadiers au régiment de la Cour au Chantre, tué au siége de Mastrick, en 1748.

2155. BOURDEILLES (François, *baron* et *vicomte* de), pannetier du roy et homme d'armes de la compagnie d'ordonnance du comte de Villars, fut grièvement blessé à la bataille de Pavie, en 1525. Il est le même probablement que le seigneur de Bourdeilles, qui avoit été blessé devant Gayète, en 1503.

2156. BOURDEILLES (André, vicomte et baron de), baron de la Tour-Blanche et de Mathas, chevalier des ordres du roy, conseiller en son conseil privé, gentilhomme ordinaire de sa chambre, capitaine de cinquante hommes d'armes de ses ordonnances, sénéchal et gouverneur de Périgord, fut blessé au siége de Metz, en 1552.

2157. BOURDEILLES (Jean de), dit le *Capitaine de Bourdeilles*, capitaine d'une compagnie d'infanterie, grièvement blessé à l'épaule à la prise de Chimay, en 1552, le fut encore de deux arquebusades au cou et d'une au bras au siége de Metz, en la même année, et pensa aussy en perdre la vie; il fut encore blessé et eut son cheval tué sous luy au siége d'Ivoy en laditte année, et fut tué à celuy d'Hesdin, d'une canonnade qui lui emporta la tête et le bras au moment qu'il tenoit en main un verre d'eau qu'il buvoit sur la brèche.

2158. BOURDEILLES (Jean de), seigneur d'Ardelay, gentilhomme ordinaire de la chambre du roy et colonel de dix enseignes de Gascons, homme distingué par sa bonne mine et par sa valeur (dit M. de Thou), fut tué au siége de Chartres, en 1568, d'une arquebusade qui lui perça la joüe et luy traversa ensuite la tête, du moins il mourut quatre à cinq jours après cette blessure. Le roy voulut que par honneur on lui élevât un monument dans l'église cathédralle de Chartres. Le chapitre feignit d'abord d'obéir à ses ordres; mais dès la nuit même il fit transporter son corps, qui y avoit été déposé d'abord, dans une autre église de la ville, n'y ayant jamais eu aucune sépulture dans la cathédralle.

Le jeune Bourdeilles fut tué aussy au même siége.

2159. BOURDEILLES (Pierre de) (si célèbre sous le nom de *Brantôme*), seigneur et baron de Richemont, de Saint-Crépin, de la Chapelle-Montmoreau et de Brantôme en partie, chevalier de l'ordre du roy, gentilhomme ordinaire de sa chambre, chambellan du duc d'Alençon, capitaine de deux enseignes de gens de pied et chevalier de l'ordre du Christ de Portugal, reçut quelques légères blessures au siége de la Rochelle, en 1573, entre autres un éclat de pierre qui le frappa à la main gauche, et fut encore légèrement blessé dans une escarmouche pendant le siége. Il mourut âgé de quatre-vingt-sept ans, le 6 juillet 1614.

2160. BOURDEILLES (Claude de), baron de Mathas, chevalier de l'ordre du roy, capitaine de cinquante hommes d'armes de ses ordonnances et mestre de camp d'un régiment d'infanterie, fut blessé au siége de Royan d'un coup de pique au bras, puis d'un coup de canon, dont il mourut sur-le-champ le 9 may 1622.

2161. BOURDEILLES (Henry-Sicaire de), son fils, comte de Mathas, capitaine aux Gardes françoises, tué, en 1636, au passage du pont de Bray-sur-Seine.

2162. BOURDEILLES (François de), son autre fils, comte de

Mathas, aussy capitaine aux Gardes, blessé en 1639, à la défense de Quiers, d'un coup de mousquet au visage, dont il mourut à Briançon un mois après.

2163. BOURDEILLES (Barthélemy de), son autre fils, comte de Mathas, baron de Tachinville, aussy capitaine aux Gardes, fut tué au siége de Turin, en 1640.

2164. BOURDEILLES (Antoine de), seigneur de la Salle, fut dispensé de servir à l'arrière-ban à raison de ses blessures, et mourut le 9 décembre 1692.

2165. BOURDEILLES (Henry-Joseph, comte de), colonel du régiment d'Orléans, infanterie, blessé à la bataille d'Ettingen, en 1743.

2166. BOURDEILLES (Jean, comte de), lieutenant de vaisseau, fut tué au combat du bailly de Suffren, aux Indes, près de Provedierne, contre l'amiral Hugues, le 12 avril 1782.

2167. BOURDET (le s^{gr} du), tué d'un coup d'arquebuse au siége de Chartres, en 1568.

2168. BOURDET (le s^{gr} du), enseigne du s^{gr} de Saint-Luc, fut tué à la bataille de Coutras, en 1587.

2169. BOURDET (du), capitaine de vaisseau du port de Rochefort, mort sur le *Nereïde*, à la rade de l'Isle d'Aix, le 4 décembre 1739.

2170. BOURDILLON (le capitaine), blessé au combat de Ver, en 1562.

(Il étoit probablement de la maison de la Platière, dont sortit le maréchal de Bourdillon.)

2171. BOURDINIÈRE (le s^{r} de la), capitaine au régiment de Champagne, tué au siége de Laon, en 1594.

2172. Bourdois (le s[r] de), capitaine au régiment de Beauvoisis, blessé à la bataille de Rosback, en 1757.

2173. Bourdonnaye (le chevalier de la), capitaine au régiment de la Tour-du-Pin, fut tué à la bataille de Creweldt, en 1758.

2174. Bourdonnaye (le chevalier de la), lieutenant de vaisseau, tué sur le *Zodiaque*, dans le combat naval du comte d'Aché, aux Indes, en 1758.

2175. Bourdonné (le s[r] de), mestre de camp du régiment de Bourdonné, fut blessé à mort au siége de Saint-Omer, en 1638 (*Mercure* de 1638).

2176. Boure (le s[r]), lieutenant au régiment de Picardie, blessé de deux coups de fusil à la défence de Colorno, en Italie, où il se signala.

2177. Bourg (le capitaine), *l'un des plus anciens et asseurez capitaines du régiment du comte de Brissac* (aux termes de Mémoires imprimés à Bâle en 1578, p. 267, v°), fut tué au siége de Poitiers, en 1569.

2178. Bourg (le s[r] du), capitaine au régiment de Bourgogne, tué au siége de Grave, en 1674.

2179. Bourg (le s[r] du), chevalier de Saint-Louis, commandant de bataillon au régiment de Picardie, tué à la bataille de Guastalla, en 1734.

2180. Bourg (Emmanuel du), seigneur de Pontis, capitaine de cavalerie, tué à la bataille de la Marsaille, en 1694.

2181. Bourg (Emmanuel, marquis du), chevalier de Saint-Louis, lieutenant général des armées du roy, mourut en 1695, des graves blessures qu'il avoit reçües au passage du Ter, en 1694.

2182. Bouag (Louis du), seigneur de Sézarges, guidon des gendarmes de la Reine, tué à la bataille de Spire, en 1703.

2183. Bourgeois (Tudal), écuyer breton, bailly de Troyes, l'un des plus vaillans hommes de l'armée de Charles VIII, fut tué d'un coup de couleuvrine au siége de Cherbourg, en 1450.

2184. Bourgeois (le s^{r}), sous-lieutenant de grenadiers, fut tué, ou pour le moins dangereusement blessé, à la défence de Cassel.

2185. Bourgeois (Pierre), comte d'Origny, colonel du régiment de Champagne, puis maréchal de camp, blessé au siége de Tarragone, en 1644, fut tué à celuy de Lérida, en 1646.

2186. Bourgeoin (François), seigneur de la Tour, capitaine au régiment de Rambures, tué à la bataille de Rethel, en 1650.

2187. Bourgneuf (Julien de), capitaine des gardes de la Porte, fut tué à la bataille de Fornoüe, en 1495.

2188. Bourgogne (Eudes IV, *duc* et *comte palatin* de), comte d'Artois, d'Auxonne et de Châlon, sire de Salins, roy titulaire de Thessalonique, fut blessé en 1328 à la bataille de Cassel, au service du roy Philippes de Valois, et mourut à Sens en 1349.

2189. Bourgogne (Philippes, duc de), dit le *Hardi*, pair de France, comte de Flandres, d'Artois, de Bourgogne-Palatin et de Nevers, gouverneur de Picardie et de Normandie, blessé aux côtés du roy Jean, son père, à la bataille de Poitiers, en 1356, où il combattit en héros, mourut à Hall, en Brabant, le 27 avril 1404.

2190. Bourgogne (Antoine de), duc de Brabant, de Lothier, de Luxembourg et de Limbourg, marquis du Saint-Empire, comte de Rethel, pair de France, tué à la bataille d'Azincourt, en 1415.

2191. BOURGOGNE (Philippes de), son frère, comte de Nevers et de Rethel, grand chambrier de France et commandant un corps de 1,200 hommes à la bataille d'Azincourt, en 1415, où il périt.

2192. BOURGOGNE (Jean-Baptiste-Louis de), commissaire ordinaire de l'artillerie de France, mort à Strasbourg en 1706, d'une blessure qu'il reçut au siége d'Haguenau.

2193. BOURGON (Pomponne de), capitaine de cavalerie, tué à la bataille d'Ensheim, en 1674.

2194. BOURGUEROUX (le s[r] de), lieutenant au régiment de Champagne, tué à la bataille de Steinkerque, en 1692.

2195. BOURGUET (le s[r] du), chevalier de Saint-Louis, lieutenant-colonel du régiment de Champagne et brigadier des armées du roy, blessé à la bataille de Fleurus, en 1690, et à celle de Fredelinghen, en 1702, mourut à Paris en 1707.

2196. BOURGUIGNAN (Arnaud-Guillemain de), bailly de Montargis, fut tué devant Honfleur en 1450.

2197. BOURGUISSON (le s[r] de), chevalier de Saint-Louis, d'abord lieutenant au régiment de Béarn, puis capitaine de grenadiers dans celui d'Agénois, blessé à la bataille de Johansberg, en 1762.

2198. BOURKAVET (le s[r]), lieutenant au régiment de Bettens-Suisse, tué à la bataille de Laufeldt, en 1747.

2199. BOURKE (Richard), chevalier de Saint-Louis, major du régiment de Dillon, blessé au siége de la citadelle de Tournay, en 1745.

2200. BOURLAMAQUE (le s[r] de), chevalier de Saint-Louis, colonel d'infanterie, fut très-grièvement blessé en Canada, en 1758, le 8 juillet, dans une action passée sous le fort Carillon.

2201. BOURLASQUE DU PLESSIS (la), capitaine de frégate du port de Toulon, mort à la Havane, sur l'*Assuré*; M. d'Aligre, capitaine, le 26 juin 1702.

2202. BOURLIER DE SAINT-HILAIRE (le s[r]), capitaine au régiment de Normandie, tué à la bataille de Clorstercamps, en 1760.

2203. BOURMEVILLE (Jean de), écuyer, tué à la bataille de Poitiers, en 1356.

2204. BOURNASSAN (le s[r] de), capitaine au régiment de Champagne, blessé à la bataille de Fleurus, en 1690.

2205. BOURNAY (Guy de), écuyer, tué à la bataille de Poitiers, en 1356.

2206. BOURNEAUX (le s[r] des), capitaine au régiment de Navarre, blessé au combat de Senef, en 1674.

2207. BOURNEL (Jean), seigneur de Démuin, tué au siége d'Hesdin, en 1537.

2208. BOURNEUF (le s[r] de), chevalier de Saint-Louis, colonel d'un régiment de dragons, eut la jambe fracassée dans une affaire sous Louis XIV, et l'on fut obligé de luy en faire l'amputation au dessus du genou.

2209. BOURNONVILLE (Regnaud de), seigneur de Chateaubriçon, chevalier, fut tué à la bataille de Cocherel, en 1364, le jour même qu'il avoit été armé chevalier.

2210. BOURNONVILLE (Aléaume de), seigneur de Bourneville et de Contheville, vicomte de Lianne, tué à la bataille d'Azincourt, en 1415.

2211. BOURNONVILLE (Jean de), *dit* Lionnel, seigneur de

Saint-Martin et de Tardinghen, fut tué (d'après Monstrelet) en 1430, à la prise du château de la Bretèche, qui lui appartenoit.

2212. BOURNONVILLE (Valerien de), son frère, tué d'un coup de lance en 1425, à l'attaque de Moiemer (Mont-Aimé) en Champagne.

2213. BOURNONVILLE (Louis de), seigneur du Quênoy, baron d'Inseville, gouverneur de Montdidier et capitaine d'une compagnie de cent chevaux légers, tué au siége de Dourlens, en 1595 (de Thou).

2214. BOURNONVILLE (Henry de), baron d'Inseville, mourut au siége de Corbie, où il servoit sous le duc de Longueville.

2215. BOURNONVILLE (Alexandre-Albert-François-Barthélemy, duc et prince de), comte de Henin, marquis de Risbourg, vicomte et baron de Barlin, baron de Caumont, chevalier de Saint-Louis, sous-lieutenant des gendarmes de la garde et maréchal de camp, reçut deux coups de mousquet à la bataille de Nervinde, en 1693, l'un qui luy perça le poignet, et l'autre qui luy traversa le corps; il y eut aussy un cheval tué sous luy. Il mourut à Bruxelles le 3 septembre 1705.

2216. BOURQUIN (le s^r^), officier au régiment suisse de Jeune-Stuppa, fut tué à la bataille de Steinkerque, en 1692.

2217. BOURQUIN (le s^r^), lieutenant au régiment de Surbeck-Suisse, blessé à la bataille de Nervinde, en 1693.

2218. BOURRÉ DE GERSAY (Jean de), officier très-estimé du parti du roy, se signala en 1589 à l'attaque du faubourg de Tours où il fut tué, et son cheval aussy tué sous luy. (De Thou.) Il étoit en effet seigneur de Jarzé ou de Gerzé, chevalier de l'ordre du roy en 1568 et mestre de camp d'un régiment (*Voy.* de Gerzé, au cas que ce soit la même famille).

2219. BOURRY (le s^r de) le jeune, capitaine d'une compagnie de chevau-légers, blessé au siége de Saint-Omer en 1638. (*Mercure de* 1638.)

2220. BOURY (le marquis de), enseigne de vaisseau du port de Brest, mort à Carthagenne de ses blessures sur le *Fort*, commandé par M. de Coetlogon, le 27 may 1697.

2221. BOURS (Guillaume de), dit *Witart*, seigneur de Bours, chevalier, conseiller chambellan ordinaire du roy et du duc de Bourgogne, fut tué à la bataille d'Azincourt en 1415.

2222. BOURSTE (le s^r), lieutenant dans les grenadiers royaux d'Argentré, blessé à la journée du 23 août 1762

223. BOUSCARD (le s^r), capitaine au régiment de Planta-Suisse, blessé à la bataille de Rosback en 1757.

2224. BOUSCHON (Jean-Antoine de), chevalier de l'Eperon d'or, comte palatin, major de la ville du Saint-Esprit, servit dans les mousquetaires, puis dans un régiment, et reçut une blessure à la jambe à la bataille de Saint-Denis en 1678.

2225. BOUSIACOURT (le seigneur de), tué à la bataille d'Azincourt en 1415.

2226. BOUSQUET (le s^r du), chevalier de Saint-Louis, lieutenant-colonel du régiment de Blaisois, fut blessé à la prise du château de Behobie le 21 avril 1719.

2227. BOUSQUET (le s^r du), capitaine au régiment royal des vaisseaux, fut blessé à la bataille de Laufeldt en 1747.

2228. BOUSSANDES (le s^r de), lieutenant au régiment de Champagne, blessé à la bataille de Fleurus en 1690.

2229. BOUSSET (le s^r du), lieutenant au régiment de Navarre, blessé au combat de Senef en 1674.

2230. BOUSSY (Louis de), fut tué à la bataille d'Azincourt en 1415, ainsy que le seigneur de Roissembos son frère.

2231. Bontac de Beautiran, capitaine de frégate du port de Rochefort, mort à Malthe des suites de ses blessures en 1694.

2232. Bouteiller-de-Senlis (Guy le), seigneur de Chantilly et d'Ermenonville, mort au siége de Damiette en 1249.

2233. Bouteiller de Senlis (Charles le), seigneur de Saint-Chartier, vaillant chevalier (dit Monstrelet), fut tué en 1421 à la bataille de Baugé, en Anjou.

2234. Bouteiller (Raoul le), seigneur de Montespilloüer, chevalier, tué à la bataille de Poitiers en 1356.

2235. Bouteiller (Philippes le), chevalier, tué à la bataille de Poitiers en 1356.

2236. Boutet (Octavien du), seigneur de Sansy, capitaine d'une compagnie de chevau-légers, reçut plusieurs blessures au service du roy, d'après une attestation du maréchal d'Etampes, de l'an 1667, et mourut le 11 septembre 1680.

2237. Bouteville (le s^{r} de), capitaine de grenadiers au régiment de Béarn, blessé au siége de Valence, dans le Milanès, en 1696.

2238. Bouthillier (Jean-Baptiste-Léon le), capitaine au régiment Dauphin, tué à l'âge de 20 ans au siége de Mayence en 1689.

—

2239. Bouton (Nicolas), comte de Chamilly, colonel du régiment d'Enghien, gentilhomme ordinaire de la chambre du roy, conseiller d'état d'épée, maréchal de camp et gouverneur de la Capelle, eut l'épaule cassée à Stenay, qu'il défendit pendant 43 jours, et mourut couvert de blessures au mois d'octobre 1662.

2240. Bouton (Louis), chevalier de Malte, tué à l'expédition de Gigery en 1664.

2241. BOUTON (Noël), marquis de Chamilly, maréchal de France, chevalier des ordres du roy, gouverneur de Strasbourg, commandant en Poitou, dans le pays d'Aunis et en Saintonge, dangereusement blessé au siége de Candie, en 1668, des éclats du crâne du s[r] Du Pré, major du comte de Saint-Pol : le fut encore d'un coup de canon à celuy de Gand ; et à la tête, à celuy d'Ipres : il mourut le 8 janvier 1715.

2242. BOUTON (Jean-Baptiste), tué au siége de Philisbourg à l'âge de 21 ans.

2243. BOUTON (François), chevalier de Chamilly, colonel du régiment de Béarn et brigadier des armées du roy, mort des blessures qu'il reçut, en 1702, à la bataille de Fredelinghen.

La maison de Bouton étoit une des plus considérables de Bourgogne. Elle s'est divisée en plusieurs branches : les Bouton du Faï, de la Tournelle, de Chamilly, de Vanvry, et les Bouton de Corberon.

—

2244. BOUTRON (Jean), chevalier de Saint-Louis, capitaine au régiment de Brie, reçut plusieurs blessures au service, sous Louis XV.

2245. BOUTRY (Charles), chevalier, tué à la bataille d'Azincourt en 1415.

2246. BOUVAY (Robert de), chevalier, tué à la bataille d'Azincourt en 1415.

—

2247. BOUVET (Jean de), capitaine commandant le régiment de Florainville, tué au combat du Tesin en 1636.

2248. BOUVET (Jean-Michel de), seigneur de Robert-Espagne, capitaine de cavalerie, tué à la bataille de Fleurus en 1690.

2249. BOUVET (le baron de), chevalier de Saint-Louis, capitaine de grenadiers au régiment de Mailly, blessé au siége de Saint-Guillain en 1746.

2250. BOUVET (le chevalier de), chevalier de Saint-Louis, capitaine au régiment de Mailly, blessé à la bataille de Rosback en 1757.

2251. BOUVIER (Guillaume), marquis de Cépoy, chevalier de Saint-Louis, colonel d'un régiment de son nom, gouverneur et grand bailly de Montargis, fut grièvement blessé aux batailles d'Oudenarde et de Malplaquet en 1708 et 1709.

2252. BOUVILLE (Hugues de), seigneur de Bouville, chevalier, conseiller, chambellan ordinaire du roy, fut tué à la bataille de Mons en Puelle en 1304. Le père Daniel, à l'occasion de cette bataille, en parle comme d'un vaillant chevalier.

2253. BOUVRAYE (de la), lieutenant de vaisseau du port de Rochefort, mort à la Havane sur l'*Espérance*, M. de la Galissonnière capitaine : le 1er juillet 1702.

2254. BOUX (le sr le), mestre de camp d'un régiment, fut tué à la bataille d'Hochtett en 1704.

2255. BOUY (le sieur du), lieutenant au régiment de Piémont, blessé au siége de Luxembourg en 1684.

2256. BOUZET (Charles du), seigneur de Brats, lieutenant-colonel du régiment de Marin-Infanterie et lieutenant de roy à Flix en Catalogne : blessé en Italie, d'après un congé du maréchal de Créquy du 17 octobre 1637, pour aller se faire traiter à Pignerol : le fut encore, en 1640, à l'attaque des retranchements du camp, devant Turin.

2257. BOUZET (N.... du), marquis de Roquépine, mestre de camp d'un régiment, fut tué dans un parti à Castrevato en Italie, en 1701.

2258. BOUZET DE SAINTE-COLOMBE (Charles du), maréchal de camp et gouverneur de Flix, fut tué au service pendant les troubles de Guyenne sous Louis XIV.

2259. BOUZET (N.... du), capitaine au régiment de Condé-cavallerie, blessé à la jambe à la bataille de Minden en 1759.

—

2260. BOUZIER D'ESTOUILLY (N.... de), chevalier de Saint-Louis, commandant de bataillon au régiment de Champagne, tué à la bataille de Malplaquet en 1709.

2261. BOUZIER D'ESTOUILLY (le s[r] de), chevalier de Saint-Louis, capitaine de grenadiers au même régiment, fut enterré avec moitié de sa compagnie au siége du Quênoy, en 1712, par l'explosion d'une mine, dont cependant il échappa, ayant été secouru à propos.

2262. BOUZOUS (le s[r] de), lieutenant aux gardes françoises, tué au siége de Dôle en 1668.

2263. BOVE (Gobert de la), seigneur de Savoisy, chevalier, tué à la bataille d'Azincourt en 1415.

2264. BOVE (François de la), seigneur d'Autremencourt, gentilhomme ordinaire de la chambre du roy Louis XIII et lieutenant au régiment de Champagne, fut tué au siége de la Rochelle.

2265. BOVES (Robert de), tué au siége d'Acre en 1191.

2266. BOVET (le sieur de), chevalier de Saint-Louis, chef de brigades des carabiniers et brigadier des armées du roy, tué à la bataille de Minden en 1759.

2267. BOVIER (Abel de), mort d'un coup de feu qu'il reçut au siége de Lérida sous Louis XIV. (Il eut aussi un frère tué au service.)

2268. BOVIER DES PORTES (Laurent-Paul de), capitaine au régiment de Marcieu-Cavallerie, tué à la bataille de Minden en 1759.

2269. Boyer, lieutenant de vaisseau du port de Toulon, mort sur la *Thérèse*, des suites de ses blessures, en 1670.

2270. Boyer (Luc Sextius de), chevalier d'Argens, chevalier de Saint-Louis, lieutenant-colonel du régiment de Royal Vaisseaux, puis lieutenant de Roy à Brest, fut blessé aux siéges de Tournoy et de Bruxelles, en 1745 et 1746.

2271. Boyron (le sr de), capitaine au régiment de Conty, tué au siége de Fribourg, en 1644.

2272. Boyveau (Alexandre), grand'croix de l'Ordre royal et militaire de Saint-Louis, et gouverneur des Invalides et précédemment capitaine au régiment de Bourgogne, perdit un bras en 1674 et reçut trois coups de piquet en défendant au siége de Grave un poste avancé qu'il ne voulut jamais quitter malgré ses blessures. (Il eut aussi deux frères tués en soutenant en Italie la gloire des armes de Louis XIV, l'un capitaine de grenadiers, à l'assaut d'un bastion de Gouvernolo, et l'autre au combat de Chiari, en 1701.

2273. Brabançon (le seigneur de), tué en 1552, dans un détachement auprès de Metz.

—

2274. Brabant (sire Godefroy de), seigneur d'Arscot (frère du duc de Brabant), tué à la bataille de Courtray, en 1302. (*Chronique de Flandres.*)

2275. Brabant (sire Jean de), son fils, seigneur de Vierzon, tué à la bataille de Courtray, en 1302. (*Chronique de Flandres.*)

2276. Brabant (Philippe de), fut tué dans la guerre de Hongrie contre les Turcs, en 1601 ou 1602.

2277. Brabant (Abdenage de), tué au siége de Breda.

2278. Brabant (Josias de), tué à Colmar dans les guerres d'Allemagne.

2279. BRABANT (Esaü de), son frère, seigneur de Marault, tué aussy au service étant cornette au régiment de Renel.

D'après la production des titres de cette famille, faite en 1670, devant M. de Caumartin, intendant de Champagne, l'on présume que ces deux derniers furent tués dans les guerres de Louis XIV.

2280. BRABEQUE (le s^r^), ayde major du régiment d'Alsace, blessé à la journée de Grebenstein, le 24 août 1762.

2281. BRACQ (de), enseigne de vaisseau du port de Toulon, tué sur le *Téméraire*, commandé par M. Cassard, le 7 décembre 1712.

2282. BRADINES (le s^r^ de), blessé, en 1638, au siége de Poligny, en Franche-Comté. (*Mercure* de 1638.)

2283. BRAGELONGNE (François de), enseigne aux Gardes-Françoises, tué au siége d'Arras, en 1654.

2284. BRAGELONGNE (Charles de), seigneur de la Madelene, colonel d'un régiment de dragons, tué à la bataille de Luzara, en 1702.

2285. BRAGELONGNE (N..... de), capitaine au régiment de Roüergue, fut blessé dangereusement à la bataille de Minden, en 1759.

2286. BRAGNY (le s^r^ de), blessé, en 1638, au siége de Poligny, en Franche-Comté. (*Mercure* de 1638.)

2287. BRAGUASSARGUES (Jean-Louis-Aldebert de), chevalier de Saint-Louis, chef de bataillon au régiment de Piémont, blessé en 1742 au siége de Prague, et en 1748 à celuy de Maëstrick, le fut encore à la bataille de Rosback, en 1757.

2288. BRAINE (Simon, *comte* de), tué à la bataille d'Azincourt, en 1415. (*Voy*. de ROUCY.)

—

2289. BRANCAS (André-Baptiste de), seigneur de Villars, amiral de France, chevalier des ordres du Roy, gentilhomme ordinaire de sa chambre, capitaine de cent hommes d'armes de ses ordonnances, gouverneur de Calais, de Roüen, du Pont de l'Arche et du Havre, et lieutenant-général pour S. M. aux bailliages de Roüen et de Caux, ayant été battu et fait prisonnier près de Dourlens par les Espagnols, il fut tué de sang-froid par ordre de Contreras, leur commissaire général, le 24 juillet 1595.

2290. BRANCAS (Louis dit le marquis de), marquis de Cereste, baron du Castellet et de Villars, maréchal de France, chevalier des ordres du Roy et de celuy de la Toison d'or, commandeur de celuy de Saint-Louis, grand d'Espagne, lieutenant-général au gouvernement de Provence, gouverneur de Gironne, du Neuf-Brisack et de Nantes, commandant en Bretagne, ambassadeur extraordinaire en Espagne et conseiller d'État d'épée, fut blessé au siége de Keiserwert, en 1702, il mourut le 9 août 1750.

2291. BRANCAS (Paul-Esprit de), son frère, cornette au régiment de Berry et ayde de camp du marquis de Brancas, fut tué à la bataille d'Almanza, en 1707.

2292. BRANCAS (Louis duc de) et de Lauraguais, pair de France, chevalier de Saint-Louis et de la Toison d'Or, d'abord colonel du régiment d'Artois, puis de celuy de Brancas, ensuite lieutenant-général des armées du Roy, et gouverneur de Guise, en Picardie, eut le poignet cassé à la bataille d'Ettingen, en 1743.

2293. BRANCAS (Louis-Léon-Félicité de), comte et titré duc de Lauraguais, chevalier de Saint-Louis, mestre de camp, lieutenant, en 1749, du régiment Royal Roussillon cavallerie, fut blessé à la bataille de Creweldt, en 1758.

On sait que l'héritier de cette grande maison est aujourd'hui M. le comte Hibou de Frohen, substitué aux noms, titres et armes par son contrat de mariage avec feue Yolande de Brancas, duchesse de Lauraguais, etc.

2294. BRANCHE (Charles), s[r] du Hommet, l'un des gendarmes écossois du Roy, reçut un coup de mousqueton à la cuisse, au combat de Senef, en 1674, et eut un cheval tué sous luy dans une autre rencontre : il mourut le 18 février 1679 d'un abcès au ventricule du cerveau, affection que le chirurgien-major des hôpitaux estima la suite d'un grand coup de sabre qu'il avoit reçu au dernier siége d'Ipres (en 1678).

2295. BRANCION (Josserand *sire* de), chevalier, l'un des vaillans hommes de guerre de son tems, et que le sire de Joinville, son neveu, dans son *Histoire de Saint-Louis*, appelle *Monseigneur*, fut tué dans un combat contre les Turcs, après la bataille de la Massoure, en 1249. Il s'étoit trouvé à 36 batailles ou autres actions de guerre.

2396. BRANCION (Louis de Visargent de), chevalier, commandeur de l'ordre de Malte, lieutenant-colonel du régiment de la Marine et brigadier des armées du Roy, blessé au siége de Fontarabie, en 1719, mourut le 22 février 1765.

2297. BRAND (le s[r]), lieutenant au régiment de Brendlé suisse, blessé à la bataille de Malplaquet, en 1709.

2298. BRANDT (le s[r]), gentilhomme écossois, chef de brigade dans l'Inde, sous M. de Bussy, mourut le lendemain des blessures qu'il reçut à l'assaut de Bobili.

2299. BRANETANT (le s[r] de), lieutenant au régiment de Navarre, tué au siége de Landau, en 1713.

2300. BRAQUE (Nicolas), seigneur du Luat, tué à la bataille d'Azincourt, en 1415.

2301. BRAQUE (Guichard de), capitaine au régiment de la Reine, tué au siége de Bordeaux, en 1652, de trois coups de mousquet qu'il reçut en forçant le faubourg Saint-Séverin.

2302. Braque (François dit le *marquis de*), colonel du régiment de la Sarre infanterie, tué au siége de Montmelian, en 1691.

2303. Braquemont (Jean de), mort dans le combat naval que l'amiral de Braquemont son père livra au duc de Clarence, en 1415.

2304. Braquemont (Louis sire de), tué à la bataille de Verneuil, en 1424.

2305. Bras (Pierre de), écuyer, tué à la bataille de Poitiers, en 1356.

2306. Brasseas (Jean-Marie dit le *chevalier de*), chevalier de Saint-Louis, capitaine de grenadiers au régiment de Piémont, faillit d'abord périr sous le feu d'une mine, au siége de Maestrick, en 1748 ; fortement contusionné par sa cuirasse, blessé de rechef à la bataille de Rosback, en 1757, il fut tué à celle de Berghen, en 1759.

2307. Brassac (le s^r de), officier au régiment de Béarn, blessé au combat de Senef, en 1674.

2308. Brasseuze (le s^r de), capitaine au régiment de Normandie, blessé au siége de Grave, en 1674.

2309. Brassier de Jocas (François), tué au siége de Montauban, en 1621, servant comme volontaire dans la compagnie du marquis du Thor.

2310. Brassière (le s^r de la), chevalier de Saint-Louis, capitaine au régiment de Royal-Pologne cavalerie, avec rang de lieutenant-colonel, fut blessé à la bataille de Minden, en 1759.

2311. Brau (le s^r du), chevalier de Saint-Louis, commandant de bataillon au régiment de Picardie, blessé à la bataille de Parme, en 1734, et à l'affaire de Dingelfingen, en 1743.

2312. Braux (Pierre), seigneur de la Pagerie et de Marson, tué à la bataille de Rethel, étant cornette dans la compagnie de Reineville.

2313. Brazide (le sr de), l'Etat militaire de 1767 le nomme *de Brouzède*, capitaine au régiment de Bourgogne, blessé dans le combat du capitaine Thurot dans les mers d'Irlande, le 28 février 1760.

2314. Brazy du Moutoy (le sr de), lieutenant au régiment de Royal-Champagne cavalerie, cy-devant La Rochefoucaud et chevalier de Saint-Louis en 1782, fut blessé au bras d'un coup de feu à la bataille de Minden, en 1759.

—

2315. Bréauté (Guillaume, sire de), chevalier, tué à la bataille de Courtray en 1302.

2316. Bréauté (Royer, sire de), tué par les Anglois en 1404 dans une rencontre près de Gisors.

2317. Bréauté (Jean de), tué à la bataille de Verneuil en 1424.

2318. Bréauté (Jacques de), son frère, seigneur de Bellefosse, tué à la bataille de Patay en 1429.

2319. Bréauté (Roger de), seigneur de Crouin, mort en 1460 dans une bataille en Angleterre.

2320. Bréauté (Jean, sire de), chevalier, vicomte de Maineval, commandant pour le roy au pays de Caux, mort d'un coup de flèche qu'il reçut à la cheville du pied, à la bataille de Montlhéry en 1465.

2321. Bréauté (Adrien-Pierre, sire de), vicomte héréditai de Hotot en Auge, baron de Cani-Caniel, premier écuyer de la reine Marie de Médicis, fut tué devant Bréda au mois d'octobre 1624, en allant reconnoître un détachement de la garnison de cette ville.

2322. BRÉAUTÉ (Pierre, sire et marquis de), vicomte héréditaldeHotot en Auge, mestre de camp du régiment de Picardie, puis sergent de bataille, tué à la prise d'Arras en 1640.

Célèbre maison de Normandie qui a encore des représentants.

2323. BRÉCOURT (le s[r] de), lieutenant-colonel du régiment de Normandie, fut blessé au siége de Coni en 1641 et à celuy de Barcelone en 1652.

2324. BRÉCOURT (le s[r] de), lieutenant aux gardes françoises, tué au siége de Gravelines en 1652.

2325. BRÉDA (Louis de), tué en 1635 dans la retraite que le cardinal de La Valette fit devant Metz.

2326. BRÉDA (Christophe de), capitaine au régiment de Rambures, tué au siége de Gravelines sous Louis XIV.

2327. BREHAN (Jean de), dit *le capitaine Bonnet*, chevalier, seigneur de Belleissüe, compagnon d'armes du chevalier Bayard, fut dangereusement blessé à la bataille de Ravenne en 1512 d'un coup de pique dans le front où le fer resta, et mourut vers l'an 1520. C'est à tort que des auteurs disent qu'il fut tué à cette bataille.

2328. BREHAN (Mathurin de), chevalier, seigneur de Belleissüe, de Galinée, capitaine d'une compagnie de 500 hommes, mourut au mois d'octobre 1538 des blessures qu'il reçut dans une rencontre en Piémont.

2329. BREHAN (Jean de), son frère, mort dans les guerres d'Italie.

2330. BREHAN (Claude de), son autre frère, lieutenant d'une compagnie d'hommes d'armes, mort en 1547 des blessures qu'il reçut à Brignoles.

2331. BRÉHAN (Louis de), seigneur et baron de Château-Brehan et de Galinée, chevalier de l'ordre du roy, gentilhomme ordinaire de sa chambre, capitaine de 50 hommes d'armes de ses ordonnances, et maréchal de camp, fut tué dans les guerres d'Allemagne en 1634.

2332. BRÉHAN (Jean-Gilles de), officier aux gardes françoises, tué au siége de Lille sous Louis XIV.

2333. BRÉHAN (Louis-Robert-Hippolite de), dit le *comte de Plélo*, chevalier de Saint-Louis, sous-lieutenant des gendarmes de Flandres, puis mestre de camp d'un régiment de son nom et ambassadeur en Dannemark, fut tué devant Dantzick, à l'attaque des retranchements des Russes, le 27 may 1734.

2334. BRÉHAN (Marie-Jaques, dit le marquis de), chevalier de Saint-Louis, colonel du régiment de Picardie, puis maréchal de camp, eut une contusion considérable à une cuisse, à la bataille d'Hastembeck, en 1757, et mourut à Paris, le 31 may 1764.

2335. BREHARET (Jean) fut tué à la bataille de Baugé, en 1421. (Voy. de Brelle, que l'on présume le même que ce Bréharet par le grand rapport que l'on y voit.)

2336. BREIL (N... du), seigneur de la Touche, fut tué à la bataille de Dreux, en 1562, servant dans le parti du roy.

2337. BREIL (Jean du), seigneur de Pontbriant, chevalier de l'ordre du roy, maréchal de camp et commandant le ban et arrière-ban de l'évêché de Saint-Malo, fut grièvement blessé à la tête, en 1589, dans une affaire qui se passa en Bretagne contre les ligueurs qui vouloient assiéger son château de Pontbriant, et il eut encore deux doigts de la main coupés dans la dernière sortie qu'il fit.

2338. BREIL DE RAYS (Jean-Georges, dit le chevalier du), chevalier de Saint-Louis, chef d'escadre des armées navalles, fut blessé au combat du comte d'Estaing contre l'amiral Byron, près de la Grenade, le 6 juillet 1779.

2339. BRELLE (Jean de), chevalier, tué à la bataille de Baugé, en 1421. (Voyez l'observation faite au nom de Breharet, nº 2335.)

2340. BREMOND (Jaques de), seigneur de Vernon, chevalier de Saint-Louis, mestre de camp de cavallerie, tué en Italie, au service du roy, en 1701.

2341. BRENDELÉ (le sr), lieutenant aux gardes suisses, tué au passage de l'Escaut, près de Denain, en 1649.

2342. BRENILÉ (Jaques), capitaine aux gardes suisses, avec rang de lieutenant-colonel, fut tué, le 29 août 1689, au combat de Valcour, où il combattit en héros et reçut cinq blessures mortelles.

2343. BRENDLÉ (le sr), capitaine, lieutenant au régiment de la Cour-au-Chantre, fut blessé au siége d'Ostende, en 1745, d'une balle à travers le corps dont il mourut.

2344. BRENIER DE PREVILLE (Jaques), chevalier de Saint-Louis, capitaine au régiment de Normandie, blessé à la bataille de Clostercamps, en 1760, obtint sa retraite en 1766.

2345. BRENNE (Nicolas-Gaspard de), capitaine de cavallerie au régiment de Mancini, tué au siége de Dunkerque, en 1650.

2346. BRENNE (Armand de), son frère, seigneur de Villars et de Rembon, fut tué au mois de février 1763; mais il n'y est pas dit dans quelle affaire.

2347. BRENNES (le sr de), capitaine au régiment de Picardie, tué au combat de Veillane, en 1630.

2348. Bréon (le sr de), chevau-léger de la garde du roy, fut blessé à la bataille d'Ettingen, en 1743.

Les Bréon d'Auvergne subsistent encore.

2349. Brescanvel (de) aîné, enseigne de vaisseau du port de Brest, mort sur le *Mercure*, commandé par M. de Maroles, le 24 janvier 1720.

2350. Bresme (le sr de) chevalier de Saint-Louis et lieutenant de vaisseau, eut un bras cassé sous Louis XIV, à la descente des Anglois sur les côtes d'Andalousie.

2351. Bresme (le chevalier de), capitaine de frégate, du port de Dunkerque, tué sur le *Mars*, le 2 octobre 1706.

2352. Bresolles (le baron de), mort, en 1568, d'une blessure qu'il reçut dans une rencontre avec les protestants.

Mémoires imprimés en 1678. — *Voir* Bressolles.

2353. Bressay (le sr de), capitaine au régiment d'Enghien, eut le bras cassé et reçut un coup de feu aux reins à la bataille d'Hastembeck, en 1757.

2354. Bressey (le chevalier de), capitaine au régiment de Mailly, tué en 1747, à l'affaire de l'Assiette.

2355. Bressieux (le seigneur de), tué, en 1568, dans une action contre les protestants, après un combat très-opiniâtre où il perdit cent hommes de son infanterie.

Mém. impr. en 1598.

2356. Bressolles (le sieur de), lieutenant au régiment de Touraine, tué à la bataille de Minden, en 1759.

2357. Brest (le sr de), lieutenant de grenadiers au régiment de Vatan, tué à la bataille de Minden, en 1759.

2358. Bret (Alexandre le), colonel du régiment Royal des vaisseaux, puis lieutenant général des armées du roy, commandant en Languedoc et en Roussillon, gouverneur et grand-bailly de Douay, fut blessé, en 1673, dans une action contre les Espagnols.

—

2359. BRETAGNE (Jean III, duc de), dit *le Bon*, comte de Richemont, vicomte de Limoges, blessé, dans le parti du roy, à la bataille de Cassel, en 1328, mourut à Caen, le 30 avril 1341.

2360. BRETAGNE (Artus III, duc de), comte de Richemont, de Dreux, d'Estampes et de Montfort, duc de Touraine, pair et connétable de France, gouverneur de l'Isle de France et de Normandie, fut si dangereusement blessé à la bataille d'Azincourt, en 1415, que, renversé sous plusieurs corps morts, on ne le reconnut qu'à sa cotte d'armes. Il mourut à Nantes, le 25 décembre 1458; ce fut luy qui contribua le plus à chasser les Anglois de la France, et l'on remarque même qu'à sa mort ils n'y possédoient plus qu'une place d'importance.

2361. BRETAGNE (François de), comte de Goëllo, tué à la bataille de Coutras, en 1587.

2362. BRETAGNE (Louis de), baron d'Avaugour, comte de Vertus, colonel du régiment de Navarre, blessé au siége de Saint-Omer, en 1638, mourut le 2 octobre 1669.

—

2363. BRETAGNE (le s[r] de), lieutenant au régiment de Piémont, blessé à la bataille de Malplaquet, en 1709.

2364. BRETÊCHE (le s[r] de la), capitaine aux gardes françoises, vendit sa compagnie, en 1683, à raison de ses infirmités, causées par les blessures qu'il avoit reçues.

2365. BRETÊCHE (le s[r] de la) chevalier de Saint-Louis capitaine au régiment de Mailly, depuis Talaru, reçut une blessure mortelle à l'affaire de Carillon, en Canada, le 12 juillet 1758; ce doit être luy qui fut fait maréchal de camp.

Deux frères portant ce même nom furent tués au service en Italie.

2366. Bretel de Lanquetot (N...), aide de camp de Mr le prince, fut tué à la bataille de Nortlingue, en 1645.

2367. Bretel (Louis), son cousin, seigneur de la Chapelle, aussi aide de camp du même prince, fut tué à la même bataille.

2368. Bretel (François), chevalier de Malte, frère du précédent, fut tué devant Lérida.

2369. Bretel (Georges), son autre frère, seigneur d'Estouteville et de Savary, lieutenant aux gardes françoises, tué au siége d'Arras, en 1654.

2370. Bretel (Jaques de), seigneur de Brebant, capitaine au régiment d'Esnay et capitaine des gardes du maréchal de Luxembourg, tué à la retraite de Mayence, sous Louis XIV.

2371. Bretel (Guillaume de), fils du précédent, enseigne de la compagnie de son père, tué à la même retraite.

2372. Bretel (Cirus de), son autre fils, capitaine au régiment, commissaire général de cavalerie, tué au service, en Flandres.

2373. Bretesche (le marquis de la), enseigne de vaisseau du port de Toulon, mort de ses blessures, devant Alger, le 15 aoust 1683.

2374. Bretigny (le seigneur de), tué à la bataille d'Azincourt, en 1415.

2375. Bretigny (le sr), capitaine au régiment de Piémont, mort des blessures qu'il reçut à la bataille de Rosback, en 1757.

2376. BRETON (Hector le), seigneur de la Chênaye et de la Dometerie, roy d'armes de France, chevalier de l'ordre du roy, l'un de ses maîtres d'hôtel ordinaires, et commissaire extraordinaire des guerres, reçut au siége d'Amiens, en 1597, une mousquetade au visage dont il perdit un œil.

2377. BRETON (le s^r), porte drapeau au régiment de Champagne, blessé, en 1743, à l'attaque de la redoute de Rhinwillers.

2378. BRETON DU PLESSIS (le s^r le), chevalier de Saint-Louis et capitaine de grenadiers au régiment de Piémont, tué au siége de Prague, en 1742, en forçant, dans une sortie, les retranchements des ennemis.

2379. BRETON DU PLESSIS (Charles-Hector le), fils du précédent, chevalier de Saint-Louis, chef de bataillon au même régiment, avec rang de lieutenant-colonel, puis commandant au château de Marbourg, blessé à la bataille de Rosbach, en 1757, obtint, en 1762, une pension de 800 francs.

2380. BRETON DE RANSANE (le s^r le), chevalier de Saint-Louis et lieutenant de vaisseau, tué sur la *Capricieuse* qu'il commandoit, dans un combat qu'il soutint, le 4 juillet 1780, contre deux frégates angloises, en sortant de Lorient.

—

2381. BRETON DE VILLANDRY. — *Voyez* VILLANDRY.

2382. BRETONNEAU (le s^r), mousquetaire de la garde du roy, tué à la bataille d'Ettingen, en 1743.

2383. BRETONNIÈRE (le chevalier de la), chevalier de Saint-Louis, lieutenant colonel du régiment de la Martinique, tué au siége de Savannah, en 1779.

2384. BRETONNIÈRE (le s^r de la), lieutenant au régiment de Normandie, blessé devant Orbitello, en 1646.

2385. BRETONNIÈRE (le s[r] de la), chevau-léger de la garde du roy, blessé à la bataille d'Ettingen, en 1743.

—

2386. BREUGNON, l'un des plus anciens capitaines de vaisseau, en 1744, avec vingt-cinq campagnes et soixante ans de service, dix combats dont deux sur terre, cinq siéges, et quatre fois blessé. Entre plusieurs autres traits remarquables de sa longue carrière de marin, en 1702, sous le commandement du maréchal d'Estrées, il avoit eu l'ordre, armé seulement de deux canons, d'aller à la découverte jusqu'à Torbail. Rencontré par un flessingois de vingt-deux canons, il se défendit de voile pendant quelque temps, mais, joint bientôt, il fut abordé trois fois et obligé de céder à la force ; pris, dépouillé, mis nu aux fers et mené à Midelbourg, où jeté dans un cachot, il se vit au moment d'être pendu comme forban, l'ordre dont il étoit porteur n'étant point en forme.

—

2387. BREUIL (le capitaine), Breton, enseigne du baron de Nicolas, fut blessé à la jambe d'une arquebusade dont il resta boiteux d'après les mémoires de Monluc, qui fait mention de ses services dans les guerres de François Ier. — De Thou dit qu'il avoit été blessé au siége de Bapaume, en 1553.

2388. BREUIL (Torberan du) seigneur de Javrezac, tué en 1622, au siége de Royan, où il commandoit les Enfants perdus.

2389. BREUIL (Henry du), major du régiment de Piémont, l'un des vaillans hommes de son tems, fut tué au siége de Sommières, en 1622.

2390. BREUIL (le s[r] du), capitaine au même régiment, tué au siége de Montauban, en 1621.

2391. Breuil (le s[r] du) capitaine au régiment de Normandie, tué à la prise de Realmont, en 1628.

2392. Breuil (le s[r] du), lieutenant de la mestre de camp du régiment de Picardie, tué au combat de Veillane, en 1630.

2393. Breuil (le chevalier du), capitaine au même régiment, blessé au siége de Coni, en 1641.

2394. Breuil (le s[r] du), lieutenant au régiment de Trassy-Cavalerie, blessé au siége de Fribourg, en 1644.

Mercure de 1644.

2395. Breuil (le s[r] du), lieutenant aux gardes françoises, blessé à la défense d'Armentières, en 1647.

2396. Breuil (le s[r] du), lieutenant au régiment Royal-des-Vaisseaux, blessé au siége de Namur, en 1692.

2397. Breuil (du), enseigne de vaisseau du port de Rochefort, mort aux costes de Plaisance, sur *le Courbe*, commandé par M. de Bellair, le 14 septembre 1696.

2398. Breuil (le s[r] du), colonel au régiment du Breuil-Dragons, mort d'une blessure qu'il reçut au siége de Barcelonne, en 1697.

2399. Breuil (Jean du), seigneur d'Arfeuille, lieutenant au régiment de la Meilleraye, fut dangereusement blessé à la bataille des Dunes, en 1658.

2400. Breuil (du), enseigne de vaisseau du port de Toulon, mort devant Gibraltar, de ses blessures sur *le Monarque*, le 16 mars 1705.

2401. Breuil (Étienne du) seigneur de la Brosse, chevalier de Saint-Louis, capitaine au régiment de Ruffec-Cavalerie, reçut deux coups de feu à la bataille de Ramillies, en 1706, et eut un cheval tué sous luy à celle d'Oudenarde, en 1708.

2402. BREUIL (le s^r du), chevalier de Saint-Louis et capitaine au régiment de Penthièvre, blessé à la bataille de Rosback, en 1757.

2403. BREUIL (le s^r du), lieutenant au régiment de Picardie, tué à la bataille de Parme, en 1734.

2404. BREUIL (le s^r du), lieutenant-colonel du régiment Royal des-Vaisseaux et chevalier de Saint-Louis, blessé à la bataille de Fontenoy, en 1745, mourut peu de jours après.

2405. BREUIL (Berard du), seigneur de Saconnay, capitaine au régiment de Conty, reçut plusieurs blessures dans les guerres de son tems, entr'autres en 1645, à la bataille de Nortlingue, où il fut découvert parmi les morts, et où l'un de ses frères fut aussi trouvé mort à ses côtés.

2406. BREUIL DE LA TOUCHE DE RETZ (du), enseigne de vaisseau du port de Rochefort, mort à Cartagenne, sur *l'Apollon*, le 28 juin 1697.

—

2407. BREVAL (le s^r de), lieutenant-colonel du régiment de Champagne, mort de la blessure qu'il reçut à la bataille d'Altenheim, en 1675.

—

2408. BREZÉ (Jean de), seigneur de Broon, se signala à la prise d'Évreux, en 1442, et s'étant précipité témérairement lorsque les Anglois vinrent pour reprendre cette ville, il y fut tué au premier choc.

2409. BREZÉ (Robert de) fut tué dans une rencontre contre les Suisses, près de Bâle, en 1444.

2410. BREZÉ (Pierre de), chevalier, sire de la Varenne, comte d'Évreux et de Maulevrier, chambellan et premier ministre du roy Charles VII, sénéchal de Normandie, de Poitou et d'Anjou, gouverneur de Louviers, d'Angers et du château royal de Nismes, fut tué, en 1465, à la bataille de Monthléry qu'il avoit engagée contre l'avis du roy.

—

2411. BRIANÇON (le s[r] de), capitaine au régiment de Champagne, tué à la bataille de Steinkerque en 1692.

2412. BRIANÇON (le s[r] de), capitaine au régiment de Condé, tué à la bataille de Parme.

2413. BRIAND DU LESCOUET (le s[r]), enseigne de vaisseau, blessé sur le *Saint-Louis*, dans l'escadre du comte d'Aché, aux Indes, en 1758.

2414. BRIANDA (le s[r]), officier au régiment de Normandie, tué au siége de Berg-op-zoom en 1747.

2415. BRIARG (le s[r]), garde de la marine, blessé dans le combat du comte d'Estaing contre l'amiral Byron, près de la Grenade, le 6 juillet 1779.

2416. BRICAULT (François), lieutenant au régiment de Talleyrand-Cavallerie, puis chevalier de Saint-Louis et capitaine dans celuy de Royal-Piémont, fut blessé à la bataille de Minden en 1759.

—

2417. BRICHANTEAU (Nicolas du), seigneur de Beauvais-Nangis, chevalier de l'ordre du roy, gentilhomme ordinaire de sa chambre, conseiller en son conseil privé, capitaine de 50 lances de ses ordonnances et commandant à Tours, grièvement blessé à la bataille de Dreux en 1562, mourut au mois de septembre des suites de ses blessures en 1564.

2418. BRICHANTEAU (le capitaine), tué en 1588 au siége de Montaigu en Poitou.

2419. BRICHANTEAU (François de), marquis de Nangis, mestre de camp du régiment de Picardie, conseiller d'état d'épée et maréchal de camp, tué au siége de Gravelines en 1644.

2420. Brichanteau (Claude-Alphonse de), son frère, marquis de Nangis, lieutenant général des armées du roy et gouverneur de Ham, mort à Calais le 15 juillet 1658, d'un coup de mousquet qu'il reçut à la tête au siége de Bergues Saint-Vinox.

2421. Brichanteau (Nicolas de), seigneur de Gurcy et de Brichanteau, baron de Linières, capitaine au régiment de la Reine-Cavallerie, mort au siége d'Ypres en 1658.

2422. Brichanteau (Louis Fauste de), marquis de Nangis, colonel du régiment Royal-la-Marine et brigadier des armées du roy, mourut à Strasbourg le 22 août 1690 d'une blessure qu'il avoit reçue quelques jours auparavant dans les plaines d'Offembourg au delà du Rhin.

2423. Brichanteau (Louis-Armand de), marquis de Nangis, colonel-lieutenant du régiment du Roy-Infanterie, chevalier de ses ordres, lieutenant général de ses armées, chevalier d'honneur de la reine, gouverneur de Salces en Roussillon, et directeur général de l'infanterie françoise, eut deux contusions dans un combat, en 1704, au village de Halchtat.

—

2424. Briçonnet (François), lieutenant aux gardes-françoises, tué au siége de Lille, en 1667.

2425. Briçonnet-d'Oisonville (N...), capitaine au régiment du roy, puis colonel de celui de Blaisois, tué à la bataille de Parme en 1734.

Voir de Brissonnet, qui peut être le même nom différemment orthographié.

2426. Brie (Jean de), seigneur de Serraut, chevalier, tué à la bataille de Poitiers en 1356.

2427. BRIE (le chevalier de), lieutenant au régiment de Navarre, tué au siége de Prague, en 1742.

2428. BRIE (Joseph, chevalier de), chevalier de Saint-Louis, capitaine commandant au régiment d'Artois blessé au combat du capitaine Thurot dans les mers d'Irlande le 28 février 1760.

Il y avoit des de Brie en Bretagne, en Champagne et en Anjou.

—

2429. BRIENNE (Erard de), comte de Brienne, général des troupes françoises, tué au siége d'Acre, en 1191.

2430. BRIENNE (Erard de), seigneur de Rameru, suivit le roy saint Louis à son premier voyage de la Terre sainte où il fut tué pour la défense de la religion.

2431. BRIENNE (Gauthier de), fut tué dans un combat en 1302.

2432. BRIENNE (Gauthier, comte de), duc d'Athènes, connétable de France, tué à la bataille de Poitiers, en 1356.

2433. BRIENNE (Louis de), mort d'une blessure qu'il reçut à la bataille de Cocherel en 1364.

Grande maison de Champagne aujourd'hui éteinte.

—

2434. BRIET (le s^r^), officier au régiment de Normandie, tué au siége de Berg-op-zoom, en 1747.

2435. BRIEY (François-Ferdinand de), capitaine au régiment de Bourgogne-Infanterie, tué dans la guerre de Bavière.

2436. BRIEY (Fortuné de), lieutenant au régiment de Nassau-Infanterie, tué d'un coup de canon au dernier siége de Cassel, sous Louis XV.

2437. BRIFFE (Gilles Arnaud, dit *le chevalier* de la), chevalier de Saint-Louis, capitaine aux gardes-françoises avec rang de colonel, tué à la bataille d'Ettingen en 1743.

2438. BRIGAUD (le s[r] de), capitaine aux grenadiers de France, tué à la bataille de Minden en 1759.

2439. BRIGDENE (Jean), chevalier, tué à la bataille de Poitiers en 1356.

2440. BRIGNEUX (le seigneur de), mestre de camp d'un régiment, reçut au siége de Paris, en 1590, un coup de fauconeau dans la cuisse dont il mourut (dit M. de Thou), fort regretté de toute l'armée.

2441. BRILLAC (Jaques de), seigneur d'Argy, baron de Montigny, chevalier de l'ordre du roy et gentilhomme ordinaire de sa maison, tué à l'entreprise d'Anvers en 1583.

2442. BRILLAUT (le seigneur de), lieutenant au régiment de Trassy-Cavallerie, blessé au siége de Fribourg en 1644.

Mercure de 1644.

2443. BRILLET (Jaques), chevalier de Villemorge, chevalier de Saint-Louis, capitaine au régiment Royal, puis chef de bataillon dans celuy de Brie avec rang de major, reçut plusieurs blessures au service sous Louis XV, et obtint sa retraite en 1777.

2444. BRIMEU (Adrien de), chevalier, seigneur d'Imbercourt, dit le *brave d'Imbercourt*, conseiller chambellan ordinaire du roy, capitaine d'une compagnie d'hommes d'armes de ses ordonnances et capitaine du château d'Arques, blessé au visage dans une action en Italie en 1515, fut tué en la même année à la bataille de Marignan. Les *Annales d'Aquitaine* le qualifient de *hardi et prudent chevalier*.

2445. BRIMONT (le s[r]), commandant à Lectoure, fut blessé devant Taraube en 1562. (De Thou.)

2446. BRINAC (Jean de), écuyer, tué à la bataille de Poitiers en 1356.

2447. BRINDEL (le s^r^), lieutenant au régiment d'Alsace, blessé à la bataille de Clostercamps en 1760.

2448. BRINGUIER (Henry de), seigneur de Saint-André de Valborgne, tué en 1703, par les Camisards.

2449. BRINIÈRE (le s^r^ de la), lieutenant aux gardes-françoises, tué à la bataille de Steinkerque en 1692.

2450. BRINON. Enseigne de vaisseau du port de Toulon, tué sur *l'Oriflamme* commandé par M. de Chateauregnault le 24 aoust 1704.

2451. BRIOLLES (le s^r^ de), commandant le régiment de Condé-Cavallerie, fut blessé par le duc de Beaufort d'un coup d'épée dans la cuisse dans une action sous Louis XIV.

2452. BRIONNET (le s^r^ de), gentilhomme dauphinois, fut blessé au service du roy le 15 avril 1591.

2453. BRIORD (Claude de), seigneur de la Serra, major du régiment d'Enghien, grièvement blessé à la bataille de Nortlingue en 1645, le fut encore au bras droit au siége de Tortose en 1648, où il commandoit la cavallerie de l'armée.

2454. BRIORD (le comte de), de la Serra, sous-lieutenant des gendarmes d'Anjou, tué à la bataille de Malplaquet en 1709.

2455. BRIOUS (le s^r^ de), lieutenant au régiment de Mailly, tué à la bataille de Raucoux en 1746.

2456. BRIQUEBOC (le seigneur de), tué en 1352 près de Mauron, en Bretagne, dans un combat contre les Anglois.

2457. BRIQUEMAULT (François de), mestre de camp d'un régiment de cavallerie, tué au siége d'Autun, pourroit bien être aussy le s^r^ *de Briquemault*, cité dans l'histoire de France comme ayant été blessé en 1592, dans une affaire en Piémont sous M. de Lesdiguières.

2458. BRIQUEMINY (le s[r] de), lieutenant au régiment Royal-des-Vaisseaux, blessé au combat de Senef en 1674.

2459. BRIQUEVILLE (Guillaume de), seigneur de la Vallée, chevalier commandeur de l'ordre de Saint-Lazare, gentilhomme ordinaire de la chambre du roy et lieutenant général de ses armées navales, fut tué, en 1613, en combattant dans la rivière de Gambie, l'un des bras du Niger, le grand fleuve du Sénégal en Afrique.

2460. BRIQUEVILLE (Guillaume de), seigneur de la Vallée, blessé au service du roy en 1636 d'un coup de pistolet dont il mourut il fut inhumé à l'abbaye de Marolles, près Landrecies.

2461. BRIQUEVILLE (Antoine de), seigneur de Briqueville, dit le *chevalier de Bretteville*, capitaine de frégate, tué d'un coup de canon à la tête dans un combat qu'il soutint près du Havre, le 16 juillet 1674 contre un vaisseau hollandois.

2462. BRIQUEVILLE (François de), marquis de la Luzerne, colonel d'un régiment d'infanterie, enseigne de la première compagnie des mousquetaires, chevalier de Saint-Louis, maréchal de camp et lieutenant de roy en basse Normandie, fut dangereusement blessé à la bataille de Ramillies en 1706.

2463. BRIQUEVILLE (Jean-Baptiste, chevalier de), capitaine au régiment de Touraine, mort à Douay le 30 octobre 1708 des blessures qu'il reçut au siége de Lille.

—

2464. BRISAY (Pierre-Alexandre de), chevalier de Saint-Louis, capitaine et major des dragons de la reine, puis directeur des fortifications de Mela et de Thionville, mourut des blessures qu'il reçut au siége de Philisbourg.

2465. BRISAY (Charles de), son frère, chevalier de Saint-Louis, capitaine et major du régiment Royal-Infanterie, mort des blessures qu'il reçut à la prise de Salins.

2466. BRISAY (Octave de), son autre frère, chevalier de Malte, mort aussy de ses blessures dans les guerres de Louis XIV.

Famille de Touraine et de Poitou encore existante.

2467. BRISSAC (de), lieutenant de vaisseau, du port de Port-Louis, perit sur le *Fendant*, commandé par M. de la Verune, le 18 avril 1713.

Voir COSSÉ.

2468. BRISSAILLE (Hector de), lieutenant-colonel du régiment de Picardie, reçut au siége de Dôle en 1636 deux blessures, une entr'autres à la cuisse, dont il mourut.

2469. BRISSEUIL (le sr de), capitaine au régiment de Béarn, tué au combat de Senef en 1674.

2470. BRISSONNET (le sr de), capitaine au régiment de Bourbonnois, blessé à la bataille de Steinkerque en 1692.

Voir BRIÇONNET.

2471. BRO (le sr de la), capitaine au régiment de la Rochefoucaud-Cavallerie, eut deux contusions au visage à la bataille de Minden en 1759.

Voir de LABRAU, peut-être le même nom différemment orthographié.

2472. BROCA (Charles-Louis de), chevalier de Saint-Louis, major du régiment de Piémont, puis lieutenant-colonel de celuy de Dauphiné et maréchal de camp en 1784, fut blessé de deux coups de feu à la bataille de Rosback en 1757. — Seroit-ce luy ou un autre du même nom qui, étant capitaine au régiment de Condé, fut blessé au côté gauche à celle de Minden, en 1759?

2473. BROCARD (Henry du), chevalier de Saint-Louis, lieutenant-général des armées du roy et commandant le corps royal de l'artillerie, fut tué à la bataille de Fontenoy en 1745.

2474. BROCHARD (le sr de), chevalier de Saint-Louis, lieutenant au régiment de Mailly, puis capitaine dans ceux de Guyenne et de Viennois, fut blessé à la bataillè de Rosback en 1757.

2475. Brochard (le chevalier de), chevalier de Saint-Louis, frère du précédent et comme lui blessé à la bataille de Rosback en 1757.

Il y a encore dans le Poitou une famille de ce nom.

2476. Brocherouil (le chevalier de), officier auxiliaire, blessé le 5 septembre 1781, devant la baye de Chesapeak, au combat du comte de Grasse contre l'amiral Howe, fut tué sur le *Diadème*, dans celuy du même général contre l'amiral Rodney au mois d'avril 1782.

2477. Brochet de Pontcharot.

Voir sous le nom de Poutcharot un article qui paroit concerner cette famille.

2478. Brodeau (Louis), seigneur de la Chassetière, colonel d'un régiment d'infanterie et gouverneur du Mont-Saint-Michel, tué au siége de la Rochelle en 1628.

2479. Brodeau (Louis), marquis de la Chassetière, aussy colonel d'un régiment d'infanterie et gouverneur du Mont-Saint-Michel, mourut des blessures qu'il avoit reçues dans les guerres de Louis XIV.

2480. Brodeau (N...), son neveu, marquis de Châtre, capitaine au régiment de la Reine-Dragons, tué à la bataille de Steinkerque en 1692, n'ayant que dix-sept à dix-huit ans.

2481. Brodeau (Claude-Julien), seigneur de Frêne, chevalier de Saint-Louis et capitaine de frégate, fut tué au combat de Malaga sur l'*Entreprenant*, commandé par M. d'Hautefort, le 24 août 1704. Son corps étoit mutilé, indépendamment des coups de fusil qu'il avoit reçus dans différentes parties, un coup de canon luy emporta une main, une balle luy creva un œil, et un coup de fusil luy coupa la moitié du nez.

2482. Broé (André-Bon de), seigneur de la Guette et de la Houssoye, capitaine lieutenant des gendarmes anglois, reçut plusieurs blessures à la bataille de Cassel en 1677, et il y eut aussy son cheval tué sous luy. Il mourut le 13 mars 1693.

—

2483. Broglie (François-Marie de), comte de Revel, marquis de Senonches, chevalier des ordres du roy, lieutenant général de ses armées et gouverneur de la Bassée, dangereusement blessé au siége de Lerida en 1646, le fut aussi à l'attaque des lignes d'Arras en 1654 et grièvement encore le 1er janvier 1655 devant la ville de Lentz. Il fut tué d'un coup de mousquet dans la tranchée de Valence sur le Pô dont il faisoit le siége le 2 juillet 1656. Il avoit eu la promesse du premier bâton de maréchal de France qui viendroit à vaquer.

2484. Broglie (Charles-Amédée de), son fils, comte de Revel, chevalier des ordres du roy, lieutenant général de ses armées et gouverneur de Condé, fut blessé dangereusement au passage du Rhin en 1672 et au combat de Senef en 1674.

2485. Broglie (Victor-Maurice, comte de), son autre fils, marquis de Brezolles et de Senonches, maréchal de France, commandant en Languedoc, gouverneur de la Bassée, puis d'Avênes et précédemment capitaine-lieutenant des gendarmes bourguignons, fut grièvement blessé d'un coup de pistolet au cou au combat de Mulhausen en 1775, et eut beaucoup de part à cette victoire, ayant à la tête de sa compagnie de chevau-légers enfoncé celle des chevau-légers de Lorraine. Il mourut le 4 août 1727, âgé de 80 ans.

2486. Broglie (N... de), son fils, fut tué au siége de Charleroy en 1693.

2487. Broglie (Victor de), son autre fils, chevalier de Malte, guidon des gendarmes de Berry, puis colonel du régiment d'Agenois, eut le coude cassé dès l'âge de dix-neuf ans au combat d'Oudenarde en 1708, et les chirurgiens ayant jugé pressant de luy couper le bras, il en souffrit l'amputation de la manière la plus héroïque, et, pendant qu'on la lui faisoit, il eut encore la force de dicter une lettre au maréchal de Broglie, son père, qu'il signa de sa main gauche : il mourut en 1717.

2488. Broglie (Victor-François, duc de), pair et maréchal de France, prince du Saint-Empire, chevalier des ordres du roy, gouverneur de Metz et du pays messin, commandant en chef dans les trois évêchés et sur les frontières de la Meuze et de Thiers, reçut un coup de feu à travers le bras au combat de Sahay en 1742, et une autre blessure à la jambe à celuy de Troya. Il avoit été d'abord colonel du régiment de Luxembourg en 1734.

2489. Broglie (François de), comte de Revel, son frère, chevalier de Saint-Louis, colonel du régiment de Poitou en 1741, brigadier des armées du roy en 1747, et maréchal général des logis de l'armée du prince de Soubise, mourut des blessures qu'il reçut à la bataille de Rosback en 1757.

2490. Broglie (Achille-Joseph, comte de), colonel d'infanterie, mourut à Cassel d'un coup de feu à la cuisse qu'il reçut en 1758 à la bataille de Sundershausen où il étoit ayde de camp du duc de Broglie son oncle.

2491. Broglie (Charles-François, comte de), chevalier des ordres du roy, lieutenant général de ses armées, commandant en chef en Franche-Comté, gouverneur de Saumur et du Saumurois, ambassadeur en Pologne, et précédemment mestre de camp du régiment de Broglie-Cavallerie et premier colonel général des grenadiers de France, fut blessé à la jambe en

1758 en attaquant un corps ennemi du prince de Holstein Gottorp, il mourut à Saint-Jean-d'Angely le 16 août 1781, âgé de 62 ans.

Maison originaire du Piémont, naturalisée vers 1640 : illustrée avant et depuis par de grands services et de hautes fonctions.

—

2492. Bromer (le s[r] de), capitaine, aide-major au régiment de Piémont, blessé à la bataille de Rosback, en 1757.

2493. Bromer (le s[r]) officier suédois au service de France, fut blessé à la main et fit une chute violente dans le combat de Guichen, près de la Martinique, contre l'amiral Rodney, en 1780.

2494. Bron (le s[r] de), enseigne aux gardes françoises, tué en 1667, à la prise d'Alost.

2495. Broslé (le s[r]), exempt des gardes du corps du roy, tué au combat de Leuze, en 1691.

2496. Brossard (Pierre de), seigneur du Manoir, tué en 1643, à la bataille de Rocroy, où il commandoit les Enfans-Perdus.

2497. Brossard (Constantin de), cornette de cavalerie, tué à l'attaque des lignes d'Arras, en 1654.

2498. Brossard (Guillaume de), son neveu, capitaine de cavalerie, tué dans un détachement, en 1708.

2499. Brossardière (le s[r] de), gendarme de la garde du roy, blessé au combat de Leuze, en 1691.

2500. Brosse (Louis de), seigneur de Boussac et de Sainte-Severe, chevalier, fut tué à la bataille de Poitiers, en 1356.

2501. Brosse (Antoine de), homme d'armes de la compagnie d'ordonnance du duc de Bellegarde et gentilhomme ordinaire de la maison du roy, fut tué au service du ban et arriere-ban où il avoit été compris dans le rôle de 1635.

2502. Brosse (Jaques-Gaspard de), enseigne de la colonelle du régiment de Lyonnois, tué en Piémont, au service du roy.

2503. Brosse (Jérôme de), son neveu, chevalier de Saint-Louis et capitaine au même régiment, tué au siége de Turin, en 1706.

2504. Brosse (Salomon de), chevalier de Saint-Louis et capitaine au régiment de Navarre, tué par un parti aux portes d'Arras, en combattant avec la plus grande valeur.

2505. Brosse (Pierre-Michel, dit le vicomte de), chevalier de Saint-Louis, capitaine aux gardes françoises, avec grade de colonel et maréchal de camp, en 1782, fut blessé à la journée du 26 juillet 1760.

2506. Brosse (Jaques de la), seigneur de la Brosse-Morlet et de la Condamine, chevalier de l'ordre du roy, l'un de ses chambellans, gentilhomme ordinaire de sa chambre, conseiller en son conseil privé, capitaine de cinquante lances de ses ordonnances, gouverneur du roy François II, ambassadeur et vice-roy en Écosse, fut tué à la bataille de Dreux, en 1562.

2507. Brosse (Gaston de la), son fils, gentilhomme ordinaire de la chambre du roy et lieutenant de la compagnie des gendarmes du prince de Joinville, mourut aussy des blessures qu'il reçut à la même bataille.

2508. Brosse (le vicomte de la), tué à la bataille de Cassel, en 1328.

2509. Brosse (le s[r] de la), capitaine au régiment de Piémont, blessé au siége de Dixmude, en 1647.

2510. Brosse (le chevalier de la), enseigne de vaisseau du port de P. L., aide-major de la marine le 31 janvier 1708, tué sur *le Fendant*, commandé par M. de la Verrière, le 18 avril 1713.

2511. Brosse (le s[r] de la), capitaine au régiment de Penthièvre, tué à la bataille de Rosback, en 1757.

2512. Brosse Neuville de Neuchaise (la), enseigne de vaisseau du port de Toulon, tué sur *le Vaillant*, commandé par M. de Septennes, le 2 juin 1676.

2513. Brosse Neuchaise (de la), lieutenant de vaisseau du port de Toulon, tué sur *le Vaillant*, le 2 juin 1676.

Plusieurs familles de ce nom subsistent encore. *Voir* Neuchèze.

—

2514. Brosser (le s[r]), capitaine au regiment d'Eu, blessé au genou à la bataille d'Hastembeck, en 1757.

2515. Brosses du Goulet (Joseph-Nicolas des), baron du Goulet, chevalier commandeur de l'ordre royal et militaire de Saint-Louis, maréchal de camp et précédemment lieutenant-colonel du régiment de Chartres-Cavalerie, eut une contusion et son cheval tué sous luy dans une affaire en 1741, sous les ordres du duc de Brissac; reçut plusieurs blessures en 1743, dans une autre occasion où il se signala; à celle de Saverne, il y fut encore blessé et son cheval y reçut deux coups de feu; à la bataille de Raucoux, en 1746, il fut atteint d'un coup de biscayen au ventre; à celle de Laufeldt, en 1747, un coup de canon coupa son cheval en deux et luy blessa les deux jambes; il y reçut aussi un coup de sabre qui luy partagea presque la figure en deux jusqu'au gozier, et dont il porta toujours la cicatrice; un autre coup sur la tête et un coup de pistolet; à la bataille de Lutzelberg, en 1758, il fut démonté deux fois, ses chevaux blessés sous luy, et fut atteint d'un coup de biscayen à l'épaule; finalement il reçut quinze blessures en différentes actions.

Cinq frères de cette famille avoient été tués ou étoient morts de leurs blessures dans les guerres de Louis XIV, dont trois à la tête du régiment de Vendôme.

2516. Brosses (le baron des), capitaine au régiment de Picardie, blessé à la bataille de Guastalla, en 1734.

—

2517. Brossin (Louis), seigneur de Méré, cornette des chevaux-légers d'Orléans, tué à la bataille de la Marsaille, en 1693.

2518. Brou (le s[r] de la), officier au régiment de Champagne, blessé, en 1527, à la descente des Anglois dans l'Isle de Rhé.

2519. Broue (de la), enseigne de vaisseau du port de Rochefort, mort dans le rivière de Rochefort, sur *la Sirène*, commandée par M. de Mongon, le 24 aoust 1701.

2520. Broue (Jean-François de la), colonel du régiment de Foix-Infanterie, gouverneur de Moissac en Quercy et lieutenant des maréchaux de France, fut tres-grievement blessé au combat de Saint-Jean-de-Pagés, en Catalogne, et mourut en 1724.

2521. Broue de Boret (Nicolas-François de la), chevalier de Saint-Louis, ayde-major et capitaine de carabiniers, fut blessé de deux coups de feu à la bataille de Minden, en 1759.

2522. Brouets (le s[r] de), lieutenant au régiment de Navarre, blessé au siége du Quênoy, en 1712.

2523. Brouillan (le s[r] de), major du régiment royal des Vaisseaux, tué au siége de Namur, en 1692.

—

2524. Brouilly (Antoine de), gouverneur de Saint-Riquier en Ponthieu, tué à la bataille d'Azincourt, en 1415.

2525. Brouilly (Antoine de), seigneur de Mesvilliers, tué la bataille de Pavie, en 1525.

2626. Brouilly (François de), seigneur de Mesvilliers, che valier des ordres du roy et gentilhomme ordinaire de sa chambre, tué au siége de Senlis, en 1589.

2527. BROUILLY (Nicolas de), tué au service dans l'Isle de Rhé, en 1622.

2528. BROUILLY (le s^r de), capitaine au régiment depuis Bourbonnois, fut blessé, en 1625, à l'attaque des retranchements des ennemis devant Verüe.

2529. BROUILLY (Louis de), marquis de Piennes, ayant été fait prisonnier au siége d'Arras, en 1640, fut tué par les ennemis qui se disputoient entr'eux sa rançon.

2530. BROUILLY (le s^r de), ayde-major des gardes du corps, mort d'une blessure qu'il reçut au passage du Rhin, en 1672.

Les de Brouilly étoient originaires de l'Artois, et portoient d'argent au lion de Sinople.

—

2531. BROUSSE (le s^r de la), capitaine de grenadiers au régiment de Normandie, tué au siége de Barcelonne, en 1712.

2532. BROUSSI (le s^r de), capitaine au régiment, blessé à la bataille de Ramillies, en 1706, le même probablement que le chevalier de BROUSSI, capitaine au même régiment, qui fut tué à la bataille de Parme, en 1734.

2533. BROWNE (le s^r de), chevalier de Saint-Louis, major du régiment de Dillon, avec rang de colonel, tué au siége de Savannah, en 1779.

2534. BROUZÈDE (de). *Voyez* de BRAZIDE.

2535. BRUC (le s^r de), capitaine au régiment de Béarn, blessé au combat de Senef, en 1674.

2536. BRUCHIÉ (Étienne de), tué dans une sortie au siége de Compiègne, en 1430.

2537. BRUCHIÉ-DE-VERBOIS (N... de), chevalier de Saint-Louis, capitaine de grenadiers au régiment de Picardie, tué au combat d'Ekeren, en 1703.

2538. Bruchié (Pierre de), tué au siége de Veruë, en 1705.

2539. Bruchié (Louis-Pantaléon-Claude de), chevalier de Saint-Louis, capitaine au régiment de la Reine et commandant à la tour du Havre-de-Grace, blessé à l'affaire de l'Assiette, en 1747.

2540. Brucourt (de), lieutenant de vaisseau du port de Toulon, tué devant Alger sur la chaloupe *la Fulminante*, le 11 aoust 1683.

2541. Brueil (le comte de) fut blessé au combat de Castelnaudari, en 1632.

2542. Brueil (le chevalier de), frère sans doute du précédent, fut blessé au combat de Castelnaudari, en 1632.

2543. Bruet (Jean-Joseph, dit le chevalier de), lieutenant au régiment de Chartres-Cavalerie, puis chevalier de Saint-Louis, capitaine et major du régiment de Coigny-Dragons, et ensuite lieutenant-colonel de celuy de la Reine, blessé de trois coups de sabre à la bataille de Laufeldt, en 1747, le fut encore d'un coup de feu à celle de Lutzelberg, en 1758.

2544. Brueys (Guillaume de), seigneur de Baron, lieutenant de cavalerie, tué au service du roy, le 3 octobre 1653.

2545. Brueys de Souvinargues (Louis de), capitaine lieutenant de la mestre de camp du régiment de cavalerie de la Viefville, mourut le 13 août 1746, d'un boulet de canon dont il fut atteint le 10 du même mois à l'affaire du passage du Tydon, et qui luy avoit fracassé la cuisse droite.

2546. Brugeu (le s^r de), capitaine au régiment de Bourbonnois, tué à la bataille de Malplaquet, en 1709.

2547. Bruckel (le baron de), lieutenant au régiment d'Alsace, blessé à la bataille de Clostercamps, en 1760.

—

2548. BRULARD (le s^{r} de), mousquetaire de la garde du Roy, blessé à la bataille d'Ettingen, en 1743.

2549. BRULART (Noël), seigneur de Crône, tué au siége d'Amiens, en 1597.

2550. BRULART (Charles-Henry), seigneur de Briançon, enseigne-colonel au régiment de Touraine, mourut à treize ans et demi, en défendant son drapeau, au combat de Saint-Godart, en 1664.

2551. BRULART (Achilles), son frère, chevalier de Malte, ayde de camp du vicomte de Turenne et capitaine dans son régiment d'infanterie, mourut à Landau, âgé de près de vingt ans, des blessures qu'il reçut au combat de Sintzïm, en 1674.

2552. BRULART (Carloman-Philogène), chevalier de Sillery, chevalier de Saint-Louis, capitaine de vaisseaux, puis colonel attaché au régiment de Conty, fut grièvement blessé à la bataille de Nervinde, en 1693, et mourut le 27 novembre 1727.

2553. BRULART (Roger), son frère aîné, marquis de Sillery et de Puisieux, chevalier des ordres du roy, lieutenant général de ses armées, conseiller d'état d'épée, gouverneur d'Huningue et d'Épernay, commandant en Alsace et ambassadeur extraordinaire en Suisse, dangereusement blessé au visage au siége de Valenciennes, le fut encore grièvement à l'épaule à la bataille d'Ensheim, en 1674, et mourut le 28 mars 1719.

2554. BRULART (François), dit le marquis de Genlis Béthencourt, colonel du régiment de la Couronne, tué à la bataille de Consarbrick, en 1675.

2555. BRULART (Michel), son frère, dit le marquis de Genlis, aussy colonel du régiment de la Couronne, fut tué à l'attaque d'un fort, prez Saint-Omer, en forçant une redoute, au mois de mars 1677.

2556. BRULART (Jean-Baptiste), dit le *marquis de Brulart*, baron de Couches et de Sombernon, capitaine-lieutenant des gendarmes de Berry, tué à la bataille de Spire. en 1703.

2557. BRULART DE SILLERY (Félix-François) chevalier de Saint-Louis, colonel d'un régiment d'infanterie et brigadier des armées du roy, fut tué en 1707, à la bataille d'Almanza, où il fit des prodiges de valeur.

2558. BRULART (le s^r^), lieutenant au régiment de Picardie, blessé au combat de Senef, en 1674.

Madame la maréchale Gérard étoit comme fille de madame de Valence, et petite-fille de madame de Genlis, le dernier rejetton des Brulart de Sillery.

2559. BRULÉ DE BAUBERT (Jaques), chevalier de Saint-Louis, capitaine au régiment de Piémont, avec rang de lieutenant-colonel, fut blessé à la bataille de Rosback, en 1757.

2560. BRULLE (le s^r^ de), lieutenant au régiment royal des vaisseaux, blessé, en 1712, à l'attaque des retranchements de Denain.

2561. BRUMARD (le s^r^ de), lieutenant au régiment de Picardie, blessé, en 1734, aux batailles de Parme et de Guastalla.

2562. BRUMON (Philippes de), dit le *chevalier de Disse*, lieutenant de roy du fort Saint-Sauveur, à Lille. On le croit le même que le s^r^ de Disse, officier au régiment de Bourbonnois, blessé à l'affaire d'Exiles, en 1747.

2563. BRUN (Foucou), capitaine de cuirassiers sous le règne d'Henry II, tué au premier siége d'Amiens, en combattant à la tête de son régiment.

Histoire de la noblesse de Provence, Avignon, 1757, p. 196.

2564. BRUN DE BOURDES DE MONTBRUN (le s^r^ de), chevalier de Saint-Louis et capitaine de vaisseau, tué sur *le Réfléchi* qu'il commandoit au combat du comte de Grasse contre l'amiral Howe, devant la baye de Chesapeak, le 5 septembre 1781.

2565. BRUN (Jaques le), seigneur de Palaiseau, chevalier, échançon du roy, tué à la bataille d'Azincourt, en 1415.

2566. BRUN (Antoine le), maréchal général des logis de la cavallerie, ayde-major et enseigne des gardes du corps, tué au combat de Senef, en 1674.

2567. BRUN DE LA FRANQUERIE (Gilles le), fut blessé quatre fois et grièvement pendant la guerre de 1702, dans les différentes courses qu'il fit sur mer pour la défense de l'état et le bien du commerce.

2568. BRUN DE BREUILLY (Jaques-Pomponne-François le), chevalier de Saint-Louis et brigadier de la seconde compagnie des mousquetaires, fut blessé d'un coup de feu à la jambe, à la bataille de Malplaquet, en 1709.

—

2569. BRUNEAU (François), seigneur de la Rabasteliere, maréchal de camp, tué à la bataille de Nortlingue, en 1645.

2570. BRUNEHAULT CHABOISIÈRE, enseigne de vaisseau du port de Toulon, noyé sur *le Conquérant*, le... octobre 1679.

2571. BRUNEIL (le seigneur de), tué à la bataille de Verneuil, en 1424.

2572. BRUNEL (le s^r^ de), capitaine au régiment de Navarre, blessé au siége de Fribourg, en 1744, fut tué au passage du Rhin, en 1745.

2573. BRUNELLIS (Annibal de), tué au siége de Montélimart, servant sous le comte de Suze, en 1568.

2574. BRUNES DE MONTLOUET (Julien-Joseph-Placide de), capitaine au régiment de Picardie, tué le 12 février 1761, à l'attaque des quartiers françois sur la Verra, par l'armée du prince Ferdinand.

2575. BRUNET (Guy), tué à la bataille de Dreux, en 1562, commandant une compagnie de deux cents arquebusiers à pied et de vingt-cinq à cheval.

2576. BRUNET (le s^r^), lieutenant au régiment de Piémont, tué sur la contrescarpe, à l'attaque de Lewes, en 1678.

2577. BRUNET (le s^r^), officier au régiment de Normandie, tué au siége de Berg-op-zoom, 1747.

(Brunet du Parc. *V.* du Parc.)

2578. BRUNET DE SERIGNY (le s^r^), lieutenant au régiment de Piémont, fut tué ou mourut des blessures qu'il reçut à la bataille de Rosback, en 1757.

Ce nom de Brunet est fort commun en France. Les Brunet de Serigné ont encore des représentants.

2579. BRUNIE (Bernard de la), chevalier de Saint-Louis, lieutenant-colonel du régiment de Bourbon, puis maréchal de camp et commandant à Colmar, fut blessé à la bataille de Munderkingen, en 1703, et à celle de Malplaquet, en 1709. Il mourut en 1748.

2580. BRUSQUENT (Guernier de), tué à la bataille d'Azincourt, en 1415.

2581. BRUSSE (le s^r^ de la), chevalier de Saint-Louis, et lieutenant aux gardes françoises, dangereusement blessé à la bataille d'Ettingen, en 1743.

2582. BRUSSI (le s^r^ de), lieutenant au régiment de Champagne, tué au siége de la Rochelle, en 1573.

2583. BRUVIDENT (le chevalier de), chevau-léger de la garde du roy, blessé à la bataille d'Ettingen, en 1743.

2584. BRUX (le s^r^ de), capitaine au régiment de Navarre, tué au siége de Fribourg, en 1744.

2585. Bruyère (le s[r] de la), lieutenant au régiment de Bourbonnois, blessé au siége de Luxembourg, en 1684.

2586. Bruyère (le s[r] de la), chevalier de Saint-Louis, capitaine de grenadiers au régiment de Hainaut, blessé par l'effet d'une mine au siége du fort Saint-Philippes, en 1756.

2587. Bruyère (Philippes de), baron de Chalabre, reçut plusieurs blessures au service du roy Philippes de Valois (d'après les anciens documents de cette maison).

2588. Bruyère Chalabre (Louis-Gabriel comte de), chevalier commandeur de l'ordre royal et militaire de Saint-Louis, chef d'escadre des armées navalles, fut blessé sur *l'Illustre*, d'une forte contusion à la poitrine, dans le combat du Bailly de Suffren aux Indes, devant Trinquemalay, le 3 septembre 1782, contre sir Edward Hugues.

2589. Bruyères (Jean de), mousquetaire de la garde du roy, tué au siége de Lille (sous Louis XIV).

2590. Bruyères (Henry de), tué dans les guerres de Louis XIV, à la tête d'une compagnie franche de dragons, à Lirnieu, au pays de Salvato, entre Liége et Luxembourg.

—

2591. Bruyon (le s[r] de), sous-brigadier des gardes du corps, blessé à la bataille de Malplaquet, en 1709.

2592. Bry d'Arcy (de). Les lettres de noblesse que Gabriel de Bry, seigneur d'Arcy, obtint au mois de septembre 1651 sont motivées *sur la perte qu'il avoit faite de ses enfans et de ses neveux qui avoient été tués au service du roy*; mais l'on n'a aucun détail sur leurs noms, leurs qualités et la nature de leurs blessures.

2593. Buade (Henry de), comte de Palluau de Frontenac, colonel du régiment de Navarre, tué au siége de Saint-Antonin, en 1622.

2594. Buade-Palluau (Louis de), comte de Frontenac, chevalier de Saint-Louis, colonel du régiment de Normandie, maréchal de camp, gouverneur et lieutenant-général en Canada, reçut plusieurs blessures au siége d'Orbitello, en 1646, et mourut à Québec, le 28 novembre 1698.

2595. Buade (François de), marquis de Frontenac, colonel du régiment de Frontenac, tué en Allemagne au service du roy sous Louis XIV.

2596. Buait (Jean de), tué à la bataille d'Azincourt, en 1415.

Ce nom paroit altéré, et l'on présume que ce doit être Jean de Bueil qui, en effet, fut tué à cette bataille.

2597. Buat (Nicolas de), seigneur de Migergon, de Bazoches et baron du Lac, chevalier de l'ordre du roy, gentilhomme ordinaire de sa chambre et capitaine de cinquante carabiniers, mort au siége de La Rochelle, en 1628, où, d'après un titre du 1er juin 1629, il commandoit une galliotte.

2598. Buat de Bazoches (N... du), mousquetaire du roy de la 1re compagnie, eut le bras cassé d'un coup de mousquet au siége de Maestrick, en 16

2599. Buat de Saint-Jean (François du), garde du corps du roy, tué au combat de Leuze, en 1690.

Voir Du Buhat, au cas que ce soit le même nom différemment orthographié.

2600. Buchelny (N...), seigneur de Saint-Paër, lieutenant aux gardes françoises, mort des blessures qu'il reçut à la bataille d'Ettingen, en 1743.

2601. Buchelny, dit le chevalier de Saint-Paër, mousquetaire de la garde du roy, mort également des blessures qu'il reçut à cette même bataille d'Ettingen.

2602. Budan de Rochedagon (le). (*V.* de Rochedagon.)

2603. Budé (Jacob de), lieutenant au régiment de Surbeck-Suisse, tué d'un coup de canon au siége d'Hulst, en 1702.

2604. Budes (Jean), seigneur du Hirel, chevalier, tué à la bataille de Rosebecq, en 1382.

2605. Budes (Pierre), seigneur de la Courbe, tué au siége de Saint-Omer, en 1638.

2606. Budes (Jean-Baptiste), comte de Guebriant, maréchal de France et gouverneur d'Auxonne, mort le 17 septembre 1643, au siége de Rothwil, d'un coup de fauconeau qui lui fracassa le bras droit fort près de la jointure.

2607. Budes (Jean-Baptiste), comte de Guébriant, chevalier de Saint-Louis, capitaine au régiment du roy, puis colonel du régiment de Luxembourg-Province, tué à la bataille de Guastalla, en 1734.

—

2608. Budos et de Portes (Jean, *baron* de), commandant un régiment de gens de pied, blessé à la bataille de Pavie, en 1525.

2609. Budos (Antoine-Hercules de), marquis de Portes, vice-amiral de France, chevalier des ordres du roy, lieutenant de roy dans les Cevennes et le Gévaudan, tué en 1629 d'un coup de mousquet au front dans les fonctions de sa charge de maréchal de l'armée. Le comte de Ferrières, son frère, y fut tué aussi.

Mercure de 1629.

—

2610. Bueil (Jean, *sire* de), grand maître des arbaletriers de France, conseiller chambellan ordinaire du roy, sénéchal de Toulouse, capitaine du château de Loches et lieutenant-général des provinces de Guyenne, de Languedoc, de Roüergue, de Quercy, d'Agénois, de Bigorre et du Bazadois, fut tué à la bataille d'Azincourt, en 1415, où il y en eut *seize* de cette maison tués ou faits prisonniers ; mais on ne saurait les désigner.

2611. Bueil (Charles, *sire* de), comte de Sancerre, baron de Vailly, tué à la bataille de Marignan, en 1515.

2612. Bueil (Louis, *sire* de), comte de Sancerre, grand échanson de France, chevalier de l'ordre du roy, gentilhomme ordinaire de sa chambre, capitaine de cinquante hommes d'armes de ses ordonnances et des cent gentilshommes de sa maison, gouverneur de Touraine, d'Anjou et du Maine, grièvement blessé à la bataille de Marignan, en 1515, le fut encore au visage en 1544, pendant le siége de Saint-Dizier, des éclats de son épée, qu'une volée de canon lui cassa dans la main. Il mourut en 1583.

2613. Bueil (Jean, *sire* de), comte de Sancerre, tué au siége d'Hesdin, en 1537.

2614. Bueil (Louis de), seigneur de Racan, chevalier des ordres du roy, gentilhomme ordinaire de sa chambre, conseiller en son conseil privé, capitaine de 50 hommes d'armes de ses ordonnances, maréchal de ses camps et armées, gouverneur du Croizit, lieutenant de la compagnie des gendarmes et chambellan du duc d'Alençon, fut blessé à la bataille de Montcontour, en 1569.

2615. Bueil (Honorat de), seigneur de Fontaines-Guérin, vice-amiral de France, premier écuyer du roy, chevalier de ses ordres, gentilhomme ordinaire de sa chambre, conseiller en son conseil privé, capitaine de 50 hommes d'armes de ses ordonnances, son lieutenant-général au gouvernement de Bretagne et gouverneur de Saint-Málo, y fut tué la nuit du 13 au 14 mars 1590, lorsque cette ville se déclara pour la Ligue.

2616. Bueil (Claude de), seigneur de Courcillon et de la

Marchère, blessé au combat de Craon, en 1591, mourut en 1596.

2617. Bueil (Claude de), seigneur de Tescourt et de la Ville, premier chambellan de Gaston, duc d'Orléans, reçut douze blessures au combat de Castelnaudari, en 1632, et mourut au mois de décembre 1644.

Voir sous le nom De Brueil un article qui paroit le concerner ; dans ce cas, ce nom auroit été mal orthographié.

2618. Bueil (Honorat, dit le *marquis* de), chevalier de Saint-Louis, colonel d'un régiment d'infanterie, brigadier des armées du roy et inspecteur général de l'infanterie, fut tué en 1709, à la bataille de Malplaquet, où il se signala.

2619. Bueil ou Bugil (le capitaine), fut blessé au siége de Metz, en 1552.

2620. Buelmann (*le capitaine* Jean), de Lucerne, capitaine au régiment de Tammann-Suisse, fut tué à la bataille de Dreux, en 1562.

2621. Buffart (Jolivet), écuyer, tué à la bataille de Poitiers, en 1356.

2622. Buffière (Pierre de), chevalier, tué au siége de Carthage, en 1390.

Ne seroit-il pas de la maison de Pierrebuffière, à laquelle s'allia celle de Noailles au commencement du XVIe siècle ?

2623. Buffot (Georges), chevalier de Saint-Louis, commissaire provincial d'artillerie, tué à la bataille de Plaisance, en 1746.

2624. Bufle (le s^r), lieutenant dans les grenadiers royaux de Modène, tué à la bataille de Minden, en 1759.

2625. Bugnon (François-Henry), chevalier de l'ordre du Mérite militaire et lieutenant au régiment de Vigier-Suisse, fut blessé, en 1758, à la bataille de Sundershausen.

2626. BUGNOT DE FAREMONT (*le chevalier*), chevalier de Saint-Louis, ancien lieutenant au régiment de Soissonois, puis capitaine dans les volontaires de Soubise, fut grièvement blessé d'un coup de feu à la tête au siége du fort Saint-Philippe, en 1756.

2627. BUGUENON (le seigneur de), blessé au siége de Metz, en 1552.

2628. BUGUET (le s[r]), capitaine au régiment royal des Vaisseaux, blessé au combat de Senef, en 1674.

2629. BUHAT (le s[r] du), lieutenant au régiment de Touraine, blessé à la bataille de Minden, en 1759.

2630. BUHÉRAN (le s[r] de), lieutenant au régiment de Condé, blessé au combat d'Ouëssan, en 1778.

2631. BUISSERET (Guy de), seigneur de Buisseret, tué à la bataille de Poitiers, en 1356.

2632. BUISSON (le s[r]), officier auxiliaire, puis sous-lieutenant de vaisseau, blessé au combat du comte d'Estaing contre l'amiral Byron, près de la Grenade, le 6 juillet 1779.

2633. BUISSON (Guinet de), écuyer, tué à la bataille de Poitiers, en 1356.

2634. BUISSON-D'OMBRET (de). — *V.* D'OMBRET.

2635. BUISSON (le s[r] du), fut blessé d'un coup de pistolet à la mâchoire, en 1598, à la prise du fort Saint-Barthélemy par Lesdiguières. (De Thou.)

2636. BUISSON (le s[r] du), capitaine au régiment de Picardie, tué à la bataille de Guastalla, en 1734.

2637. BUISSON (N... du), marquis d'Aussonne, capitaine au régiment de Piémont, blessé à la bataille de Rosback, en 1757.

2638. BUISSON-DES-HAYES (Charles du), lieutenant au régiment de Noailles, cavalerie, obtint en 1782 deux pensions, l'une de 300 livres, et l'autre de 600 livres, motivées sur la blessure qu'il avoit reçue au service des États-Unis d'Amérique, où il servoit en qualité de lieutenant-colonel-brigadier.

Les Buisson d'Aussonne subsistent encore.

2639. Bullion (Jean-Claude de), marquis de Bonelles, chevalier de Saint-Louis, colonel du régiment royal Roussillon, cavalerie, brigadier des armées du roy et lieutenant-général pour S. M. au pays chartrain, blessé en Italie d'un coup de feu au cou, à une ligne près de la jugulaire, dans une affaire contre les Allemands, tomba sur son cheval, qui fut tué en même temps, et resta sur la terre baigné dans son sang et sans connoissance, il reçut encore sur les glacis d'Asti un coup de fusil qui lui perça la cuisse assez près de la veine cave, et finalement il mourut des blessures qu'il reçut au siége de Turin, en 1706.

Il étoit fils de Claude de Bullion, surintendant des finances sous Louis XII.

2640. Bullion de Montlouet, chef d'escadre, 1er janvier 1754, blessé d'un coup de fusil à la tête et d'un éclat de bombe au pied gauche, dont il fut estropié, au siége de Douay, 1712.

2641. Bumann (le sr), capitaine aux gardes suisses, blessé au bras au siége de Montmédy, en 1657.

2642. Bumann (le sr), son frère, fut tué au même siége.

2643. Bumann (le sr) *le jeune*, tué d'un coup de mousquet au siége de Dunkerque, en 1658.

2644. Bune (le sr de la), capitaine au régiment d'Auvergne, blessé à la bataille de Clostercamps, en 1760.

2645. Buor (le sr de), chevalier de Saint-Louis, capitaine de vaisseaux, fut grièvement blessé le 20 octobre 1782 au combat de Gibraltar.

Famille originaire du Poitou, qui a des représentants.

2646. BURCHKEVALDS (le s^r), capitaine au régiment de Picardie, blessé à la bataille de Guastalla, en 1734.

2647. BUREAU (Claude), seigneur de Saint-Alembert, chevalier de Saint-Louis, capitaine de grenadiers au régiment de Royal-Roussillon, obtint, en 1789, une pension de 1,300 liv., motivée sur ses services et ses blessures.

2648. BUREN (le s^r de), capitaine au régiment de Greder-Suisse, blessé à la bataille de Cassel, en 1677.

2649. BUREN (le s^r de), capitaine au régiment de Diesbach-Suisse, blessé d'un éclat de bombe au pied au siége de Berg-op-Zoom, en 1747.

2650. BURET (le s^r du), chevau-léger de la garde du roy, blessé à la bataille d'Ettingen, en 1743.

2651. BURETTE (le s^r), lieutenant au régiment de Mailly blessé à la cuisse à la bataille d'Hastembeck, en 1757, mourut des blessures qu'il reçut ensuite à celle de Rosback.

2652. BURGSDORFF (le s^r de), enseigne au régiment du comte de Bruhl, au corps des Saxons, blessé au bras à la bataille de Minden, en 1759.

2653. BURGSDORFF (de), officier au régiment du prince de Gotha, au même corps, blessé à la même bataille d'un coup de feu à la jambe.

2654. BURGUES DU CLOS (de), lieutenant de vaisseau du port de Toulon, noyé sur le *Sage*, près le détroit, commandé par M. de la Guiche, le 19 avril 1692.

2655. BURGUTEAUX (le s^r de), lieutenant au régiment de Champagne, blessé à la bataille de Fleurus, en 1690.

2656. BURIN (François), seigneur de Burin-Ricquebourg, lieutenant de roy et commandant au Port-Louis, à Hennebond, à Ponskorf, à Quimperlé et à l'Orient, fait chevalier de Saint-Louis par lettres de 1709, motivées sur plusieurs blessures reçues au service.

2657. Burin (Jacques-Alexandre), seigneur de la Neuville, capitaine au régiment de Bombelles, infanterie, obtint un certificat du colonel de ce régiment, daté du 28 mai 1713, portant qu'au dernier siége de Douay (en 1712) il avoit été blessé par l'explosion d'un tonneau de poudre, ce qui lui avoit presque ôté l'usage de la vue. Mort en 1741.

2658. Burckhard (Daniel), de Bâle, capitaine au régiment de Stuppa-Suisse, tué au combat de Senef, en 1674.

2659. Burckhard (Balthasar), capitaine au régiment de Vieux-Stuppa, tué à la bataille de Steinkerque, en 1692.

2660. Burckhard (le s[r]), commandant du 2e bataillon de Brendlé-Suisse, blessé à la bataille de Malplaquet, en 1709.

2661. Burki (Jean-Hiacinthe), de Fribourg, chevalier de Saint-Louis, capitaine de grenadiers au régiment de Diesbach-Suisse, tué à la bataille de Laufeldt, en 1747.

2662. Burkliner (le s[r]), cadet au régiment de Surbek-Suisse, tué au siége de Charleroy, en 1693.

2663. Burosse (Jean, *chevalier* de), chevalier de Saint-Louis et capitaine au régiment de Bourbonnois, fut blessé au combat de Warbourg, en 1760.

2664. Burosse (le *chevalier* de), chevalier de Saint-Louis, lieutenant au même régiment, puis lieutenant-colonel de celui de Picardie, fut aussi blessé au combat de Warbourg, en 1760.

Lui ou le précédent avoit déjà été blessé à l'affaire d'Exiles, en 1747.

2665. Burry (le s[r]), lieutenant au régiment de Diesbach suisse, blessé à la bataille de Rosback, en 1757.

2666. BURTHEL (le s^r de), lieutenant au régiment de Mailly, blessé à la jambe à la bataille d'Hastembeck, en 1757.

2667. BUS (Alexandre de), gentilhomme ordinaire de la chambre du roy, capitaine aux gardes françoises et mestre de camp d'un régiment de dix enseignes de gens de pied, mourut des blessures qu'il reçut dans le combat naval donné contre les Espagnols par le général Philippes Strozzi, près l'île de Tercere, en 1582.

Martin du Bellay dit que le baron de Buzancès fut, comme Lautrec, du nombre des gentilshommes emportés par la peste, au camp devant Naples.

2668. BUSANÇAI, BUSANCEY ou BUZANCÈS (le baron de), tué à la bataille de Pavie, en 1525.

2669. BUSANCEY (le seigneur de), tué au siége de Naples, en 1528.

2670. BUSANÇAI (le marquis de), colonel du régiment de la reine, tué au siége de Turin, en 1706.

—

2671. BUSCA (François de), chevalier de Saint-Louis, lieutenant-colonel du régiment de Noailles, blessé à la bataile d'Ettingen, en 1743.

2672. BUSET (le seigneur de), fut blessé devant Gayete, en 1503.

2673. BUSQUET (le chevalier du), lieutenant de frégate, eut la jambe emportée sur *le Héros*, dans le combat du bailly de Suffren aux Indes, devant Trinquemalay, le 3 septembre 1782, contre sir Edward Hugues.

2574. BUSSAC (le s^r de) *fils*, officier de cavalerie, tué en 1627, à la descente des Anglois dans l'isle de Rhé.

Mercure de 1627.

2675. BUSSERADE (Paul de), chevalier, seigneur de Cepy, grand maître de l'artillerie de France, fut si dangereusement blessé d'un coup d'arquebuse au bras à la bataille de Ravenne, en 1512, qu'il mourut peu de jours après.

2676. BUSSEROLLES (le s[r] de), mousquetaire du roy de la 2e compagnie, blessé au siége d'Ipres, en 1678.

2677. BUSSET (Pierre-Louis), chevalier de Saint-Louis, ancien lieutenant au régiment suisse de Castella, depuis grand juge de la compagnie des Cent Suisses de la garde du roy, eut le gras de la cuisse emporté d'un boulet sur *le Raisonable*, dans la rencontre d'une escadre angloise, en 1758.

—

2678. BUSSIÈRE (le s[r] de la), lieutenant au régiment de Picardie, blessé au siége de Woërden, en 1672.

2679. BUSSIÈRE (le s[r] de la), sous-lieutenant aux gardes françoises, tué au combat de Senef, en 1674.

2680. BUSSIÈRE (René de la), chevalier de Saint-Louis, lieutenant-colonel, et ancien aide-major général du régiment des carabiniers, blessé d'un coup de baïonnette à la bataille de Minden, en 1759, quitta le service en 1783.

2681. BUSSIÈRE (le chevalier de la), lieutenant au régiment de Beauvilliers, et depuis premier lieutenant au régiment de Commissaire-Général, cavalerie, fut blessé à la bataille de Rosback, en 1757.

Famille du Limousin, qui a des représentants.

2682. BUSSY (le seigneur de) *le jeune*, eut le bras percé d'un coup de feu et eut son cheval tué sous lui au siége de Padoue, sous Charles VIII ou Louis XII; et l'histoire rapporte qu'il y combattit en furieux.

2683. BUSSY (Claude-Antoine de), marquis de d'Inteville, seigneur et baron d'Emery, de Spoix, de Nieurville, etc., gentilhomme ordinaire de la chambre du roy et capitaine sous-lieutenant de la compagnie des 200 hommes d'armes de la reine, fut tué en 1641, à la bataille de la Marphée, où il commandoit cette compagnie.

2684. BUSSY (le s[r] de), mousquetaire du roy de la 2e compagnie, fut blessé au siége d'Ipres, en 1678.

2685. BUSSY (le s[r] de), chevau-léger de la garde du roy, tué à la bataille d'Ettingen, en 1743.

2686. BUSSY (le s[r] de), lieutenant au régiment de Saluces, blessé à la bataille de Rosback, en 1757.

2687. BUSSY (de). — *V.* PATISSIER DE BUSSY.
Plusieurs grandes familles de ce nom.

—

2688. BUTICKON (Jaques de), capitaine suisse au service de France, tué au combat de la Bicoque, en 1522.

2689. BULLER (Pierre de), chevalier de Saint-Louis, major du régiment de Bulkeley, blessé à la bataille de Laufeldt, en 1747.

2690. BUTTE-MARAN (le s[r] de la), officier surnuméraire dans les chasseurs de Monet, blessé à l'affaire de Grebenstein, le 24 août 1762.

2691. BUTTIKON (de). — *V.* DE BUTICKON.

2692. BUY (le s[r] du), officier auxiliaire, tué dans un combat naval au mois de décembre 1781, servant sous les ordres du comte de Grasse.

2693. BUZELET (Charles-Jaques, dit le *Comte*), chevalier de

Saint-Louis, major et depuis lieutenant-colonel du régiment Dauphin-dragons et brigadier des armées du roy, blessé à la bataille de Plaisance, en 1746.

2694. BYOUX (le seigneur de), capitaine au régiment de Champagne, tué au siége de La Rochelle, en 1573.

FIN DE LA PREMIÈRE PARTIE DU TOME PREMIER.

BIBLIOTHÈQUE NATIONALE IMPRIMÉS

Paris. — Imp. Pillet fils aîné, rue des Grands-Augustins, 5.

www.ingramcontent.com/pod-product-compliance
Ingram Content Group UK Ltd.
Pitfield, Milton Keynes, MK11 3LW, UK
UKHW031831260826
14628UKWH00001B/333

9 782012 583276